westermann

Autorinnen und Autoren
Claudia Christ
Waltraud Erndl
Christine Fischer
Kathrin Maier
Michael Pöppl
Jakob Pritscher
Angelika Schrader

Mit Beiträgen von
Ulrike Lohse

Forum

Wirtschaft und Recht

9 II

BAYERN REALSCHULE

Die Mediencodes enthalten zusätzliche Unterrichtsmaterialien, die der Verlag in eigener Verantwortung zur Verfügung stellt.

Zu diesem Schülerband ist lieferbar:

Forum 9 II Lehrerband, ISBN 978-3-14-116650-7

westermann GRUPPE

Druck A[1] / Jahr 2021
Alle Drucke der Serie A sind inhaltlich unverändert.

Redaktion: Dr. Shida Kiani
Umschlaggestaltung/Layout: LIO Design GmbH, Braunschweig
Druck und Bindung: Westermann Druck GmbH, Braunschweig

ISBN 978-3-14-**116646**-0

Ausbildung und Beruf

Geld- und Kapitalmarkt

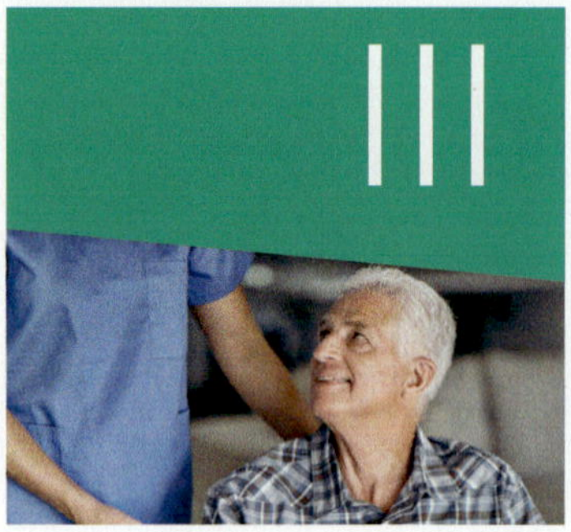

Soziale Marktwirtschaft

Partnerschaft und Erbfall

Strafrecht

Stühletausch (bereits in Klasse 8)

1. Jeder Schüler löst die gestellte Aufgabe und legt sein Ergebnisblatt auf seinen Stuhl.
2. Nun sucht sich jeder Schüler einen anderen Stuhl und liest das dort ausgelegte Ergebnis. Dann notiert er eine Rückmeldung.
3. Jeder geht auf seinen Platz zurück und prüft die Rückmeldung zu seiner Lösung.
4. Gemeinsam wird in der Klasse ein auswertendes Gespräch geführt.

Placemat (bereits in Klasse 8)

1. Ein Blatt wird entsprechend der Anzahl an Diskutierenden in gleich große Felder aufgeteilt. In der Mitte bleibt ein Feld für die Ergebnisse frei. Jeder schreibt seine Ergebnisse zum Arbeitsauftrag in ein Außenfeld.
2. Die Ergebnisse werden in der Gruppe besprochen.
3. In der Mitte wird anschließend das übereinstimmende Arbeitsergebnis notiert.
4. Die Gruppe stellt ihre Ergebnisse vor.

Graffiti (bereits in Klasse 8)

1. Bildet so viele Gruppen, wie es Aufgaben gibt. Jede Gruppe erhält einen Arbeitsauftrag und einen Papierbogen.
2. Jede Gruppe beginnt mit ihrer Aufgabe. Jedes Gruppenmitglied schreibt seine Gedanken/Ideen zu der Aufgabe auf und achtet nicht darauf, was die anderen schreiben.
3. Nach einer gewissen Zeit wechselt ihr an einen anderen Gruppentisch und notiert dort eure Ideen. Ihr wechselt so lange die Tische, bis ihr wieder an dem eigenen ankommt.
4. Lest alle auf dem Bogen stehenden Ideen, ordnet sie, fasst die Ergebnisse zusammen und stellt sie der Klasse vor.

Fishbowl (bereits in Klasse 8)

1. Die Arbeitsgruppe setzt sich in einen inneren Stuhlkreis und diskutiert ein Thema/Problem. Ein Stuhl bleibt für einen Gast frei.
2. Die übrigen Schüler sitzen in einem äußeren Stuhlkreis und hören zu. Die Gesprächsgruppe im Innenkreis stellt ihre Arbeitsergebnisse vor.
3. Die Zuhörer im Außenkreis können sich am Gespräch beteiligen. Wer mitdiskutieren möchte, setzt sich als Gast auf den freien Stuhl bei der Arbeitsgruppe und äußert seinen Beitrag. Danach verlässt er den Innenkreis und setzt sich wieder auf seinen ursprünglichen Platz.
4. Andere, die nicht mehr mitdiskutieren möchten, können aussteigen und sich ebenfalls in den Außenkreis setzen. Zum Abschluss erfolgt eine Reflexion des Gesagten.

Partnervortrag (bereits in Klasse 8)

1. Lest die Aufgabenstellung. Arbeitet in Einzelarbeit einen Vortrag aus.
2. Setzt euch mit eurem Partner zusammen und einigt euch, wer zuerst der Sprecher und wer der Zuhörer ist.
3. Der Zuhörer hört aufmerksam zu und wiederholt dann, was der Sprecher erzählt hat. Der Sprecher achtet darauf, ob sein Vortrag vollständig und richtig wiedergegeben wird.
4. Danach wechselt ihr die Rollen.

Galeriegang (bereits in Klasse 8)

1. Bildet möglichst gleich große Gruppen.
2. Jede Gruppe bearbeitet ein anderes Thema.
3. Anschließend werden die Gruppen neu zusammengesetzt: Aus jeder alten Gruppe wechselt ein Experte in eine neue Gruppe.
4. Die Gruppen wandern von Station zu Station, bei der der jeweilige Experte die Arbeitsergebnisse präsentiert und Fragen beantwortet.

Think-Pair-Share (bereits in Klasse 8)

1. Nachdenken: Denkt in Einzelarbeit über die Aufgabe nach, löst sie und macht euch Notizen.
2. Austauschen: Stellt eure Lösung dem Partner vor, lernt die Lösung des anderen kennen.
3. Stellt eurem Partner Fragen, tauscht euch aus und notiert ein gemeinsames Ergebnis.
4. Vorstellen: Stellt die gemeinsame Lösung in der Klasse vor, lernt weitere Lösungen kennen und vergleicht sie wieder mit der eigenen Lösung.

Kugellager (bereits in Klasse 8)

1. Teilt euch in zwei Gruppen. Bildet dann einen inneren und einen äußeren Stuhlkreis. Jeweils ein Schüler aus dem Innenkreis und sein Gegenüber aus dem Außenkreis bilden Gesprächspartner.
2. Der Schüler aus dem Außenkreis stellt seine Fragen, der Schüler aus dem Innenkreis beantwortet sie.
3. Die Gesprächspartner wechseln, indem der Außenkreis sich einen Platz weiterbewegt. Jetzt stellt der Schüler aus dem Innenkreis seine Fragen und der Partner im Außenkreis beantwortet sie.
4. Der Platz- und Rollenwechsel wird zwei- bis dreimal wiederholt.

Marktplatz (neu)

Austausch von Informationen und Meinungen

1. Geht im Raum umher, bis ihr ein Signal von der Lehrkraft bekommt.
2. Bleibt dann stehen und besprecht mit der Person, die euch am nächsten steht, eure Aufgabe. Beim nächsten Signal geht ihr wieder weiter.
3. Wenn erneut das Signal erklingt, bleibt ihr wieder stehen und sprecht mit einer Person.

Lerntempoduett/Bushaltestelle (neu)

Lernen in individuellem Tempo mit kooperativem Austausch

1. Jeder Schüler bearbeitet die Aufgabe zunächst in Einzelarbeit.
2. Wenn ein Schüler fertig ist, steht er auf und wartet auf den nächsten Schüler, der fertig ist.
3. Beide Schüler vergleichen ihre Ergebnisse. Sie sind nun ein Expertenpaar.
4. Eine Wiederholung dieses Ablaufs mit weiteren Aufgabenstellungen ist möglich.

Zur Durchführung des Lerntempoduetts kann ein fester Treffpunkt im Klassenraum vereinbart und mit einem Schild als Bushaltestelle markiert werden.

Partnerabfrage (neu)

Aktivierung und Festigung des Gelernten durch Formulieren und Beantworten von Fragen

1. Findet euch mit einem Partner zusammen.
2. Bearbeitet zunächst die Aufgabe allein.
3. Formuliert ausgehend von eurer Lösung Fragen, die ihr eurem Partner stellen könnt.
4. Fragt euch nun mit euren Fragen gegenseitig ab. Wechselt nach jeder Frage. Der Fragensteller kann Hinweise und Tipps geben. Nachdem die Frage beantwortet wurde, liest der Fragensteller seine eigene Lösung vor.

Liebe Schülerinnen und Schüler,

das Buch **„Forum“** begleitet euch durch das Fach Wirtschaft und Recht. Der Buchtitel stützt sich begrifflich auf den zentralen Marktplatz des historischen Römischen Reiches, das Forum Romanum. Hier wurde Politik gemacht, Handel getrieben und es wurden Gesetze erlassen. Nach diesem Vorbild entstand in vielen Städten ein Forum als **Mittelpunkt des wirtschaftlichen und öffentlichen Lebens.** Weil auch euer Buch wirtschaftliche, rechtliche und politische Fragen verbindet, trägt es diesen Namen.

Um euch die Arbeit mit dem Buch zu erleichtern, möchten wir euch die darin verwendeten Symbole kurz erläutern.

Jedes Großkapitel hat eine eigene Farbe und beginnt mit der **Auftaktseite**. Auf dieser erfahrt ihr, welche Kompetenzen und Inhalte ihr erlernen werdet.

Die Sozialversicherungen basieren auf dem **Solidarprinzip**.

In jedem Kapitel werden euch in den **Autorentexten** die wesentlichen Inhalte des jeweiligen Themas erklärt. Wichtige Begriffe sind fett hervorgehoben.

§ 1 BGB

Gesetzestexte sind an dem grauen Hintergrund zu erkennen.

M1

Anhand der **Materialien** mit Fallbeispielen, Bildern oder Grafiken erarbeitet ihr wirtschaftliche und rechtliche Fragestellungen. Soweit keine andere Quelle genannt ist, handelt es sich um Autorentexte. Der durchgestrichene Stift neben einigen Materialien soll daran erinnern, dass ihr nicht ins Buch schreiben dürft.

AUFGABEN

Die **Aufgaben** leiten euch bei der Auswertung der Materialien sowie der erklärenden Autorentexte an.

Galeriegang

Für manche Aufgaben wird vorgeschlagen, sie in **Gruppenarbeit** zu bearbeiten. Die verschiedenen kooperativen Lernformen werden auf S. 6/7 erläutert.

Zu den Aufgaben mit dem **Glühlampensymbol** findet ihr Hilfestellungen im Anhang auf S. 215 bis 217.

INFO

In den **Infokästen** am Rand erhaltet ihr zusätzliche Informationen und Begriffserklärungen.

WEBCODE

Seht ihr dieses Symbol, könnt ihr kurze Erklärfilme zum jeweiligen Thema oder hilfreiche Links im Internet abrufen. Gebt dazu den **Webcode** unter der Adresse *www.westermann.de/webcode* ein.

Bei diesen Seiten/Aufgaben übt ihr den bewussten Umgang mit Medien ein.

Methode

Auf den **Methodenseiten** lernt ihr wichtige Methoden aus den Bereichen Wirtschaft und Recht kennen und wendet sie an einem Beispiel an.

Lernaufgabe

Am Ende jedes Großkapitels wird euch eine **Lernaufgabe** gestellt, bei der ihr eure Kompetenzen an einem ausführlichen Beispiel anwenden könnt. Dabei sollt ihr in Einzel- und Gruppenarbeit möglichst selbstständig arbeiten.

Zusammenfassung

Jedes Großkapitel schließt mit einer **Zusammenfassung**. Sie erklärt noch einmal wichtige Fachbegriffe und stellt die Zusammenhänge grafisch dar.

I Ausbildung und Beruf

In diesem Kapitel lernst du, ...

- Berufsfelder und verschiedene Berufe zu charakterisieren.
- deine Stärken und Schwächen realistisch einzuschätzen und die für das Berufsleben erforderlichen Schlüsselqualifikationen und Werthaltungen zu reflektieren.
- dich gezielt und ansprechend um eine Ausbildungsstelle zu bewerben.
- Inhalte eines Berufsausbildungsvertrags zu charakterisieren und Lösungsstrategien für Probleme während der Ausbildung zu bewerten.
- den Nutzen einer Einkommensteuererklärung zu begründen.
- Grundlagen und Auswirkungen des Kündigungsschutzes zu analysieren.
- praxisbezogene Fälle zum (Jugend-)Arbeitsschutz zu lösen.
- deine Möglichkeiten der Mitbestimmung im Unternehmen zu beurteilen.
- die Bedeutung beruflicher Interessenvertretungen von Arbeitgebern und Arbeitnehmern zu beurteilen.

1 Ausbildungs- und Berufswahl

1.1 Ausgewählte Berufsfelder und ihre Anforderungsprofile

Den richtigen Beruf finden

Endlich! Clara ist in der 9. Klasse und will sich nun intensiv auf die Berufsfindung vorbereiten. Sie weiß, dass das Zwischenzeugnis der Jahrgangsstufe 9 in der Regel das Zeugnis für die Bewerbung ist. Bisher hat sie bereits zwei Praktika absolviert sowie tageweise in verschiedene Berufe „geschnuppert".

Nun geht es daran, sich festzulegen und eine Bewerbung vorzubereiten. Ihre **einwöchigen Praktika** hat sie jeweils in einer Steuerberatungskanzlei und in einem Chemiewerk abgelegt. Außerdem konnte sie in einer **Schnupper-Praktikumswoche** die Berufe der Fachinformatikerin, Schornsteinfegerin, Erzieherin und der Fremdsprachen-Industriekauffrau erkunden.

Für Clara ist es jetzt wichtig, sich die verschiedenen **Berufsfelder, Berufe und deren Anforderungsprofile** genauer anzusehen und miteinander zu vergleichen. Dazu geht sie auf die **Internetseite der Bundesagentur für Arbeit** (BA) **und recherchiert.**

WEBCODE

WES-116646-111
Einen guten Ansatzpunkt für einen Vergleich verschiedener Berufe bietet das ABC der Ausbildungsberufe bei der Bundesagentur für Arbeit.

M1 Charakterisierung von Berufen

Berufsfeld	Verwaltung /Wirtschaft	Naturwissenschaften
Beruf	Beamtin im mittleren Dienst der Steuerverwaltung	Chemielaborantin
Voraussetzungen	• mittlerer Bildungsabschluss oder erfolgreicher Abschluss der Mittelschule • Auswahlverfahren	• keine bestimmte Schulbildung vorgeschrieben • am besten mittlerer Abschluss oder Abitur
Tätigkeiten	• Sachbearbeiterin in Finanzämtern • Prüfung eingereichter Unterlagen und Steuererklärungen • Verhandlungen mit Steuerzahlern	• Analyse von Stoffen bzw. Produkten • Untersuchung und Messung chemischer Prozesse
Anforderungsprofil	• Sorgfalt und Verantwortungsbewusstsein • Kommunikationsfähigkeit • Kunden- und Serviceorientierung • Verschwiegenheit	• Geschicklichkeit • Beobachtungsgenauigkeit • Aufmerksamkeit und Durchhaltevermögen • technisches Verständnis • Verantwortungsbewusstsein
Ausbildungsdauer	2 Jahre Beamtenausbildung	3,5 Jahre duale Ausbildung

Nach: Bundesagentur für Arbeit (Hrsg.), Das ABC der Ausbildungsberufe, https://planet-beruf.de/schuelerinnen/mein-beruf/berufe-von-a-z/, Nürnberg (Zugriff: 27.1.2020) (verändert)

Clara sieht sich beide Berufe an. Außerdem prüft sie noch mal ihr **Stärken- und Schwächen-Profil** aus dem letzten Schuljahr. Damals hat sie online den Test der Bundesagentur für Arbeit durchgeführt. Dabei kam folgendes Profil heraus.

M2 Auszug aus Claras Stärken-Schwächen-Profil

Gesamtergebnis **Name: Clara**

Alle Angaben auf einen Blick

➔ Deine beruflichen Interessen:

Interessiert dich ganz besonders:
dolmetschen/übersetzen

Interessiert dich sehr:
dokumentieren/verwalten
planen/organisieren

➔ Deine persönlichen Stärken:

Räumliches Denken:
Ausprägung: **eher hoch** (Ergebnis des Stärkenchecks: **eher hoch**)
Die Auswertung deiner Antworten im Stärkencheck zeigt, dass es dir etwas leichter fällt als anderen Mädchen bzw. Jungen deiner Altersgruppe, dir anhand eines Bildes vorzustellen, wie die abgebildeten Gegenstände in Wirklichkeit zueinander angeordnet sind.

Textverständnis:
Ausprägung: **hoch** (keinen Stärkencheck durchgeführt)

Technisches Verständnis:
Ausprägung: **mittel** (keinen Stärkencheck durchgeführt)

Zusammenhänge erkennen:
Ausprägung: **hoch** (Ergebnis des Stärkenchecks: **hoch**)
Die Auswertung deiner Antworten im Stärkencheck zeigt, dass du sehr gut zwischen verschiedenen Informationen, wie z. B. verschiedenen Formen und Symbolen, die dahinterliegenden Zusammenhänge erkennst. Damit ist deine Fähigkeit, Zusammenhänge zu erkennen und etwas analysieren zu können, höher als die der meisten anderen Mädchen bzw. Jungen deiner Altersgruppe.

Mathematisches Verständnis:
Ausprägung: **hoch** (Ergebnis des Stärkenchecks: **hoch**)
Die Auswertung deiner Antworten im Stärkencheck zeigt, dass es dir leichter fällt als den meisten anderen Mädchen bzw. Jungen deiner Altersgruppe, verschiedene Rechenaufgaben schnell und richtig zu lösen.

Kommunikationsfähigkeit:
Ausprägung: **hoch** (Ergebnis des Stärkenchecks: **hoch**)
Deinen Angaben im Stärkencheck zufolge kannst du dich sehr gut ausdrücken und z. B. auch schwierige Dinge so erklären, dass andere sie leicht verstehen. Dazu gehört auch, dass du anderen aufmerksam zuhörst und nachfragst, wenn du etwas nicht verstanden hast.

Sorgfalt:
Ausprägung: **hoch** (Ergebnis des Stärkenchecks: **hoch**)
Deinen Angaben im Stärkencheck zufolge bist du sorgfältiger als die meisten anderen Jugendlichen und gehst sehr gewissenhaft mit deinen Sachen um. Es fällt dir leicht, besonders genau zu arbeiten und auf alle Details zu achten.

Nach: BERUFE-Universum: Ergebnisliste, © 2016 Bundesagentur für Arbeit, Nürnberg, erstellt am 19.5.2019 (verändert)

Demnach arbeitet Clara genau und sorgfältig. Zudem hat sie gerne mit Menschen zu tun und kann sich eine Arbeit mit Kundenkontakt gut vorstellen. Logisches Denken und mathematische Aufgaben bereiten ihr keine Schwierigkeiten. Aber welchen Beruf soll sie nun anstreben?

WEBCODE

WES-116646-112
Hier findest du Claras ausführliches Stärken-Schwächen-Profil.

WES-116646-113
Ein eigenes Stärken-Schwächen-Profil erstellen kannst du beim BERUFE-Universum der Bundesagentur für Arbeit.

M3 Was macht dich besonders?

Im öffentlichen Dienst hätte sie einen sicheren Arbeitsplatz. Aber ist ihr das überhaupt so wichtig? Zudem mag sie doch auch Sprachen gern. Clara ist unsicher. Sie erstellt eine Übersicht mit dem, was für sie wichtig ist.

M4 Claras Prioritäten

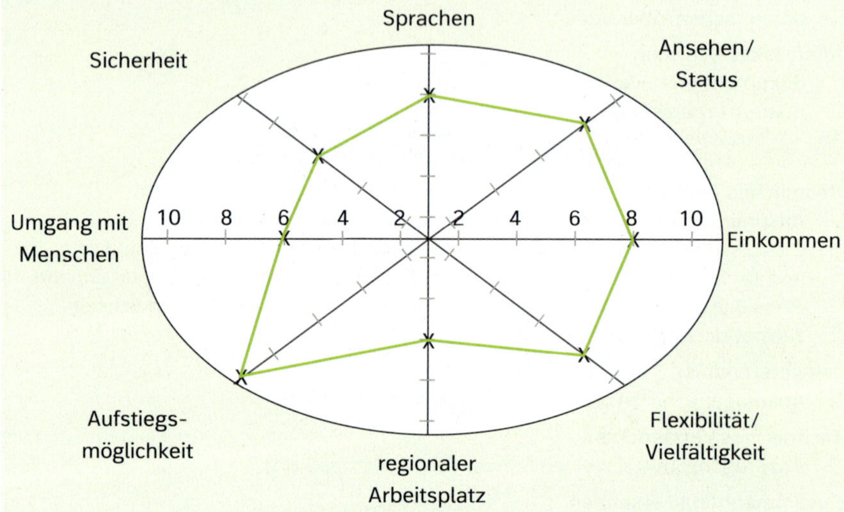

Legende:
10 = sehr wichtig
1 = unwichtig

Clara ist es also persönlich wichtig, dass sie in ihrem Beruf Aufstiegschancen und gute Einkommensmöglichkeiten hat. Außerdem muss ihr Arbeitsplatz nicht vor Ort sein. Ihr ist auch klar, dass sie direkt nach dem Schulabschluss eine Ausbildung beginnen möchte und zunächst nicht das Abitur anstrebt.

AUFGABEN

1. Charakterisiere die Berufe, die Clara in der Schnupperwoche ausprobiert hat (S. 10). Erstelle dazu eine ähnliche Tabelle wie in M1.
2. a) Beschreibe Claras Eigenschaften laut Stärken-Schwächen-Profil (M2).
   b) Recherchiere anhand von M2 mindestens drei weitere Berufe, die zu Clara passen würden. Nutze auch M4 und M5.
3. *Stühletausch:* Erläutert die Bedeutung des Fotos M3.
4. a) Ordne die Berufsfelder den Bildern zu (M5). Nutze dazu die Internetseite der Bundesagentur für Arbeit über den Webcode links.
   b) Wähle jeweils einen Beruf aus diesen Berufsfeldern (Aufgabe 4 a), der zu dir persönlich passen könnte. Begründe deine Entscheidung.
5. Beschreibe mindestens zwei Berufe, die für dich infrage kommen, in Form einer tabellarischen Übersicht wie in M1. Wähle dabei andere Berufe, als in M1 und Aufgabe 1 schon dargestellt sind.
6. Gestaltet in der Klasse eine Landkarte eurer Region, in der ihr Ausbildungsbetriebe eintragt, die eure Wunschberufe ausbilden. Recherchiert, ob diese Betriebe in dem Jahr ausbilden, das für euch infrage kommt.
7. a) Begründe, ob dir persönlich das Ansehen eines Berufs wichtig ist (M6).
   b) *Fishbowl:* Diskutiert eure Ansichten in der Klasse.

WEBCODE

WES-116646-114
Erkunde die Berufsfelder bei der Bundesagentur für Arbeit.

M5 Berufe und Berufsfelder

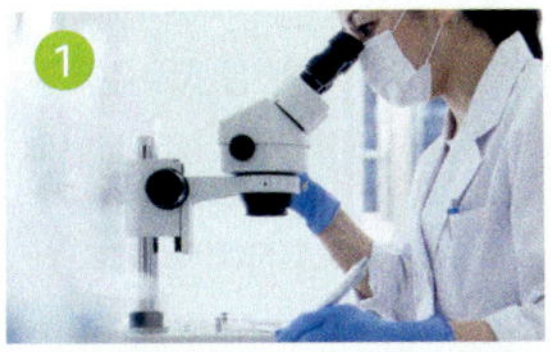

- Gesundheit
- Bau, Architektur, Vermessung
- IT, Computer
- Soziales, Pädagogik
- Verkehr, Logistik
- Kunst, Kultur, Gestaltung
- Landwirtschaft, Natur, Umwelt
- Metall, Maschinenbau
- Naturwissenschaften
- Technik, Technologiefelder
- Wirtschaft, Verwaltung
- Elektrik
- Produktion, Fertigung
- Dienstleistung

M6 Angesehene Berufe

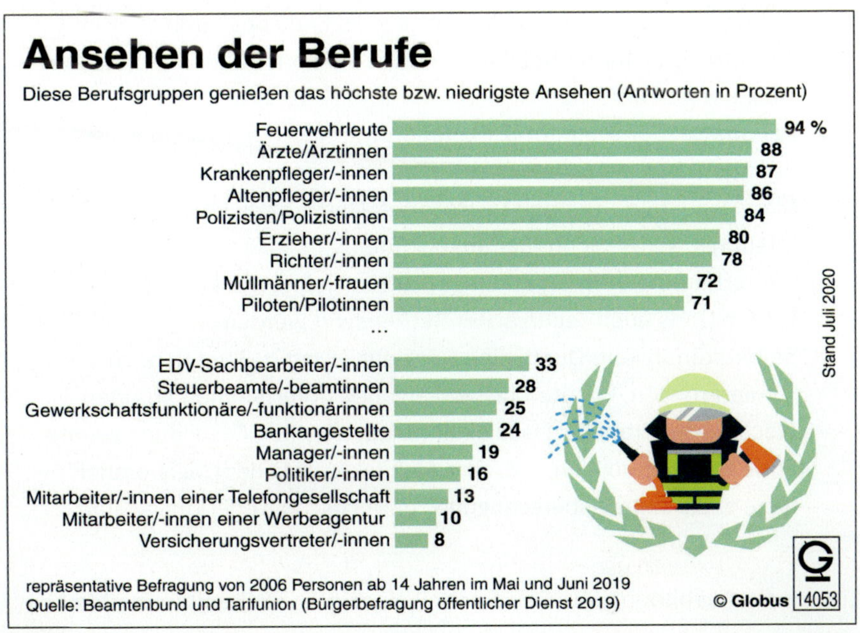

Qualifikation und Weiterbildung

Chris hat sich entschieden, Schreiner zu werden. Ihm gefällt handwerkliche Arbeit, bei der man ein Ergebnis sieht, und Holz ist für ihn ein angenehmes Material. Chris hat sich schon erkundigt, wie seine Ausbildung ablaufen wird.

Zunächst wird er ein Jahr nur an der Berufsschule das sogenannte **Berufsgrundschuljahr** (BGJ) absolvieren. Dies ist eine rein schulische Ausbildung mit praktischen Inhalten. In dieser Zeit besteht in der Regel noch kein Arbeitsverhältnis mit einem Betrieb. Chris hat jedoch das Glück, dass er ein Unternehmen gefunden hat, das ihm einen Vorvertrag angeboten hat.

Nach Ablauf des BGJs wird Chris eine zweijährige **duale Ausbildung** im Betrieb und in der Berufsschule durchlaufen.

Die Eltern von Chris finden seine Idee gut, zunächst einen Handwerksberuf zu ergreifen. Aber sie fragen ihn auch, ob er wirklich bis zum Rentenalter in der Werkstatt stehen möchte. Mit dem Alter kann körperliche Arbeit durchaus anstrengend und beschwerlich werden.

Aber welche Möglichkeiten hätte Chris, wenn ihm die Arbeit womöglich tatsächlich einmal zu anstrengend wird? Er forscht weiter nach:

- ✓ **Aufstieg zum Projektleiter innerhalb des Betriebs:** Chris übernähme damit die Organisation, Leitung und Durchführung kompletter Aufträge und würde diese von Anfang bis Ende begleiten.
- ✓ **Konstrukteur:** Im Betrieb könnte Chris als Konstrukteur technische Zeichnungen anfertigen.
- ✓ **Kalkulator:** Zur Angebotskalkulation wäre auch ein Wechsel ins Büro denkbar.
- ✓ **Meisterausbildung und Meisterbrief:** Damit hätte Chris die Erlaubnis, selbst Schreiner auszubilden.
- ✓ **Weiterbildung zum staatlich geprüften Holztechniker:** Danach könnte Chris auch Technischer Betriebswirt werden.
- ✓ **Selbstständigkeit:** Durch eine Spezialisierung, z. B. im Bereich Furnierarbeiten, könnte Chris ein eigenes Unternehmen gründen.
- ✓ **Wechsel der Branche:** Nach einer handwerklichen Ausbildung könnte Chris sich weiterbilden, z. B. zum Architekten. Mit dem Meisterbrief hätte er die Zugangsberechtigung zur Hochschule oder Universität.

Eine **duale Ausbildung** kann also sehr vielseitig und zukunftsorientiert sein.

M7 Studium ohne Abitur

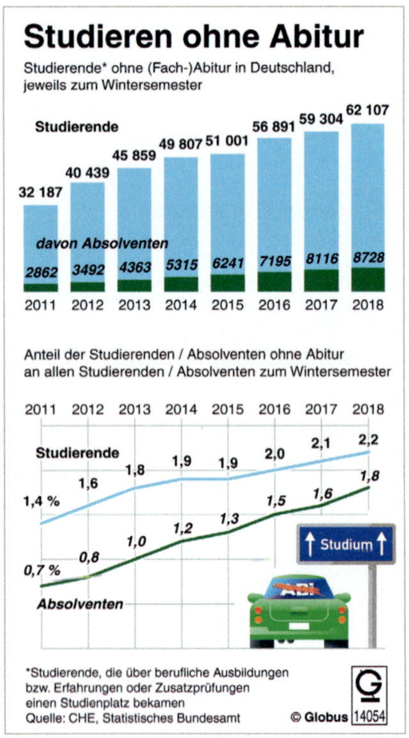

INFO

Der **Meisterbrief** ist dem Bachelor gleichgestellt. Berufliche und akademische Bildung sind also gleichwertig. Daher ist ein Studium auch ohne Abitur, aber mit Meisterbrief möglich.

M8 Wichtige Qualifikationen

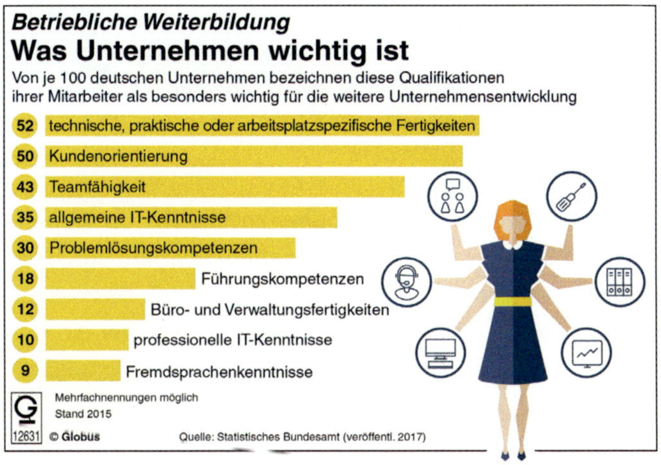

M9 Ansporn für Weiterbildung

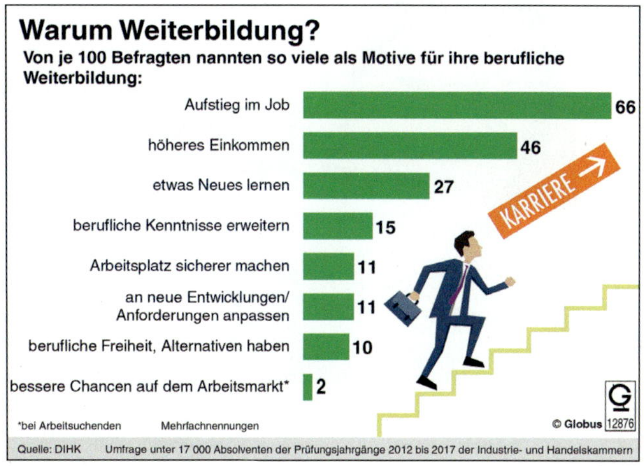

M10 Qualifikationen im Beruf

AUFGABEN

1. a) Recherchiere zu zwei Ausbildungsberufen, die für dich infrage kämen, den konkreten Ausbildungsverlauf.
   b) Gib die Aufstiegsmöglichkeiten in diesen zwei Berufen an.
2. Berechne, um wie viel Prozent der Anteil an Studierenden ohne Abitur von 2011 bis 2018 gestiegen ist (M7).
3. *Kugellager:* Diskutiert, ob es gut ist, ohne Abitur studieren zu dürfen.
4. M8 zeigt die Qualifikationen, die den Unternehmen wichtig sind. Nenne zwei technische, praktische oder arbeitsplatzspezifische Fertigkeiten, die in deinen zwei Wunschberufen relevant wären.
5. Reflektiere, welche Qualifikationen aus M8 dir persönlich in Bezug auf deine spätere Arbeit wichtig erscheinen.
6. a) Ordne die Gründe für Weiterbildung nach der Wichtigkeit für dich (M9).
   b) Diskutiert eure Rangfolgen in der Klasse.
7. *Placemat:* Bestimmt den Begriff „Soft Skills“ und erläutert deren Bedeutung für den Erfolg im Beruf. Nutzt dazu auch M10.
8. Recherchiere berufliche Möglichkeiten einer Person mit Meisterausbildung.

WEBCODE

WES-116646-115
Bei Planet Beruf von der Bundesagentur für Arbeit kannst du ein interaktives Bewerbungstraining absolvieren.

INFO

Berufsberater der Arbeitsagenturen
Die Berufsberater/-innen geben Auskunft und Hilfe beim Thema Bewerbung. An einigen Schulen findet diese Beratung auch während des Unterrichts statt.

1.2 Die Bewerbung

Clara hat sich über die Vielzahl an Möglichkeiten für ihren beruflichen Werdegang informiert. Sie hat sich für eine Ausbildung zur Fremdsprachen-Industriekauffrau entschieden und die passende Stellenanzeige M1 gefunden. Nun möchte sie sich darauf bewerben.

Was bedeutet eigentlich „Bewerbung"?
„Bewerbung" heißt, für die eigene Person „Werbung" zu machen, das bedeutet, jemanden für sich zu gewinnen. Der Ausbildungsbetrieb erhält durch die Bewerbungsunterlagen einen ersten Eindruck von Clara, ohne dass er sie persönlich kennengelernt hat. Je informativer und aussagekräftiger die Unterlagen sind, desto größer sind ihre Chancen auf einen Ausbildungsplatz.

M1 Stellenausschreibung

FREMDSPRACHEN-INDUSTRIEKAUFLEUTE (M/W/D)

HAST DU IMMER DIE RICHTIGE ANTWORT PARAT?
Dein englisches Sprachtalent ist genauso groß wie dein Teamgeist? Dich interessieren die Abläufe eines international aufgestellten Unternehmens? Dann wird dich eine Karriere als Fremdsprachen-Industriekaufmann/-frau begeistern! In deiner vielseitigen Ausbildung lernst du die Kernprozesse des Unternehmens kennen und bist danach für einen Einstieg z. B. in Projektunterstützung, Vertrieb, Marketing, Personal- oder Rechnungswesen sehr gut vorbereitet – und sicherlich nie um eine Antwort verlegen!

DEINE AUSBILDUNG
- fundierte Ausbildung in Fachdisziplinen wie Geschäftsprozesse, Marketing und Vertrieb, Kommunikation (mit Sprachunterricht Englisch), Arbeitsorganisation, Logistik, Beschaffung, Personal, Controlling, Buchhaltung
- praktische Einbindung und Betreuung durch erfahrene Ausbilder in den verschiedenen kaufmännischen Fachabteilungen
- Abschlüsse: Industriekaufmann/-frau; Fremdsprachenkorrespondent/-in Englisch

KURZ GEFASST
- Schulbildung: Realschule, Fachoberschule oder Gymnasium
- Ausbildungszeit: 2½ Jahre (4 Wochen Aufenthalt in Großbritannien)
- Berufsschule und Ausbildungsstätte im Wechsel

DEINE BEWERBUNG SCHICKST DU BITTE ÜBER UNSEREN ONLINE-STELLENMARKT ODER PER POST AN ...

M2 Optimaler Ablauf einer Bewerbung

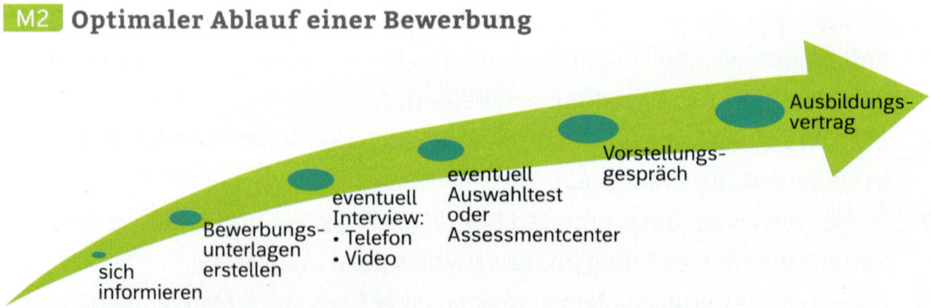

Die Bewerbungsunterlagen

Für ihre Bewerbung sucht Clara die erforderlichen Unterlagen zusammen. Bei einer **„klassischen" Bewerbung** (siehe auch S. 18) bestehen die Bewerbungsunterlagen aus dem Deckblatt, dem Bewerbungsanschreiben, dem Lebenslauf und den Anlagen. Meistens werden die Unterlagen in einer Bewerbungsmappe angelegt.

M3 Bestandteile einer Bewerbung

Deckblatt	• Gestalte dein Deckblatt ansprechend, denn es dient als erster Eindruck. • Achte auf das richtige Layout passend zum jeweiligen Beruf. • Verwende eine klare und strukturierte Übersicht. • Klebe das Bewerbungsfoto entweder auf das Deckblatt oder scanne es ein.
Bewerbungs-anschreiben	• Nimm Bezug auf die Stellenanzeige. • Stelle dir folgende drei W-Fragen: – Warum bewerbe ich mich in diesem Unternehmen? – Welchen Beruf möchte ich erlernen? – Was zeichnet mich aus für diesen Beruf? Wichtig: → Schreibe nie eine Vorlage ab, sondern mache dir selbstständig Gedanken. → Vergiss nicht deine Unterschrift.
Lebenslauf	• Mache zuerst Angaben zu deiner Person. • Danach folgt eine Zusammenfassung deines bisherigen Werdegangs in tabellarischer Form. • Vergiss nicht deine Unterschrift mit Datum.
Anlagen	In die Anlagen kommen wichtige Dokumente und Belege, z. B.: • Zeugnisse (jeweils das aktuellste), • Praktikumsbescheinigungen, • Urkunden (z. B. DELF, PET, Schülerleistungsschreiben etc.). Wichtig: → Verwende keine Originale, sondern nur Kopien (evtl. beglaubigt). → Der Anlagenvermerk kann sowohl auf dem Deckblatt als auch auf dem Bewerbungsanschreiben angeführt werden.

INFO

DELF
Diplôme d'Etudes en langue française

PET
Preliminary English Test

AUFGABEN

1. Charakterisiere die Bedeutung einer Bewerbung.
2. Erläutere den optimalen Ablauf einer Bewerbung (M2).
3. Beschreibe die vier Bestandteile einer „klassischen" Bewerbung (M3).
4. a) Arbeite aus M1 die Anforderungen heraus.
   b) Entscheide, mit welchen Bestandteilen der Bewerbung aus M3 du diese Anforderungen belegen kannst.

Arten von Bewerbung

Clara hat sich für eine „klassische" Bewerbung mit Bewerbungsmappe entschieden. Daneben gibt es aber noch viele weitere Arten von Bewerbungen.

a) Klassische Bewerbung nach DIN 5008

Die Bewerbung ist nach den Regeln des Deutschen Instituts für Normung (DIN) 5008 zu erstellen. Clara kann sich daran gut orientieren.

Die Formatierung einer Bewerbung nach DIN 5008

Allgemeine **Tipps** zur Verwendung eines Textverarbeitungsprogramms:
- Verwendung eines Anschriftfeldes (9-zeilig)
- Ausrichtung des Textes: in der Regel linksbündig; Blocksatz möglich
- Verwendung einer einheitlichen Schriftart für den gesamten Text
- Einfügen einer Faltkante
- Absatz- und Zeilenabstände: Abhängig von der Länge des Textes kann der Zeilenabstand 1 bis 1,5 betragen; eine sinnvolle Gliederung der Absätze wird empfohlen.

Möglichkeit der Einstellung der **Seitenränder**:
- links: 2,5 cm
- rechts: 2,0 cm
- oben: 2,0 cm
- unten: 2,0 cm

Wichtig ist, dass das Anschreiben eine DIN-A4-Seite nicht überschreitet.

M4 **Welche Art der Bewerbung wird bevorzugt?**

Die Bewerbungsmappe ist tot

Wie Personaler die Unterlagen von Job-Interessenten am liebsten erhalten wollen

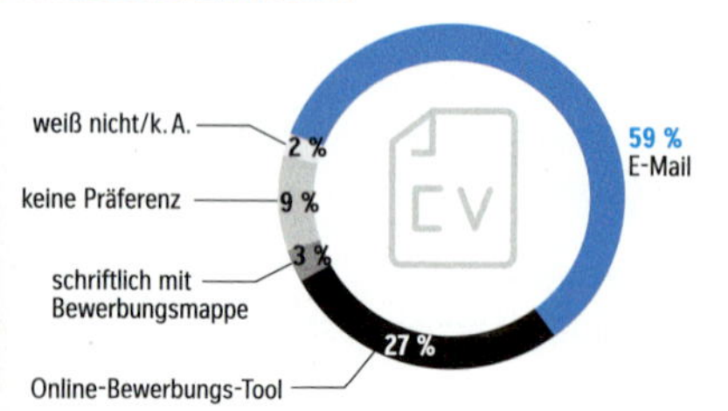

Basis: 304 Personalverantwortliche in Unternehmen ab 50 Mitarbeitern
Quelle: Bitkom Research, 2018
40333EX

b) E-Mail-Bewerbung und Online-Bewerbung

Heute wünschen Unternehmen häufig eine Bewerbung **per E-Mail**. Dabei handelt es sich um eine **digitale Bewerbungsmappe**. Die Reihenfolge der Bewerbungsunterlagen unterscheidet sich bei einer E-Mail-Bewerbung nicht von der Reihenfolge in der klassischen Bewerbungsmappe (siehe S. 17).

Der wichtigste Bestandteil ist der **Anhang**: Die eigentlichen Bewerbungsunterlagen werden gesammelt in einer **PDF-Datei** im Dateianhang der E-Mail verschickt. Die PDF-Datei sollte sämtliche Bewerbungsunterlagen und Anhänge enthalten. Versende aber keine zu große Datei, da sie sonst möglicherweise im **Spam-Ordner** des Empfängers landet und nicht gefunden wird. Achte darauf, dass der **Dateiname** deiner Unterlagen auch ohne E-Mail zuzuordnen ist, zum Beispiel „Bewerbungsunterlagen_Clara_Mueller.pdf".

Die **Unterschrift** ist bei E-Mail-Bewerbungen zwar keine Pflicht, wird aber dennoch empfohlen. Dazu kannst du deine Unterschrift entweder einscannen bzw. fotografieren oder digital erzeugen bzw. zeichnen.

Daneben ist auch das Eingeben der Daten in eine **Eingabemaske auf der Unternehmenshomepage** eine beliebte Art der Online-Bewerbung.

c) Initiativbewerbung

Du bewirbst dich, obwohl **keine Stellenausschreibung** vom Unternehmen vorliegt. Dementsprechend existiert kein klar formuliertes Anforderungsprofil, auf das du in deinem Anschreiben Bezug nehmen kannst.

Mögliche Informationsquellen für besetzbare Stellen sind vielfältig. Neben Tipps aus dem persönlichen Netzwerk oder eigenem Interesse an einem Unternehmen können die Medien nützliche Informationen liefern.
Sich initiativ zu bewerben ist besonders bei großen Unternehmen sinnvoll.

Zeichnung: Klaus Pluth

d) Kurzbewerbung

Die Kurzbewerbung ist eine übliche Bewerbungsform für **Praktika, Minijobs** oder auch bei **internen Bewerbungen** und **Initiativbewerbungen**. Sie umfasst lediglich zwei Dokumentarten:

- aussagekräftiges Bewerbungsanschreiben (maximal eine Seite),
- strukturierter Lebenslauf.

e) Bewerbungshomepage

Mit dem technologischen Fortschritt stehen zunehmend alternative Herangehensweisen an eine Bewerbung offen. Eine davon ist die eigene Bewerbungshomepage. Achte hierbei aber auf die Privatsphäre deiner Daten!

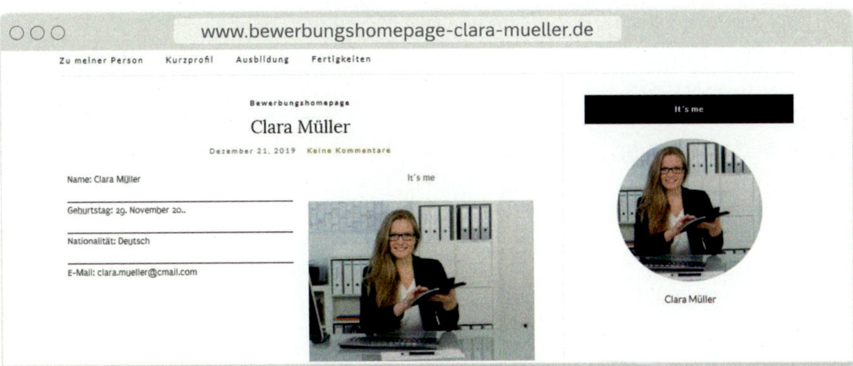

f) Bewerbungsvideo

Das Bewerbungsvideo ist eine Möglichkeit, ein Alleinstellungsmerkmal zu kreieren, aber kein Ersatz für vollständige Bewerbungsunterlagen. Ein Bewerbungsvideo ist auch nicht für jeden Bewerber bzw. jede Branche geeignet.

AUFGABEN

1. *Marktplatz:* Begründet, dass E-Mail- und Online-Bewerbungen (b) von vielen Personalverantwortlichen bevorzugt werden (M4).
2. Schätze ein, in welchen Situationen eine Initiativbewerbung (c) ratsam ist.
3. Begründe, für welche Berufsgruppen die Erstellung
   a) einer Bewerbungshomepage (e),
   b) eines Bewerbungsvideos (f)
   sinnvoll sein kann.

Das Bewerbungsanschreiben

Das Bewerbungsanschreiben dient als erster Eindruck. Es entscheidet häufig mit darüber, ob du in eine engere Auswahl kommst.

Die Inhalte deines Anschreibens:

inhaltliche Kriterien	**Motivation** • Auslöser für die Bewerbung (z. B. Stellenanzeige, Familie, Freunde, Praktikum) • Gründe für die Wahl der Firma • Gründe für die Wahl des Berufes
	Hard Skills (schulischer Werdegang – Fähigkeiten) • Realschulabschluss • zusätzliche Kenntnisse: Sprachen (z. B. DELF), IT etc. • außerschulisch erlernte Kenntnisse (z. B. Rettungsschwimmer)
	Soft Skills (persönliche Fähigkeiten) → am besten immer mit Beispielen belegen • Teamfähigkeit (z. B. Sportverein, Chor/Musikgruppe) • soziale Kompetenz (z. B. Arbeit im Altenheim) • selbstständiges Arbeiten (z. B. Tutorentätigkeit) • Belastbarkeit (v. a. soziale Berufe) • Lernbereitschaft (z. B. Sprach- oder Computerkurs) • Kritikfähigkeit (z. B. Zusammenarbeit in Gruppen/Teams)
formale Kriterien	DIN 5008 (siehe S. 18)
	Rechtschreibung
	Ort, Datum und Unterschrift
	Anlagen

AUFGABEN

1. Erstelle einen Briefkopf mit deinen persönlichen Angaben wie in M5 auf S. 21 und speichere ihn ab. Du kannst den Briefkopf jetzt immer für deine zukünftigen Bewerbungen verwenden.
2. a) Erstelle ein komplettes Bewerbungsanschreiben nach der DIN 5008 als Privatbrief. Nimm im Anschreiben Bezug auf den Tätigkeitsbereich eines Berufes deiner Wahl.
   b) Bildet Zweiergruppen und lest gegenseitig eure Anschreiben. Markiert dabei mit ☺, was euch gut gefällt, und mit ☹, was ihr verbessern würdet. Erläutert eure Anmerkungen.
   c) Tragt in der Klasse zusammen, was euch bei den Anschreiben aufgefallen ist. Erstellt zusammen eine Liste mit Punkten, die zu beachten sind.
3. Diskutiert mögliche Gründe, aus denen das Bewerbungsanschreiben für viele Unternehmen eine wichtige Bedeutung hat.

M5 Bewerbungsanschreiben

Clara Müller
Bahnhofstraße 8c
94474 Vilshofen
Tel: 08541/12345xx
E-Mail: clara.mueller@cmail.com

WestermannTalk GmbH
Frau Nußbaumer
Am Leuchtturm 29
94036 Passau

Auch internationale Schreibweise zulässig: 2020-08-12

12. August 20xx

Bewerbung um einen Ausbildungsplatz als Fremdsprachen-Industriekauffrau

Betreff mit genauer Berufsbezeichnung

Sehr geehrte Frau Nußbaumer,

konkreter Ansprechpartner

mit großem Interesse habe ich Ihr Lehrstellenangebot auf Ihrer informativen Homepage gelesen. Die Arbeit in einem Familienunternehmen kombiniert mit Auslandstätigkeiten interessiert mich sehr. Deshalb bewerbe ich mich um einen Ausbildungsplatz als Fremdsprachen-Industriekauffrau.

Momentan besuche ich die Jahrgangsstufe neun der Realschule Vilshofen und werde im Sommer 20xx die zehnte Klasse erfolgreich mit dem Realschulabschluss beenden.

Während meiner Schnupper-Praktikumswoche konnte ich bei der Firma Lander in Vilshofen erste Einblicke in den beruflichen Alltag einer Fremdsprachen-Industriekauffrau gewinnen. Besonders die Bandbreite an organisatorischen Aufgaben hat mich angesprochen. Vor allem die Telefonate und das Erstellen eines Briefs in englischer Sprache haben mir viel Freude bereitet.

Beziehe dich hier auf das Anforderungsprofil des Berufes!

Für die Ausbildung bringe ich mit der wirtschaftswissenschaftlichen Ausbildungsrichtung an der Realschule beste Voraussetzungen mit. Außerdem besitze ich gute Kenntnisse in der Fremdsprache Englisch sowie im Fach Informationstechnologie.

Hard Skills

Als Mitglied der SMV arbeite ich gerne im Team zusammen und in meiner Freizeit helfe ich jüngeren Schülern im Fach Robotik und bei Hausaufgaben.

Soft Skills

Über eine Einladung zu einem Vorstellungsgespräch freue ich mich sehr.

Mit freundlichen Grüßen

Clara Müller

Standardschluss mit Unterschrift; kann durch das Angebot für ein freiwilliges Praktikum ergänzt werden

Anlagen
- Lebenslauf
- Zeugniskopien
- Praktikumsbescheinigungen
- PET-Bescheinigung

Anlagen können auch auf dem Deckblatt angegeben werden. Jedoch müssen sie einmal in der Bewerbung vorkommen.

INFO

Fotos in einer Bewerbung
Du musst kein Bewerbungsfoto mitsenden. Empfehlenswert ist es aber meistens trotzdem. Stell dir vor, acht Schüler mit den gleichen Qualifikationen bewerben sich um eine Ausbildung, Bewerbungsfotos haben nur vier. Wer wird dem Ausbilder in Erinnerung bleiben?

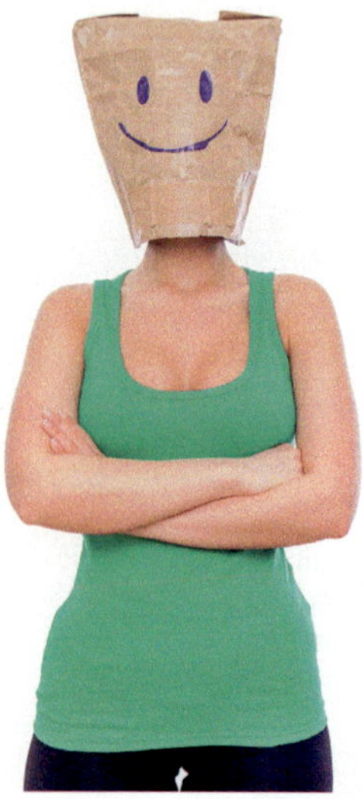

Anonyme Bewerbungen – vor- oder nachteilig?

Der tabellarische Lebenslauf

Der Lebenslauf gibt Auskunft über deine Person und sollte kurz sowie klar formuliert werden. Folgende Punkte sollte dein Lebenslauf beinhalten:

Persönliche Daten
• Name • Geburtsdatum • Geburtsort
Schulischer Werdegang
• Grundschule (Ort) von ... bis ... • weiterführende Schulen (Ort) von ... bis ... • Abschluss: Realschulabschluss mit Jahresangabe
Zusatzqualifikationen
• Sprachkenntnisse mit Angabe der Zertifikate • IT-Kenntnisse mit Angabe der Programme • schulisches Engagement: z. B. Tutor, SMV, Theater • außerschulisches Engagement: z. B. Betreuung älterer Menschen • persönliche Qualifikationen: z. B. Teamfähigkeit, Empathie, Zuverlässigkeit, Pünktlichkeit (mit Begründung, wo man diese erworben hat/anwendet)
Praktika
• geordnet nach Zeitpunkt • Firma, Tätigkeit
Hobbys
• Sport, Feuerwehr, Kirche etc. • Achtung: keine zweifelhaften Hobbys angeben oder gefährliche Hobbys wie Freeclimbing
Ort, Datum und Unterschrift

Datenschutz

Persönliche Daten (z. B. Geburtsdatum, Foto, nähere Angaben zu Eltern und Geschwistern, Religion, Staatsangehörigkeit) dürfen von den Betrieben nicht verlangt werden, sollten aber weitgehend in deiner Bewerbung stehen. Du musst selbst entscheiden, welche deiner Daten du preisgeben möchtest.

Unternehmen sind nach der Europäischen Datenschutz-Grundverordnung verpflichtet, dich über Speicherdauer oder Weiterleitung deiner Daten zu informieren.

AUFGABEN

1. Erstelle einen tabellarischen Lebenslauf wie in M6 auf S. 23 mit deinen Daten.
2. *Kugellager:* Manche Unternehmen akzeptieren anonyme Bewerbungen. Dabei verzichtet der Bewerber auf persönliche Angaben wie Name, Geschlecht, Geburtsdatum und Staatsangehörigkeit sowie auf ein Bewerbungsfoto.
   Diskutiert Vor- und Nachteile einer solchen Bewerbung aus der Sicht **a)** des Bewerbers und **b)** des Betriebes.

M6 Tabellarischer Lebenslauf

Lebenslauf

Persönliche Daten

Name:	Clara Müller
Geburtsdatum:	29. November 20xx
Geburtsort:	Passau
Staatsangehörigkeit:	Deutsch
Eltern:	Severin Müller, Bürokaufmann
	Renate Müller, Hotelfachfrau
Geschwister:	Jonas Müller, 21 Jahre

Schulausbildung

09/20xx – 07/20xx	Grundschule (Name, Ort)
09/20xx – 07/20xx	Realschule (Name, Ort)
07/20xx	Realschulabschluss

Praktika

04/20xx, 1 Woche	Praktikum Steuerberatungskanzlei Zack
06/20xx, 1 Woche	Praktikum Chemiewerk Explosiv AG
09/20xx, Schnupper-Praktikumswoche	Fachinformatikerin, Schornsteinfegerin, Erzieherin, Fremdsprachen-Industriekauffrau

Zusatzqualifikationen

EDV:	Grundlagen der Informationstechnologie
	Kenntnisse in MS Office
Sprachkenntnisse:	Englisch, Cambridge Certificate
Schulisches Engagement:	Klassensprecherin, SMV, Tutorin für jüngere Schüler
Persönliche Stärken:	Teamfähigkeit, Zuverlässigkeit

Hobbys

	Fußball, Schlagzeug spielen

Vilshofen, 12. August 20xx

Clara Müller

Zeichnung: Thomas Plaßmann

Vorsicht in sozialen Netzwerken

Bei deiner Bewerbung hast du an alles gedacht. Du hast ein aussagekräftiges Anschreiben verfasst, einen detaillierten Lebenslauf erstellt und neue Bewerbungsfotos gemacht. Die Einladung zum Vorstellungsgespräch kann kommen. Jedoch vergessen Bewerber oft einen wichtigen Teil im Bewerbungsprozess – das Internet.

Mitarbeiter in Personalabteilungen sind nicht „von gestern“ und recherchieren nach den Bewerbern. Dabei gehört in vielen Unternehmen ein Blick in die Social-Media-Profile bei der Sichtung der Bewerbung genauso dazu wie das Lesen des Lebenslaufes.

Ob Partyfotos oder Fachdiskussionen, Hetze oder Networking – wie man soziale Netzwerke nutzt, macht so oder so Eindruck, auch bei Personalverantwortlichen. Ein **angemessener Social-Media-Auftritt** ist bei der Bewerbung um einen Job mittlerweile sehr wichtig.

M7 Soziale Netzwerke im Bewerbungsprozess

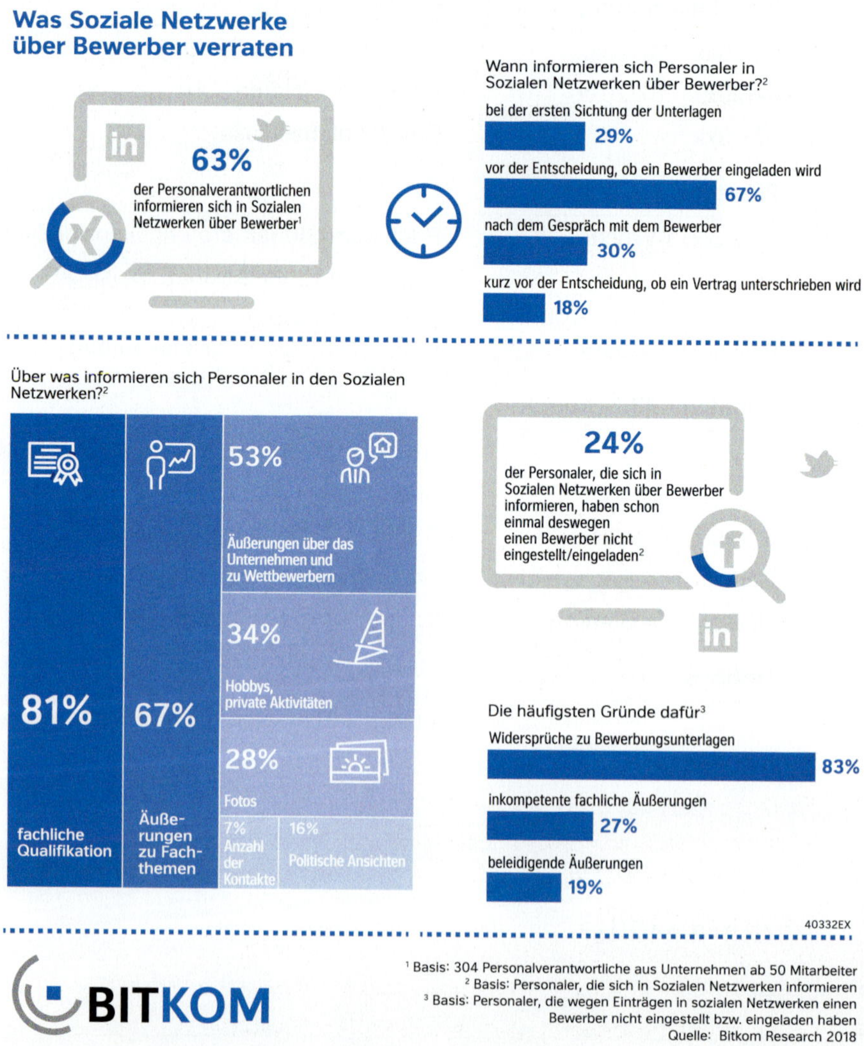

Zeitliche Planung einer Bewerbung
Clara hat ihre Bewerbungsunterlagen nun zusammengestellt. Doch wann ist der **beste Zeitpunkt**, um sie zu versenden?

Abhängig von der **Branche**, in der man sich bewirbt, sind bestimmte **Fristen** zu beachten. Eine Rolle spielt auch die **Größe des Unternehmens**: Große Unternehmen suchen in der Regel früher als kleine und mittelständische.

Clara sollte ihre Bewerbungsunterlagen um eine Ausbildung als Fremdsprachen-Industriekauffrau spätestens im September verschicken, wenn sie ihre Ausbildung im August des nächsten Jahres beginnen möchte.

M8 Fahrplan zum Ausbildungsberuf

8. Klasse:
- sich über verschiedene Berufe informieren
- viele Praktika machen

9. Klasse:

Februar

Bewerbungsbeginn bei Banken, Versicherungen und einigen Großbetrieben

Bewerbungsschluss für die Beamtenausbildung (mittlerer Dienst) beachten!

August/September

Bewerbungsbeginn bei den meisten Betrieben und schulischen Ausbildungen

10. Klasse:

Februar

Anmeldung für weiterführende Schulen (z. B. FOS)

August/September

Ausbildungsbeginn

AUFGABEN

1. Think-Pair-Share: Erläutert mithilfe von M7 die Rolle von sozialen Netzwerken im Bewerbungsverfahren.
2. Überprüfe deine eigenen Profile in sozialen Netzwerken und verbessere diese gegebenenfalls.
3. Recherchiere, wann du dich für deine Wunschausbildung bewerben müsstest, und erstelle dir mithilfe von M8 einen eigenen „Fahrplan“.
4. Recherchiere die Bewerbungsfristen im öffentlichen Dienst.

1.3 Der Auswahltest

Im Briefkasten von Clara liegt eine Einladung zum Auswahltest. Sie hat sich gegen die meisten Mitbewerber durchgesetzt. Wer bei dem Test am besten abschneidet, hat gute Chancen auf die Ausbildungsstelle.

Ein Auswahl- oder Einstellungstest prüft **nicht nur schulisches Wissen**, sondern auch **weitere Fähigkeiten**. Häufig werden einige dieser Schwerpunkte getestet:

- logisches Denken,
- technisches Verständnis,
- Arbeitstempo und Arbeitsgenauigkeit,
- psychologische Fähigkeiten,
- Umgang mit Zahlen und Rechenkenntnisse,
- Sprach- und Abstraktionsfähigkeit,
- Kenntnisse in Rechtschreibung und Zeichensetzung,
- Kreativität.

Zum Beispiel für die Ausbildung bei der Polizei musst du dich auch einem **Sporttest** unterziehen. Geprüft werden Kondition, Kraft und Koordination.

WEBCODE

WES-116646-116
Eine Orientierungshilfe zu Auswahltests mit Beispielaufgaben zum Üben bietet die Bundesagentur für Arbeit.

M1 Beispiele für Fragen beim Auswahltest

Allgemeinwissen
Wer war der/die erste Bundeskanzler/-in in der Bundesrepublik Deutschland?

a) Angela Merkel
b) Ludwig Erhard
c) Konrad Adenauer
d) Theodor Heuss

Rechnen und Mathematik
Ein neues Smartphone, das du dir kaufen willst, kostet 600 €. Du findest es in einem Laden im Angebot für 540 €. Wie viel Prozent würdest du sparen?

a) 3 %
b) 97 %
c) 10 %
d) 90 %

Deutsch und Sprache
Welches Wort ist hier nicht richtig geschrieben?

a) Kraftfahrzeug
b) Schiffahrt
c) Liquidität
d) Hypothek

Räumliche Vorstellung
Welche Anordnung von Symbolen gehört in das letzte Kästchen?

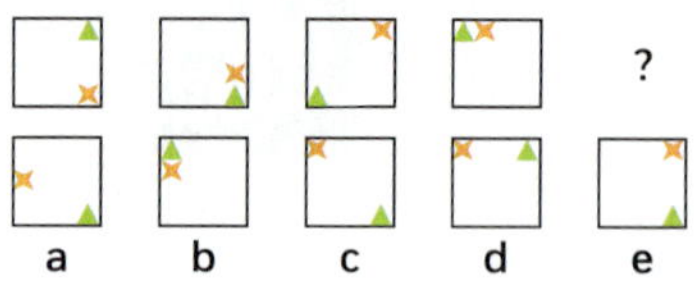

AUFGABEN

1. Löse den Auswahltest M1.
2. Recherchiere nach anderen Auswahl- bzw. Einstellungstests und nenne weitere Oberthemen (wie in M1 z. B. Allgemeinwissen).

1.4 Assessmentcenter

Manche Unternehmen laden ihre Bewerber auch zu einem **Assessmentcenter** ein. Dabei handelt es sich um ein spezielles Verfahren, mit dessen Hilfe Bewerber beurteilt werden. Zu diesem Zweck müssen die Bewerber ein oder mehrere Tage lang **verschiedene Aufgaben** bewältigen. Es gibt keine festen Regeln, wie ein Assessmentcenter aufgebaut ist und welche Aufgaben ein Bewerber im Rahmen dieses Tests absolvieren muss. Trotzdem haben die meisten Assessmentcenter Gemeinsamkeiten.

Typische Merkmale eines Assessmentcenters:

- An einem Assessmentcenter nehmen circa fünf bis 15 Bewerber teil.
- Die Bewerber müssen verschiedene Aufgaben erfüllen, z. B.:
  - **Selbstpräsentation bzw. Einzelpräsentation** über verschiedene Themen zur Überprüfung der Selbstständigkeit,
  - **„Postkorb"-Übungen**, in denen man in einer stressigen Situation Aufgaben sortieren, erledigen oder delegieren muss,
  - **Rollenspiele**, z. B. fiktive Verkaufsgespräche, in denen die sprachlichen/rhetorischen Qualitäten beurteilt werden,
  - **Planspiele** zur Beurteilung von logischem und strukturiertem Denken, z. B. Lösung eines Problems in einem fiktiven Fallbeispiel,
  - **Gruppendiskussionen**, in denen das Teamverhalten, aber auch das Diskussionsgeschick beurteilt werden,
  - **Interviews** und klassische **Eignungstests**.
- Die Bewerber müssen **miteinander agieren**.
- Die Bewerber werden **von mehreren Beobachtern beurteilt**.
- Die Bewerber müssen ihre eigene Leistung und die Leistung der anderen Teilnehmer beurteilen (**Feedback**).

M1 Begriffe zum Assessmentcenter

M2 Beispiel für eine Gruppenarbeit im Assessmentcenter

Ihr sollt für eure Abteilung eine dreitägige Betriebsreise in eine europäische Großstadt auf die Beine stellen. Überlegt, in welche Stadt die Reise gehen soll, wie das Programm vor Ort aussieht und wie ihr die gesamte Tour – von der An- bis zur Abreise – organisieren wollt.

Nach: Marcus Mery, Das Assessment Center: Die Gruppenarbeit, in: https://www.ausbildungspark.com/assessment-center/die-gruppenarbeit/ (Zugriff: 27.1.2020) © 2020 Ausbildungspark Verlag GmbH, Offenbach am Main (verändert)

AUFGABEN

1. Erstelle für ein Assessmentcenter für einen Beruf und ein Unternehmen deiner Wahl eine Selbstpräsentation (drei bis fünf Minuten).
2. Wähle einen Begriff aus M1 und beschreibe diesen in Bezug auf das Assessmentcenter.
3. a) Löst in Gruppen die Aufgabe in M2.
   b) Stellt eure Ergebnisse vor und bewertet sie in einer Feedbackrunde.

typischer Ablauf eines Vorstellungsgesprächs

Ankunft → Kennenlernen → Motivation → Werdegang → Persönlichkeit → deine Fragen

1.5 Das Vorstellungsgespräch

Clara ist auf der Zielgeraden: Ihr Auswahltest war erfolgreich und das Unternehmen möchte sie beim Vorstellungsgespräch persönlich kennenlernen. Jetzt muss sie nur noch einen „kühlen Kopf" bewahren und der Job ist zum Greifen nahe.

Im Vorstellungsgespräch möchte das Unternehmen ein möglichst objektives Bild von Clara bekommen. Natürlich zählt hier auch der **erste Eindruck**: Verhalten, Auftreten, Umgangsformen, Körpersprache (Mimik und Gestik), äußeres Erscheinungsbild, Geprächsführung, Selbstsicherheit, Pünktlichkeit und Höflichkeit.

Sie sollte sich aber auch **inhaltlich** auf das Vorstellungsgespräch vorbereiten: Informationen über den Ausbildungsbetrieb, Arbeitsbereich, Berufsprofil und aktuelles Zeitgeschehen sind einige Bereiche, zu denen sie befragt werden kann.

Typische Fragen und was dahintersteckt

In großen Firmen läuft das Vorstellungsgespräch meist nach einem allgemeingültigen Schema ab. Aber auch in kleineren Unternehmen kannst du unter anderem folgende Fragen erwarten:

Zeichnung: Rainer M. Osinger

Frage:	Hier geht es darum, ...
Warum wollen Sie diesen Beruf erlernen?	... ob du deine berufliche Entscheidung gründlich getroffen hast.
Weshalb bewerben Sie sich gerade bei uns?	... ob du dich über das Unternehmen informiert hast.
Treiben Sie Sport?	... ob du Wert auf deine Gesundheit legst.
Wieso halten Sie sich für diesen Beruf geeignet?	... ob du dir gut überlegt hast, dass dieser Beruf zu dir passt.
Welche Schulfächer liegen Ihnen, welche nicht besonders?	... wofür du dich interessierst und ob du dich für etwas engagierst.

WEBCODE

WES-116646-117
Film: Einfach erklärt: Vorstellungsgespräch

Eigene Fragen im Vorstellungsgespräch

Eigenen Fragen zeigen Interesse und erhöhen die Chance auf die Ausbildungsstelle. Clara hat sich diese Fragen überlegt:

- In welchen Bereichen werde ich eingesetzt?
- Gibt es die Möglichkeit zur Weiterbildung?
- Wie stehen die Übernahmechancen nach der Ausbildung?

Ein Erklärvideo erstellen

Ziel eines Erklärvideos ist es, komplexe Inhalte leicht verständlich auf die wichtigsten Informationen zu reduzieren. Damit dies gelingt, sind einige Kriterien zu beachten. Anhand der folgenden Schritte könnt ihr eurer Video erstellen. Am besten arbeitet ihr dabei in Gruppen zusammen.

Kriterien eines guten Videos:
- ✓ gutes und inhaltlich korrektes Storyboard (Drehbuch)
- ✓ maximal fünf Minuten Länge
- ✓ hohe Bildqualität
- ✓ angemessene Sprache
- ✓ Unterhaltungswert

WEBCODE

WES-116646-118
Informationen des Bayerischen Landesbeauftragten für den Datenschutz zu Videoaufnahmen im Schulunterricht

1. Thema festlegen und Ideen sammeln
- Bestimmt das Thema und recherchiert Informationen dazu.
- Entscheidet, ob ihr ein Realvideo (z. B. Interview, Reportage), Screencast (Aufnahme vom Compterbildschirm) oder Tutorial (Erklärung durch „Experten") erstellen möchtet.

2. Storyboard (Drehbuch) erstellen
- Erstellt eine Gliederung mit der Reihenfolge der Themen.
- Ordnet die von euch recherchierten Informationen der Gliederung zu.

3. Erklärvideo drehen und bearbeiten
- Legt fest, wie ihr filmen wollt – mit dem Handy oder der Kamera.
- Wählt den Ort, an dem ihr filmt, z. B. Klassenzimmer oder Schulgelände.
- Entscheidet, ob es einen Sprecher, Hintergrundmusik oder Bildelemente geben soll.
- Beachtet den Datenschutz (siehe Webcode oben).
- Schneidet eurer Video ggf. mit einer App zurecht.

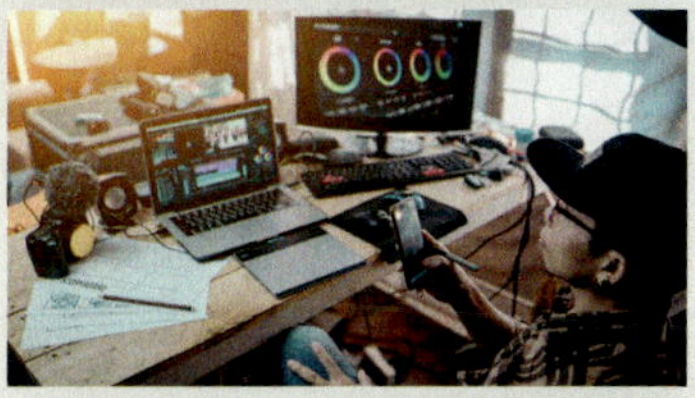

4. Erklärvideo präsentieren und besprechen
- Präsentiert das Video vor der Klasse.
- Lasst eure Mitschülerinnen und Mitschüler einen Bewertungsbogen ausfüllen.

AUFGABEN

1. Erstellt in Gruppen Erklärvideos zum Ablauf des Bewerbungsverfahrens für eine Berufsgruppe eurer Wahl.
   a) Legt dafür zunächst in der Klasse in einem Bewertungsbogen die Kriterien fest, die für eure Videos wichtig sind. Das können auch noch weitere als die oben genannten Kriterien sein.
   b) Nehmt das Erklärvideo unter Berücksichtigung der Kriterien auf.
2. Präsentiert eure Videos in der Klasse und bewertet sie mit dem Bewertungsbogen.

Rollenspiel zum Vorstellungsgespräch

Bei einem Rollenspiel geht es darum, die Rolle einer anderen Person in einer bestimmten Situation zu übernehmen und das Verhalten dieser Person überzeugend im Spiel darzustellen. Ein Rollenspiel eignet sich daher auch gut zum Einüben eines Vorstellungsgesprächs. Hier könnt ihr euch in die Rolle des Bewerbers und des Personalverantwortlichen hineinversetzen. Aber auch die Rolle des Beobachters ist wichtig, um Tipps und Anregungen zu geben.

Vorbereitung des Rollenspiels

1. Bildet Dreierteams.
2. Sucht euch einen Betrieb und Ausbildungsberuf aus.
3. Verteilt die Rollen und lest die Rollenkarten genau durch.
4. Bereitet euch einzeln auf eure Rollen vor:
   - **Personalchef/-in:**
     Formuliere Fragen und mögliche Antworten. Auch die Reihenfolge der Fragen ist wichtig. Gestalte die Fragen offen, damit der Redeanteil der Bewerberin bzw. des Bewerbers hoch ist und du möglichst viele Informationen erhältst.
   - **Bewerber/-in:**
     Bereite dich auf mögliche Fragen vor. Überlege dir selbst Fragen, die du während des Gesprächs stellen kannst.
   - **Beobachter/-in:**
     Lege fest, worauf du während des Rollenspiels achten willst.

Durchführung des Rollenspiels

5. Nachdem die Rollen verteilt sind, wird das Vorstellungsgespräch gespielt. Zeitlicher Rahmen dafür sind ca. zehn Minuten.
   Achtet dabei auch auf formale Kriterien, z. B. Begrüßung, Vorstellung oder Gesprächsführung.
   Die Beobachter/-innen machen sich Notizen und sollten das Rollenspiel nicht stören.
6. Gegebenenfalls könnt ihr in weiteren Runden die Teams und Rollen tauschen.

Auswertung des Rollenspiels

7. In der Auswertung werden die Beobachtungen besprochen. Geht dabei unter anderem auf folgende Fragen ein:
   - Wie haben sich die Spielerinnen und Spieler gefühlt?
   - Was lief gut?
   - Was kann verbessert werden?
   - Würdet ihr die Stelle mit der Bewerberin/dem Bewerber besetzen?

Rollenkarte Personalchef/-in

Du bist in dem Unternehmen für die Auswahl und Einstellung der Bewerber zuständig.

Achte auf folgende Punkte:

1. **Begrüßung:** Gehe auf den Bewerber zu. Gib ihm die Hand und frage ihn nach der Anreise. Das schafft Vertrauen.
2. **Platz anbieten:** Nach dem Handschlag bietest du dem Bewerber einen Platz an.
3. **Gespräch:** Stelle nun die Fragen, die du dir überlegt hast.
4. **Ende des Gesprächs:** Verabschiede dich unverbindlich. Gib keine Zu- oder Absage. Teile dem Bewerber mit, dass du dich meldest.

Rollenkarte Bewerber/-in

Du hast dich bei dem Unternehmen beworben und bist zum Vorstellungsgespräch eingeladen worden.

Achte auf folgende Punkte:

1. **Begrüßung:** Begrüße deinen Gesprächspartner. Sage kurz etwas zu deiner Anreise, wenn du danach gefragt wirst.
2. **Platz anbieten:** Nach dem Händeschütteln wartest du, bis dir ein Platz angeboten wird.
3. **Gespräch:**
   - Antworte in ganzen Sätzen.
   - Begründe immer deine Antworten.
   - Stelle zum Schluss deine selbst überlegten Fragen.
4. **Ende des Gesprächs:** Frage nach einem Termin für die Personalentscheidung bzw. nach dem weiteren Vorgehen.

Rollenkarte Beobachter/-in

Als Beobachter ist es deine Aufgabe, das Verhalten beider Seiten im Auge zu haben. Mache dir dazu Notizen.

Achte auf folgende Punkte:

- Begrüßung
- Platz einnehmen
- Vorstellung
- Art der Fragen (offen/geschlossen, hilfreich/unergiebig usw.)
- Begründung der Fragen
- Sicherheit beim Beantworten der Fragen
- Fragen des Bewerbers
- Verabschiedung

2 Regelungen in Ausbildung und Beruf

INFO

Ausbildungsvertrag
Jedes Unternehmen hat eigene Vorlagen für Ausbildungsverträge. Diese orientieren sich oft an **Mustern der Kammern** (Industrie- und Handelskammer/IHK, oder Handwerkskammer/HWK). Rechtliche Grundlage ist immer das Berufsbildungsgesetz. Ausbildungsverträge müssen von den Ausbildungsbetrieben in das **Verzeichnis der Berufsausbildungsverhältnisse der Kammern** eingetragen werden. Dafür müssen die Unternehmen einen Beitrag zahlen. Sollte dein Ausbildungsvertrag bereits eingetragen worden sein und du trittst die Ausbildungsstelle nicht an, so kann das Unternehmen die Kosten für den Registereintrag von der Kammer nicht zurückfordern. Unterzeichne einen Ausbildungsvertrag also nur dann, wenn du dir sicher bist, dass du die Stelle auch wirklich antreten willst.

2.1 Der Berufsausbildungsvertrag

Clara hat es geschafft: Sie hat nach dem Bewerbungsverfahren eine Zusage zur Ausbildung als Fremdsprachen-Industriekauffrau erhalten. Ihre Mutter muss sie als gesetzliche Vertreterin begleiten, um den Ausbildungsvertrag zu unterzeichnen, da Clara noch nicht volljährig ist.

§ 5 Berufsbildungsgesetz (BBiG) gibt ihr Auskunft, was die Ausbildungsordnung regelt. In den §§ 10, 11 BBiG findet sie nähere Bestimmungen zum Berufsausbildungsvertrag (siehe auch M1).

§ 5 BBiG Ausbildungsordnung

(1) Die Ausbildungsordnung hat festzulegen
1. die Bezeichnung des Ausbildungsberufes, der anerkannt wird,
2. die Ausbildungsdauer; sie soll nicht mehr als drei und nicht weniger als zwei Jahre betragen,
3. die beruflichen Fertigkeiten, Kenntnisse und Fähigkeiten, die mindestens Gegenstand der Berufsausbildung sind (Ausbildungsberufsbild),
4. eine Anleitung zur sachlichen und zeitlichen Gliederung der Vermittlung der beruflichen Fertigkeiten, Kenntnisse und Fähigkeiten (Ausbildungsrahmenplan),
5. die Prüfungsanforderungen.

§ 10 BBiG Vertrag

(1) Wer andere Personen zur Berufsausbildung einstellt (Ausbildende), hat mit den Auszubildenden einen Berufsausbildungsvertrag zu schließen.

AUFGABEN

WEBCODE

WES-116646-121
Hier findest du das BBiG im Internet.

1. a) *Think-Pair-Share:* Gemäß § 5 BBiG legt die Ausbildungsordnung die Bezeichnung des Ausbildungsberufes fest. Recherchiert die Besonderheit des Berufes von Fremdsprachen-Industriekaufleuten.
   b) Recherchiere das Anforderungsprofil von Fremdsprachen-Industriekaufleuten.
   c) Begründe, ob du dir vorstellen könntest, diesen Beruf auszuüben.
2. Bestimme die Begriffe Ausbildender und Auszubildender.
3. Claras Ausbildungsbetrieb möchte den Vertrag (M1) nur digital speichern. Hinterfrage, ob etwas dagegen spricht.
4. Nenne die Inhalte, die im Ausbildungsvertrag geregelt sind. Nutze dazu M1 oder recherchiere im Internet nach § 11 Berufsbildungsgesetz (BBiG).
5. Recherchiere, in welche Kammer (siehe Info) dein Ausbildungsvertrag, sofern du schon einen hast, oder dein Wunschberuf eingetragen wird.
6. Reflektiere Gründe für die vorgeschriebene Ausbildungsdauer (§ 5 Nr. 2 BBiG).

M1 Berufsausbildungsvertrag nach §§ 10, 11 Berufsbildungsgesetz

IHK

Antrag auf Eintragung

in das Verzeichnis der Berufsausbildungsverhältnisse

Zwischen dem/der Ausbildenden (Ausbildungsbetrieb)

Öffentlicher Dienst ☐

KNR	IHK-Firmenident-Nr.	Tel.-Nr.
1xx	123456xx	0851/978654xx

Ausbildungsbetrieb und Anschrift des/der Ausbildenden: WestermannTalk GmbH

Straße, Haus-Nr.: Am Leuchtturm 29

PLZ	Ort
94036	Passau

E-Mail-Adresse des/der Ausbildenden (Angabe freiwillig): c.nussbaumer@westermanntalk.com

Verantwortliche/r Ausbilder/in	Geburtsjahr
Constanze Nußbaumer	1970

und dem/der Auszubildenden

männlich ☐ **weiblich** ☒ **unbestimmt** ☐

Berufsausbildung im Rahmen eines dualen Studiums ☐

Name	Vorname
Müller	Clara

Straße, Haus-Nr.: Bahnhofstraße 8c

PLZ	Ort
94474	Vilshofen

Geburtsdatum	Staatsangehörigkeit
29.11.20xx	deutsch

E-Mail-Adresse (Angabe freiwillig)	Mobil-/Tel.-Nr. (Angabe freiwillig)
clara.mueller@cmail.com	0171/123456xx

Gesetzlicher Vertreter[1]: Eltern

Namen, Vornamen der gesetzlichen Vertreter: Renate und Severin Müller

Straße, Haus-Nr.: Bahnhofstraße 8c

PLZ	Ort
94474	Vilshofen

wird beigefügter Vertrag zur Ausbildung im Ausbildungsberuf: Fremdsprachen-Industriekauffrau

mit der Fachrichtung / dem Schwerpunkt / der/den Wahlqualifikation/en / dem/den Wahlbaustein/en etc. **nach Maßgabe der Ausbildungsordnung[2] geschlossen.**: Industriekauffrau mit Fremdsprachenkorrespondentin

Höchster allgemeiner Schulabschluss[3]: Mittlerer Bildungsabschluss

Berufsvorbereitung, berufliche Grundbildung
- ☐ Betriebliche Qualifizierungsmaßnahme
- ☐ Schulisches Berufsgrundbildungsjahr
- ☐ Berufsvorbereitungsmaßnahme (SGB III)
- ☐ Schulisches Berufsvorbereitungsjahr
- ☐ Berufsfachschule ohne voll qualifizierenden Berufsabschluss

Zuständige Berufsschule: Berufsschule Passau

Berufsfeld: Wirtschaft, Verwaltung

A Die Ausbildungszeit beträgt nach der Ausbildungsordnung 36 Monate.

☐ Es wird eine Verkürzung der Ausbildungszeit um ___ Monate beantragt.

Verkürzungsgrund:

Das Berufsausbildungsverhältnis beginnt am 01.09.20.xx und endet am 28.02.20xx.

B Die Probezeit (Nr. 1.2) beträgt 4 Monate[4]

C Die Ausbildung findet in [Name/Anschrift der Ausbildungsstätte(n)]

94036 Passau

und den mit dem Betriebssitz für die Ausbildung üblicherweise zusammenhängenden Bau-, Montage- und sonstigen Arbeitsstellen statt.

D Ausbildungsmaßnahmen außerhalb der Ausbildungsstätte(n) sind für den folgenden Zeitraum in der/den folgenden Ausbildungsstätte(n) vorgesehen (hierzu zählen auch Auslandsaufenthalte) (Nr. 3.12):

01.3.200xx - 31.03.20xx Aufenthalt in der Zweigstelle Manchester, Großbritannien

E Der/Die Ausbildende zahlt dem/der Auszubildenden eine angemessene Vergütung (Nr. 5); diese beträgt zurzeit monatlich brutto

€	700,00	760,00	870,00	
im	ersten	zweiten	dritten	vierten

Ausbildungsjahr.

Öffentliche Förderung der Ausbildung (monatlich, regelmäßig, mehr als 50 % der Kosten): ja ☐ nein ☒

Wenn ja[5]:

F Die regelmäßige Ausbildungszeit in Stunden beträgt täglich[6] 7,6 und wöchentlich 38.

Teilzeitausbildung wird beantragt (Nr. 6.2): ja ☐ nein ☒

G Es besteht ein Urlaubsanspruch

im Kalenderjahr	20xx	20xx	20xx	20xx
Werktage				
Arbeitstage	9,0	28,0	29,0	5,0

H Der Ausbildungsnachweis wird wie folgt geführt: schriftlich ☒ elektronisch ☐

I Hinweise auf anzuwendende Tarifverträge und Betriebsvereinbarungen; sonstige Vereinbarungen:

Tarifvertrag:
Groß- und Außenhandelstarifvertrag

Die sachliche und zeitliche Gliederung
- ☐ ist beigefügt.
- ☒ liegt der IHK mit Stand vom 15.08.20xx vor.

1) Vertretungsberechtigt sind beide Eltern gemeinsam, soweit nicht die Vertretungsberechtigung nur einem Elternteil zusteht. Ist ein Vormund bestellt, so bedarf dieser zum Abschluss des Ausbildungsvertrages der Genehmigung des Vormundschaftsgerichtes.

2) Solange die Ausbildungsordnung nicht erlassen ist, sind gem. § 104 Abs. 1 BBiG die bisherigen Ordnungsmittel anzuwenden.

3) Abschluss:
- 01 Hauptschulabschluss / Berufsreife / Abschluss der Mittelschule
- 02 Qualifizierter Hauptschulabschluss / Qualifizierender Abschluss der Mittelschule
- 03 Mittlerer Bildungsabschluss
- 04 Fachhochschulreife
- 05 Hochschulreife
- 06 Hochschulabschluss
- 07 Im Ausland erworbener Abschluss, nicht zuzuordnen
- 08 Sonstiger Abschluss
- 09 Ohne Abschluss

4) Die Probezeit muss mindestens einen Monat und darf höchstens vier Monate betragen.

5) Öffentliche Förderung des Ausbildungsverhältnisses:
- 01 Sonderprogramm des Bundes/Landes
- 02 Außerbetriebliche Berufsausbildung nach §§ 74 Abs. 1 Nr. 2, 76, 78 SGB III
- 03 Ausbildung für Menschen mit Behinderung - Reha nach §§ 73 Abs. 1 u. 2, 115 Nr. 2, 116 Abs. 2 u. 4, 117 SGB III
- 04 Betriebsnahe Förderung (nur in Brandenburg)

6) Das Jugendarbeitsschutzgesetz sowie für das Ausbildungsverhältnis geltende tarifvertragliche Regelungen und Betriebsvereinbarungen sind zu beachten.

Rechte und Pflichten von Auszubildenden und Ausbildenden

Mit dem Beginn einer Ausbildung geht man bestimmte Pflichten ein. Das **Berufsbildungsgesetz** legt in **§ 13** einige grundlegende **Pflichten** fest, die **Auszubildende** erfüllen müssen. Dies sind gleichzeitig rechtmäßige Erwartungen, die Ausbildende an ihre Auszubildenden haben können.

Aber auch die Ausbildenden haben Pflichten, die u. a. **§ 14 BBiG** regelt. Dies sind zugleich **Rechte der Auszubildenden** gegenüber ihren Ausbildenden.

§ 13 BBiG Verhalten während der Berufsausbildung

Auszubildende haben sich zu bemühen, die berufliche Handlungsfähigkeit zu erwerben, die zum Erreichen des Ausbildungsziels erforderlich ist. Sie sind insbesondere verpflichtet,

1. die ihnen im Rahmen ihrer Berufsausbildung aufgetragenen Aufgaben sorgfältig auszuführen,
2. an Ausbildungsmaßnahmen teilzunehmen, für die sie nach § 15 freigestellt werden,
3. den Weisungen zu folgen, die ihnen im Rahmen der Berufsausbildung von Ausbildenden, von Ausbildern oder Ausbilderinnen oder von anderen weisungsberechtigten Personen erteilt werden,
4. die für die Ausbildungsstätte geltende Ordnung zu beachten,
5. Werkzeug, Maschinen und sonstige Einrichtungen pfleglich zu behandeln,
6. über Betriebs- und Geschäftsgeheimnisse Stillschweigen zu wahren,
7. einen schriftlichen oder elektronischen Ausbildungsnachweis zu führen.

M2 Meine Pflichten – als Auszubildende/-r muss ich ...

- mich bemühen, das Ausbildungsziel zu erreichen und dazu die mir übertragenen Aufgaben sorgfältig ausführen,
- in die Berufsschule gehen,
- den Weisungen meines Ausbilders folgen,
- die Ordnung in meinem Betrieb beachten,
- Werkzeug, Maschinen usw. pfleglich behandeln,
- die Schweigepflicht beachten,
- ein Berichtsheft führen ...

AUFGABEN

1. a) Beschreibe die Rechte und Pflichten aus M2 und M3.
   b) *Fishbowl:* Diskutiert Sinn und Zweck der Rechte und Pflichten.
2. Konkretisiere, was mit „Ausbildungsmaßnahmen“ gemeint ist, für die Auszubildende freigestellt werden (§ 13 BBiG, Nr. 2).
3. Recherchiere den Begriff „weisungsberechtigt“ (§ 13 BBiG, Nr. 3).
4. Gib an, was man unter einem „schriftlichen oder elektronischen Ausbildungsnachweis“ versteht (§ 13 BBiG, Nr. 7).
5. Clara findet es überflüssig, ein „Berichtsheft“ zu führen. Begründe die Notwendigkeit dieser Maßnahme.

§ 14 BBiG Berufsausbildung

(1) Ausbildende haben

1. dafür zu sorgen, dass den Auszubildenden die berufliche Handlungsfähigkeit vermittelt wird, die zum Erreichen des Ausbildungsziels erforderlich ist, und die Berufsausbildung in einer durch ihren Zweck gebotenen Form planmäßig, zeitlich und sachlich gegliedert so durchzuführen, dass das Ausbildungsziel in der vorgesehenen Ausbildungszeit erreicht werden kann,
2. selbst auszubilden oder einen Ausbilder oder eine Ausbilderin ausdrücklich damit zu beauftragen,
3. Auszubildenden kostenlos die Ausbildungsmittel, insbesondere Werkzeuge, Werkstoffe und Fachliteratur, zur Verfügung zu stellen, die zur Berufsausbildung und zum Ablegen von Zwischen- und Abschlussprüfungen, auch soweit solche nach Beendigung des Berufsausbildungsverhältnisses stattfinden, erforderlich sind,
4. Auszubildende zum Besuch der Berufsschule anzuhalten,
5. dafür zu sorgen, dass Auszubildende charakterlich gefördert sowie sittlich und körperlich nicht gefährdet werden.

(2) Ausbildende haben Auszubildende zum Führen der Ausbildungsnachweise nach § 13 Satz 2 Nummer 7 anzuhalten und diese regelmäßig durchzusehen. Den Auszubildenden ist Gelegenheit zu geben, den Ausbildungsnachweis am Arbeitsplatz zu führen.

(3) Auszubildenden dürfen nur Aufgaben übertragen werden, die dem Ausbildungszweck dienen und ihren körperlichen Kräften angemessen sind.

M3 Meine Pflichten – als Ausbildende/-r muss ich ...

- dafür sorgen, dass meine Auszubildenden den Ausbildungsberuf durch eine geeignete Person im Betrieb erlernen und die Prüfungen bestehen können,
- den Auszubildenden kostenlos das Arbeitsmaterial zur Verfügung stellen,
- sie für die Berufsschule freistellen und ihnen Zeit geben, das Berichtsheft zu führen,
- die Auszubildenden charakterlich fördern ...

AUFGABEN

6. Erläutere, was mit § 14 Absatz 1 Nummer 1 BBiG gemeint ist.
7. *Graffiti:* Beurteilt, ob folgende Verhaltensweisen zulässig sind:
   a) Clara möchte kommende Woche nicht in die Berufsschule gehen.
   b) Claras Unternehmen bittet sie, sich von ihrem ersten Gehalt einen Laptop für die Ausbildung zu kaufen.
   c) Beim Abendessen in der Familie erzählt Clara von einem neuen großen Auftrag in der Firma und über den berühmten Kunden.
8. Diskutiert die Bedeutung der Forderung, den Auszubildenden charakterlich zu fördern (§ 14 Abs. 1 Nr. 5 BBiG).
9. Bewerte, ob es in deinen Augen richtig ist, dass die Ausbildungsinhalte so genau geregelt sind.

Mögliche Konflikte in der Ausbildung

Faris hat eine Ausbildung als Baustoffprüfer begonnen. Er dachte, dass er dabei viel Zeit mit Kollegen und Kunden im Betrieb sowie auf Baustellen verbringen würde. Stattdessen muss er sehr umfangreiches Theoriewissen zu Materialien und chemischen Technologien lernen. Was soll er tun?

Viele Auszubildende gehen mit **falschen Vorstellungen** in den Beruf. Inhalte oder Abläufe sind oft anders als vermutet. Die Praxis kann häufig erst nach der Theorie folgen.

Manchmal gibt es auch **Probleme mit den Vorgesetzten**. Nach der Schule haben viele Jugendliche das Bedürfnis nach Unabhängigkeit sowie Selbstständigkeit und empfinden die Anweisungen der Ausbilder als Gängelung.

Einige Auszubildende haben auch **Schwierigkeiten mit den Leistungen**. Vor allem die Berufsschule wird von den Jugendlichen häufig als überflüssig betrachtet. Sie verkennen, dass das duale Ausbildungssystem in Deutschland eine enge Verzahnung von betrieblicher Ausbildung und schulischer Bildung darstellt. Ausbildungsbetriebe beklagen häufig, dass die jungen Menschen zu wenig Leistungsbereitschaft mitbringen. Ebenso sind die mathematischen und sprachlichen Kenntnisse oft nicht ausreichend.

Zum Teil werden Ausbildungen aus privaten Gründen abgebrochen. Hierzu zählen familiäre oder finanzielle Schwierigkeiten. Auch gesundheitliche Probleme können dazu führen, dass Berufe nicht mehr ausgeübt werden können, z. B. wegen Allergien oder zu schwerer Tätigkeiten, etwa in der Baubranche.

Mögliche Lösungsansätze

Ein Abbruch einer Lehre ist die letzte Möglichkeit, um die Probleme zu bewältigen. Vorher sollten Auszubildende und Betrieb nach konstruktiven Lösungen suchen. Als Auszubildender kann man z. B.:

- ein ehrliches Gespräch mit dem Betrieb und der Berufsschule führen,
- die zuständige Kammer zur Konfliktlösung heranziehen. Viele Kammern haben für solche Fälle eine Schlichtungsstelle.

Zudem kann man die Beratungsangebote der Bundesagentur für Arbeit nutzen. Sie unterstützt auch in finanziellen Fragen oder bei Lerndefiziten.

M4 Dominoeffekt

M5 Probezeit

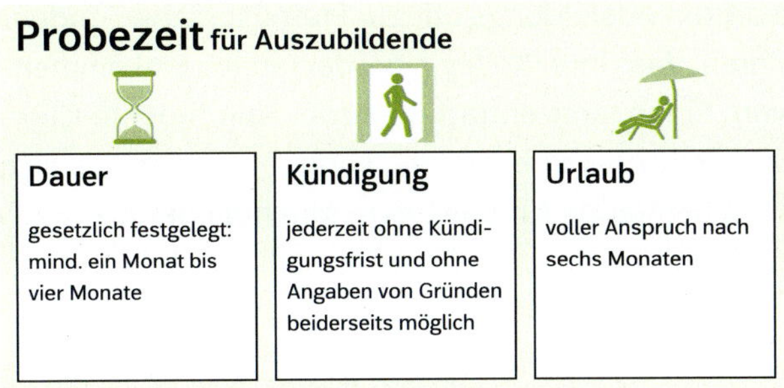

M6 Ausbildungsabbruch

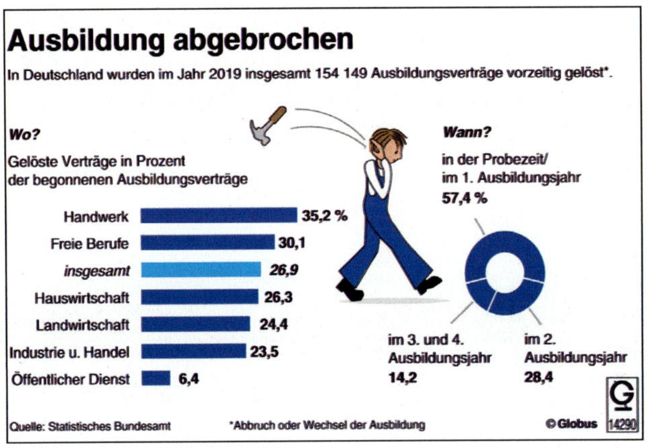

M7 Defizite von Schulabgängern

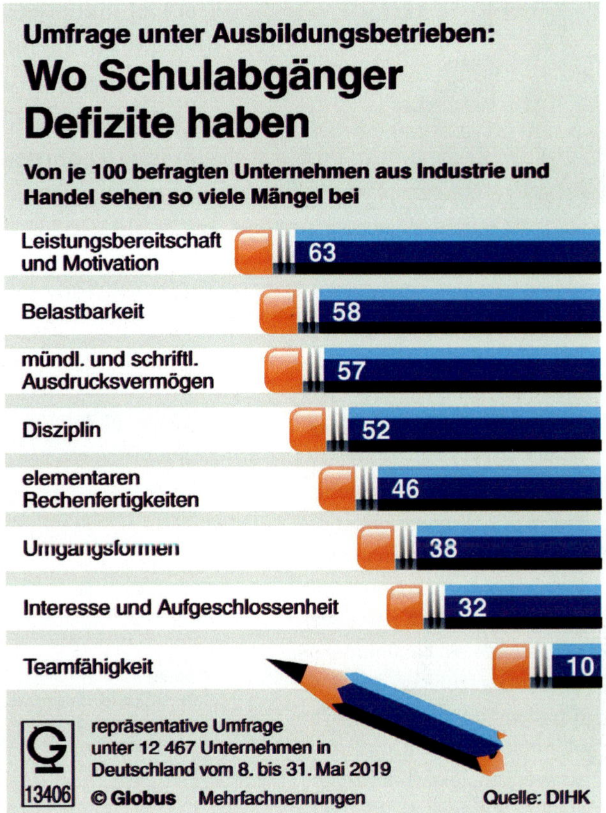

AUFGABEN

1. Erkläre die Aussage des Bildes M4 in Bezug auf Konflikte in der Ausbildung.
2. Reflektiere, ob eine Probezeit deiner Ansicht nach sinnvoll ist (M5). Beachte dabei die Vor- und Nachteile für Auszubildende.
3. M6 zeigt Daten zu Ausbildungsabbrüchen.
   a) Erkläre, ob „Ausbildung abgebrochen" und „Ausbildungsvertrag gelöst" dasselbe bedeuten.
   b) Reflektiere mögliche Gründe, aus denen Jugendliche ihren Ausbildungsplatz aufgeben.
   c) Begründe, ob nach deiner Ansicht die schulische Vorbildung etwas mit Ausbildungsabbrüchen zu tun hat.
4. a) Entwickelt im Klassengespräch Lösungsmöglichkeiten für Faris (S. 36).
   b) Bewertet eure Ideen im Hinblick auf ihre Erfolgsaussichten.
5. a) Faris Chef wies ihn schon mehrmals an, seine Privateinfahrt morgens von Schnee zu befreien. Beurteile, ob Faris dies wirklich tun muss.
   b) Diskutiert, wie er mit seinem Chef darüber sprechen kann.
6. *Think-Pair-Share:*
   a) Nennt Gründe für die Defizite von Schulabgängern (M7).
   b) Entwickelt Vorschläge, wie man den Defiziten entgegenwirken kann.
7. „Lehrjahre sind keine Herrenjahre." Bewerte diesen Spruch.

2.2 Die Einkommensteuererklärung

Clara ist mittlerweile im dritten Ausbildungsjahr zur Fremdsprachen-Industriekauffrau und hat erfahren, dass ihrer Kollegin bei der letzten Einkommensteuererklärung Geld vom Finanzamt erstattet wurde. Nun möchte Clara wissen, ob sie auch etwas Geld zurückbekommen kann. Dafür sieht sie sich zuerst ihre **Lohnsteuerbescheinigung für das letzte Kalenderjahr** an:

M1 Lohnsteuerbescheinigung

Lohnsteuerbescheinigung für das Kalenderjahr **20xx**

Nachstehende Daten wurden maschinell an die Finanzverwaltung übertragen.

Wichtige Unterlagen für Ihre Steuererklärung !

12345 - 98765432
Geschäftszeichen – Bitte bei allen Zuschriften angeben!

Fremdsprachen Passau GmbH – Am Leuchtturm 2 – 94036 Passau

Frau
Clara Müller
Bahnhofsstr. 8c
94474 Vilshofen

Datum:	27.12.20xx
Identifikationsnummer:	12345678910
Personalnummer:	2154
Geburtsdatum:	29.11.20xx
Straße:	Bahnhofsstr. 8c
PLZ und Ort:	94474 Vilshofen

Dem Lohnsteuerabzug wurden im letzten Lohnzahlungszeitraum zugrunde gelegt:

Steuerklasse/Faktor:	**1**
Zahl der Kinderfreibeträge:	**0,0**
Steuerfreier Jahresbetrag:	--
Jahreshinzurechnungsbetrag:	--
Kirchensteuermerkmale:	**rk**

Anschrift und Steuerklasse des Arbeitgebers:
Steuernummer: 9876543212345

WestermannTalk GmbH
Am Leuchtturm 29
94036 Passau

bescheinigt am: 03.01.20xx

1.	Bescheinigungszeitraum	**01.01.–31.12**
2.	Zeiträume ohne Anspruch auf Arbeitslohn	
3.	Bruttoarbeitslohn einschl. Sachbezüge	**10.440,00**
4.	Einbehaltene Lohnsteuer von 3.	**320,51**
5.	Einbehaltener Solidaritätszuschlag von 3.	**0,00**
6.	Einbehaltene Kirchensteuer des Arbeitnehmers von 3.	**25,64**
[...]		
15.	Kurzarbeitergeld, Zuschuss zum Mutterschaftsgeld, Aufstockungsbetrag und Altersteilzeitzuschlag	
16.		
17.	Steuerfreie Arbeitgeberleistungen für Fahrten zwischen Wohnung und erster Tätigkeitsstätte	**0,00**
18.	Pauschal besteuerte Arbeitgeberleistungen für Fahrten zwischen Wohnung und erster Tätigkeitsstätte	**0,00**
[...]		
22.	Arbeitgeberanteil zur gesetzlichen Rentenversicherung und an berufsständischen Versorgungseinrichtungen	**1.492,92**
23.	Arbeitnehmeranteil zur gesetzlichen Rentenversicherung und an berufsständischen Versorgungseinrichtungen	**1.492,92**
[...]		
25.	Arbeitnehmerbeiträge zur gesetzlichen Krankenversicherung	**819,54**
26.	Arbeitnehmerbeiträge zur sozialen Pflegeversicherung	**159,21**
27.	Arbeitnehmerbeiträge zur Arbeitslosenversicherung	**125,28**
[...]		
33.	Ausbezahltes Kindergeld	

Finanzamt, an das die Lohnsteuer abgeführt wurde:
Passau

INFO

Lohn und Gehalt
Arbeitnehmer erhalten ein fest vereinbartes, in der Regel monatlich ausgezahltes Entgelt für eine festgelegte Wochenarbeitszeit, z. B. 37 Stunden/Woche. Bei Arbeitern nennt man dieses Entgelt Lohn. Im engeren Sinne meint Lohn, dass für eine Arbeitsstunde ein bestimmter Lohnsatz gezahlt wird, z. B. ein Stundenlohn von 15 Euro. Das Monatseinkommen kann daher schwanken, je nachdem wie viele Arbeitstage der Monat hat. Bei Angestellten und Beamten spricht man von Gehalt. Das Gehalt bleibt unabhängig von der Anzahl der Arbeitstage in einem Monat immer gleich. Beide Begriffe werden aber auch häufig synonym gebraucht.

WEBCODE

WES-116646-122
Film: Einfach erklärt: Steuern

Warum muss man überhaupt Steuern zahlen?

Steuerabgaben sind in **Gesetzen** geregelt, nach denen der **Staat** Geld bei seinen Bürgern einsammelt. Die **öffentliche Hand** (Bund, Länder, Gemeinden) verwendet das Geld z. B. für den Bau von Krankenhäusern, Straßen und Schulen, für die Ausrüstung von Polizei und Militär, für die Bezahlung von Lehrkräften, Politikern, Rentnern und auch für die Unterstützung von Bedürftigen.

Welche Steuern werden vom Lohn bzw. Gehalt abgezogen?

- **Lohnsteuer**: Die Lohnsteuer muss von jedem Arbeitnehmer gezahlt werden. Um das Verfahren zu vereinfachen, wird die Lohnsteuer vom Arbeitgeber bei jeder Lohnzahlung gleich einbehalten, also direkt vom Bruttoarbeitslohn abgezogen und an das Finanzamt abgeführt. Die dafür erforderlichen Informationen erhält der Arbeitgeber über **ELStAM**.
- **Solidaritätszuschlag**: Der Solidaritätszuschlag, der 1991 zur Finanzierung der deutschen Einheit eingeführt worden war, wurde ab 2021 für die meisten Arbeitnehmer abgeschafft.
- **Kirchensteuer**: Die Kirchensteuer erheben manche Religionsgemeinschaften von ihren Mitgliedern zur Finanzierung ihrer Aufgaben. Sie beträgt in Bayern 8 % der Lohnsteuer.

§ 38 Einkommensteuergesetz (EStG)
(1) Bei Einkünften aus nichtselbständiger Arbeit wird die Einkommensteuer durch Abzug vom Arbeitslohn erhoben (Lohnsteuer), soweit der Arbeitslohn von einem Arbeitgeber gezahlt wird [...].

Was hat es mit den Steuerklassen auf sich?

Clara stellt fest, dass sie in Steuerklasse 1 ist, da sie ledig ist und keine Kinder hat. Folgende Übersicht zeigt noch weitere mögliche Steuerklassen:

Steuerklasse 1	Steuerklasse 2	Steuerklasse 3	Steuerklasse 5
ledig verwitwet getrennt/ geschieden	alleinerziehend = ohne Partner im eigenen Haushalt	verheiratet, Partner mit höherem Einkommen	verheiratet, Partner mit geringerem Einkommen
Steuerklasse 4		**Steuerklasse 6**	
verheiratet, beide Einkommen in etwa gleich		Zweitjob/Nebenjob (ab 450 €)	

Abzüge für die Sozialversicherung

Die Sozialversicherung sichert den Arbeitnehmer gegen die wesentlichen Lebensrisiken ab und ist daher eine Pflichtversicherung (siehe auch S. 128/129). Die Höhe der Versicherungsbeiträge richtet sich nach der Lohnhöhe.

Beitragssätze zur gesetzlichen Sozialversicherung

Versicherungszweig	Anteil vom Bruttoeinkommen (Stand: 2020)*
Rentenversicherung	18,60 % (Arbeitnehmer/Arbeitgeber: jew. 9,3 %)
Krankenversicherung	14,60 % (AN/AG: jew. 7,3 %) + Zusatzbeitrag
Pflegeversicherung	3,05 % (AN/AG: jew. 1,525 %, kinderlose AN ab 23 J.: + 0,25 %)
Arbeitslosenversicherung	2,40 % (AN/AG: jew. 1,20 %)

* wird jährlich angepasst

INFO

ELStAM
= Elektronische **L**ohn**St**euer-**A**bzugs**M**erkmale
Diese umfassen u. a.
- Steuerklasse,
- Merkmale für den Abzug der Kirchensteuer,
- Zahl der Kinderfreibeträge.

Die **Kirchensteuer** fällt z. B. für die evangelische und römisch-katholische Kirche oder jüdischen Gemeinden an. Muslime oder Buddhisten dürfen keine Kirchensteuer erheben, da sie nicht als Körperschaft des öffentlichen Rechts gelten.

Die **Unfallversicherung** ist ebenfalls eine gesetzliche Pflichtversicherung, wird jedoch durch die Arbeitgeber allein finanziert, sodass hier keine Abzüge vom Einkommen der Arbeitnehmer erfolgen.

AUFGABEN

1. M1 zeigt Claras Bruttojahresgehalt sowie alle Abzüge. Wenn man diese abzieht, erhält man Claras Nettojahresgehalt, also das Gehalt, das ihr tatsächlich ausgezahlt wurde. Berechne dieses.
2. Begründe, weshalb überhaupt Steuern gezahlt werden müssen.
3. a) Recherchiere den aktuellen Stand der Beiträge zur Sozialversicherung.
   b) Erkläre, wie die Sozialversicherung finanziert wird, und begründe diese Art der Finanzierung.
4. *Kugellager:* „Die Abzüge bringen die Arbeitnehmer um den Lohn ihrer Arbeit.“ Diskutiert diese Aussage.

Einkommensteuererklärung – was steckt dahinter?
In Deutschland erhebt der Staat auf Einkommen ab einer bestimmten Höhe **Einkommensteuer**. Allerdings müssen nicht alle Berufstätigen zwingend eine Einkommensteuererklärung abgeben.

Verpflichtet dazu sind **Selbstständige** und **Gewerbetreibende**. Bei **Arbeitnehmern** hingegen wird die Einkommensteuer in Form der **Lohnsteuer** bereits monatlich vom Arbeitgeber an das Finanzamt abgeführt (S. 39). Sie müssen daher nur unter bestimmten Umständen eine Steuererklärung abgeben, u. a. wenn sie neben ihrem Lohn/Gehalt noch weitere Einkünfte, etwa aus Kapitalvermögen (z. B. Zinseinkünfte) oder Haus- und Grundbesitz (z. B. Mieten), erzielen. Freiwillig darf jeder eine Einkommensteuererklärung einreichen.

In der **Einkommensteuererklärung** legt man seine Einkünfte im vergangenen Kalenderjahr gegenüber dem Finanzamt offen. Dabei kann man auch bestimmte Ausgaben geltend machen, die von den Steuern abgezogen werden. Das Finanzamt stellt dann fest, ob man zu wenig oder zu viel Steuern gezahlt hat, ob man also Steuern nachzahlen muss oder erstattet bekommt.

INFO

Abgabefristen
Personen, die zur Abgabe einer Einkommensteuerklärung verpflichtet sind, müssen ihre Steuererklärung für das letzte Kalenderjahr bis 31. Juli des Folgejahres beim Finanzamt auf den amtlich vorgeschriebenen Vordrucken oder online abgeben.
Gibt man die Steuererklärung freiwillig ab, so hat man mehr Zeit, nämlich bis zu vier Jahre nach Ablauf des Steuerjahres.

Ist eine Steuererklärung als Auszubildende/-r sinnvoll?
Auszubildende sind, wie die meisten Arbeitnehmer, häufig nicht verpflichtet, eine Einkommensteuererklärung abzugeben. Sie sollten aber prüfen, ob es sich für sie lohnt. Dies ist in der Regel der Fall, wenn man **Lohnsteuer** zahlt und die **Werbungskosten** (S. 41) über 1.000 Euro im Jahr betragen. Doch auch wenn die Werbungskosten unter 1.000 Euro liegen, zieht das Finanzamt bei der Ermittlung der Einkünfte automatisch einen **Werbungskostenpauschbetrag** von den Einnahmen ab, ohne dass Belege nötig sind.

Lohnsteuer muss man zahlen, wenn das Jahresgehalt über dem **Grundfreibetrag** von 9.408 Euro (Stand: 2020) liegt. Die monatliche Lohn-/Gehaltsabrechnung gibt Auskunft, ob Lohnsteuer abgezogen wird.

Clara hat Lohnsteuer gezahlt (S. 38, M1). Zudem hatte sie einige Ausgaben für ihre Ausbildung. Diese kann sie in der Einkommensteuererklärung angeben und so Geld vom Finanzamt zurückbekommen. Nur wie funktioniert das genau?

INFO

Elster
= Elektronische Steuererklärung
Dies ist ein Portal, über das man die Steuererklärung online erfassen und abgeben kann.

Das Ausfüllen der Einkommensteuererklärung
Clara registriert sich bei **Elster** und klickt sich durch die Anlagenauswahl. Sie erkennt schnell, dass sie das **Hauptformular** (**Mantelbogen**) ausfüllen muss. Für Auszubildende werden folgende weitere Formulare, sogenannte **Anlagen**, am häufigsten benötigt:

Anlage	Inhalt
Anlage N	für Einkünfte aus nicht selbstständiger Arbeit (betr. alle Arbeitnehmer)
Anlage AV	für die private Altersvorsorge mit der Riester-Rente
Anlage KAP	für Kapitaleinkünfte (z. B. Zinsen etc. aus Wertpapierverkäufen)
Anlage Vorsorgeaufwendungen	für Vorsorgeversicherungen (gesetzliche und private Renten-, Kranken- und Pflegeversicherung sowie weitere Versicherungen, z. B. Arbeitslosen-, Haftpflicht-, Unfall-, Berufsunfähigkeitsversicherungen)

Berechnung des zu versteuernden Einkommens

Das zu versteuernde Einkommen wird individuell vom Finanzamt berechnet und ist geringer als das jährliche Bruttoeinkommen. Bei der Ermittlung werden von den Einnahmen Werbungskosten, Sonderausgaben, außergewöhnliche Belastungen und mögliche Freibeträge abgezogen.

Das vereinfachte Berechnungsschema:

Summe der Einnahmen
– Werbungskosten
= Summe der Einkünfte
– Sonderausgaben
– außergewöhnliche Belastungen
= Einkommen
(– mögliche Freibeträge)
= zu versteuerndes Einkommen

Summe der Einnahmen:

Clara erzielt ihr Einkommen vor allem aus ihrer beruflichen Tätigkeit (**nicht selbstständige Arbeit**). Es gibt jedoch auch andere **Einkommensquellen**:

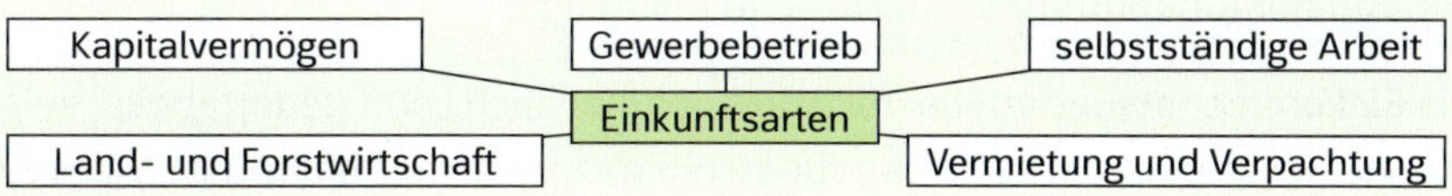

Werbungskosten:

Werbungskosten sind alle Ausgaben, die nötig sind, damit man seine Arbeit ausführen kann, und die sich ggf. **belegen** lassen:

Fahrten: Für Fahrten mit dem Pkw, Bahn, Moped oder Fahrrad zum Ausbildungsbetrieb und zur Berufsschule kann Clara eine Pauschale ansetzen. Clara muss von Vilshofen nach Passau 21 km fahren.

Beiträge zu Berufsverbänden: Clara ist bei der Gewerkschaft IG Metall.

Fachliteratur: Auch benötigt Clara immer wieder Fachbücher und Fachmagazine für die Berufsschule oder die praktische Tätigkeit.

Arbeitsmittel: Telefonkosten sowie die Anschaffung von Laptop, Drucker, Ordner oder Taschenrechner, Werkzeugen etc. können abgesetzt werden, sofern diese nicht – wie es bei Clara der Fall ist – der Arbeitgeber stellt.

Mehraufwendungen für beruflich bedingte doppelte Haushaltsführung: Bei einer doppelten Haushaltsführung unterhält eine Person neben der Wohnung, in der sie den Hausstand führt oder ihre Familie lebt, aus beruflichen Gründen eine zweite Wohnung am Arbeitsort. Dies trifft auf Clara nicht zu.

Weitere Werbungskosten: Darunter fallen Kosten für Fortbildungen, ausbildungsbedingte Reisen, beruflich bedingte Umzüge, Bewerbungen.

Kontoführung: Dies meint die Gebühren für die Führung eines Bankkontos.

INFO

Belege
= Unterlagen, die deine Angaben bestätigen
Während des Kalenderjahres musst du einige Belege für das Finanzamt aufheben und bei Aufforderung nachreichen:
- Rechnungen,
- Quittungen,
- Kontoauszüge.

INFO

Außergewöhnliche Belastungen allgemeiner Art gemäß § 33 Einkommensteuergesetz (EStG) sind der Höhe nach unbegrenzt absetzbar. Doch vorher muss man einen Teil der Kosten selbst übernehmen. Das Finanzamt kürzt die Aufwendungen automatisch um die zumutbare Belastung, die sich nach der Höhe des Einkommens, der Anzahl der Kinder und dem Familienstand richtet.

Sonderausgaben:
Sonderausgaben sind in der Regel private Ausgaben, an denen der Staat ein Interesse hat und die er deshalb steuerlich begünstigt.

Vorsorgeaufwendungen: Dazu zählen die Beiträge zur gesetzlichen Renten-, Kranken- und Pflegeversicherung in voller Höhe. Sonstige Versicherungen, z. B. Berufsunfähigkeit, Haftpflicht, Unfall, werden bis zu einer Höchstgrenze berücksichtigt.

Übrige Sonderausgaben: Das umfasst z. B. die gezahlte Kirchensteuer, Spenden, Steuerberatungskosten.

Außergewöhnliche Belastungen:
Private Aufwendungen sind in bestimmten schwierigen Lebenssituationen absetzbar, z. B. Krankheits-, Kur-, Pflege- und Behinderungskosten.

Festsetzung der neuen Steuerschuld (Einkommensteuerveranlagung):
Der Wert des zu versteuernden Einkommens ergibt sich, indem das Finanzamt die anerkannten Aufwendungen von der Summe der Einnahmen abzieht. Anhand dieses neuen Werts wird die zu zahlende Jahreseinkommensteuer anhand der **Einkommensteuertabelle** festgelegt.

Die Einkommensteuertabelle (für Arbeitnehmer auch Lohnsteuertabelle) zeigt, wie viel Einkommensteuer man für sein Einkommen zahlen muss. Die Höhe richtet sich nach dem **Einkommensteuer-Tarif** (siehe M2).

Das Finanzamt vergleicht nun die neu zu zahlende Einkommensteuer mit der bereits während des Jahres gezahlten Einkommensteuer. Dasselbe passiert bei der Kirchensteuer und gegebenenfalls beim Solidaritätszuschlag. Die Differenz wird erstattet bzw. muss nachgezahlt werden.

INFO

Lesehilfe

Grundfreibetrag
Dieser Betrag ist für jeden grundsätzlich steuerfrei.

Progressionszone
Je höher das zu versteuernde Einkommen ist, desto höher ist auch der Anteil an zu zahlender Einkommen- bzw. Lohnsteuer.

Proportionalzone
Ab einem bestimmten Einkommen wird linear ein bestimmter, gleich bleibender Steuersatz gezahlt.

M2 **Der Einkommensteuer-Tarif**

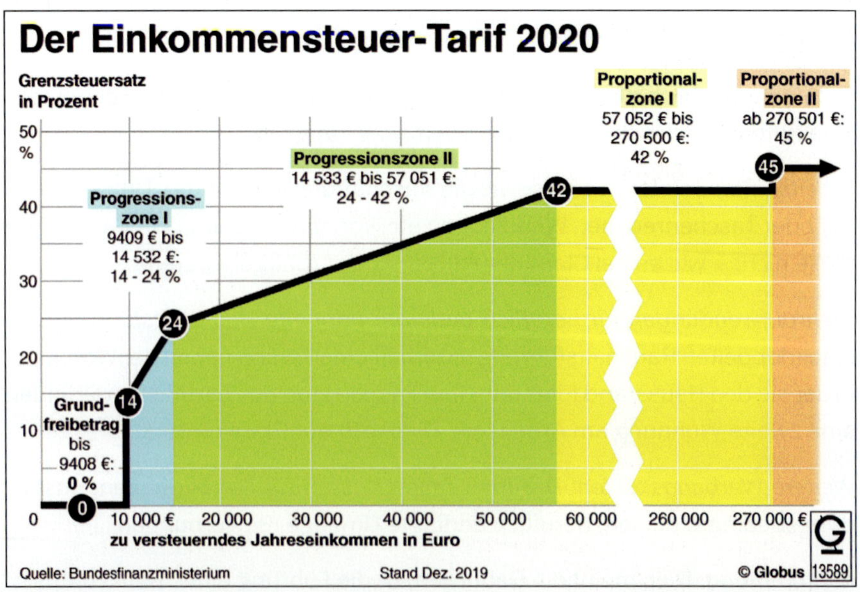

M3 Eine Einkommensteuererklärung für Claras Tante

Claras Tante Katrin, wohnhaft in 94474 Vilshofen, will ihre Steuererklärung erstellen. Katrin ist im Jahr 1978 geboren, ledig, hat keine Kinder und ist katholisch (rk). Sie hat Steuerklasse 1 und arbeitet als Bürokauffrau in Passau. Ihr Finanzamt befindet sich in Passau mit Außenstelle Vilshofen.

Bruttojahresverdienst	35.000,00 €
einbehaltene Lohnsteuer	4.746,00 €
einbehaltener Solidaritätszuschlag	0,00 €
einbehaltene Kirchensteuer	379,68 €
Sozialversicherungen	
Rentenversicherung	3.255,00 €
Krankenversicherung	2.712,50 €
Pflegeversicherung	621,25 €
Arbeitslosenversicherung	420,00 €
Spenden für das Tierheim	100,00 €
Kauf von Fachbüchern	56,00 €
Fahrtkosten an 215 Tagen	1.354,50€
Eigenanteil Fortbildung	500,00 €
Berufsunfähigkeitsversicherung	650,00 €
Unterstützung einer pflegebedürftigen Person	1.100,00 €
Bewerbungskosten	150,00 €
Arbeitskleidung	90,00 €
Gewerkschaftsbeitrag	350,00 €

M4 Steuersystem

Zeichnung: Rabe (Ralf Böhme)

AUFGABEN

1. a) Bestimme den Begriff „Werbungskosten“ (S. 41) und nenne zwei Beispiele dafür.
   b) Erkläre ihre Auswirkungen auf die Steuererklärung.
2. Einem Arbeitnehmer sind im vergangenen Jahr 1.800 € Werbungskosten entstanden. Berechne den zu erstattenden Betrag, wenn sein durchschnittlicher Steuersatz 30 % beträgt.
3. „Der Staat begünstigt Sonderausgaben steuerlich.“
   Begründe diese Aussage.
4. Nenne drei Beispiele für „außergewöhnliche Belastungen“ (S. 42).
5. Erkläre den Begriff „zu versteuerndes Einkommen“ (S. 41/42).
6. *Think-Pair-Share:* Erläutert den Sinn des Grundfreibetrages (M2).
7. Recherchiere das durchschnittliche Jahreseinkommen einer ausgelernten Fremdsprachen-Industriekauffrau und schließe auf die entsprechende Zone in M2.
8. Beurteile, ob eine Steuererklärung für Clara bereits während ihrer Ausbildung von Nutzen sein könnte.
9. Erstelle mithilfe des Webcodes eine vereinfachte Steuererklärung für Claras Tante (M3). Du benötigst: a) Mantelbogen (Hauptvordruck), b) Anlage N, c) Anlage Vorsorgeaufwand.
10. Analysiere die Karikatur M4 im Hinblick auf die darin zum Ausdruck kommende Kritik am deutschen Steuersystem.

WEBCODE

WES-116646-123
Hier findest du die Formulare für die Einkommensteuererklärung zum Download.

2.3 Arbeitsschutz

Der **Arbeitsschutz** gewinnt in Unternehmen immer mehr an Bedeutung. Er lässt sich grundsätzlich in **drei wesentliche Teilgebiete** unterteilen:

Arbeitsschutz

- Kündigungsschutz
- Schutz bestimmter Personengruppen
- Schutz vor Gefahren am Arbeitsplatz

Kündigungsschutz

INFO

Kündigungsschutzklage
Der Kündigungsschutz wird in Deutschland durch eine Kündigungsschutzklage beim zuständigen Arbeitsgericht verfolgt. Nach § 4 Kündigungsschutzgesetz (KSchG) muss die Klage spätestens drei Wochen nach Zugang der schriftlichen Kündigung erhoben werden, sonst gilt die Kündigung als wirksam.

Eine Kündigung kann durch den Arbeitgeber oder durch den Arbeitnehmer erfolgen. Kündigungen müssen **schriftlich verfasst** werden (§ 623 BGB) und sind erst mit **Zugang der Kündigung** wirksam, also z. B. mit **persönlicher Übergabe** oder mit Zugang per **Einschreiben** (§ 130 Abs. 1 BGB).

Kündigt der **Arbeitgeber**, muss er sowohl den **Kündigungsgrund** als auch den **Zeitpunkt der Beendigung des Arbeitsverhältnisses** aufführen. Zudem muss der **Betriebsrat** vorab angehört werden (siehe S. 52).

Kündigungsarten

- ordentliche Kündigung
- außerordentliche Kündigung

WEBCODE

WES-116646-124
Hier findest du das BGB im Internet.

a) Die ordentliche Kündigung

Die **ordentliche Kündigung** erfolgt unter Einhaltung der gesetzlichen bzw. vertraglich vereinbarten Kündigungsfrist nach § 622 BGB (siehe M1).

Kündigt der **Arbeitnehmer**, gilt in jedem Fall die **gesetzliche Kündigungsfrist** von vier Wochen (bzw. 28 Tagen) zum 15. des Monats oder zum Monatsende.

Der **Arbeitgeber** muss, abhängig von der Betriebszugehörigkeit des Arbeitnehmers, zum Teil **verlängerte Kündigungsfristen** einhalten. Hier gilt: Je länger die Betriebszugehörigkeit eines Arbeitnehmers, desto länger ist auch die Kündigungsfrist.

Im **Tarifvertrag** (siehe S. 58) oder im **Arbeitsvertrag** können auch **längere als die gesetzlichen Kündigungsfristen** vereinbart sein. Kürzere Fristen sind nicht zulässig. Diese Vorschrift dient vor allem dem **Schutz der Arbeitnehmer** und verhindert, dass sie von einem Tag auf den anderen entlassen werden können.

Für jede **ordentliche Kündigung vonseiten des Arbeitgebers** müssen Gründe vorliegen. Diese werden in der Tabelle M2 dargestellt.

M1 Die gesetzlichen Kündigungsfristen nach § 622 BGB

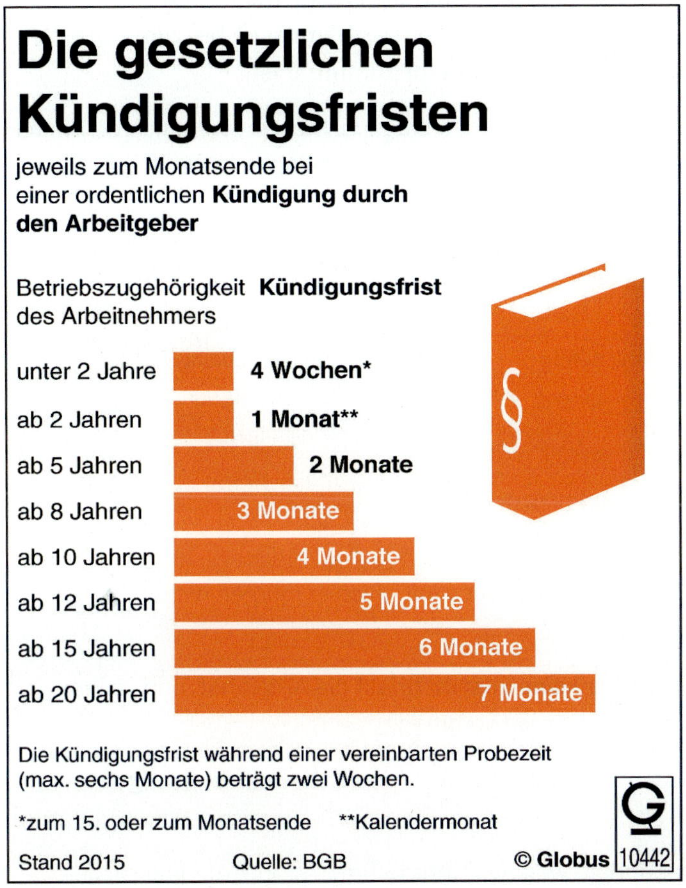

M2 Gründe für eine Kündigung durch den Arbeitgeber

	personenbedingte Kündigung	verhaltensbedingte Kündigung	betriebsbedingte Kündigung
Gründe	Hier liegen die Kündigungsgründe in der Person des Arbeitnehmers. Diese beeinträchtigen seine Arbeitsleistung oder behindern sie sogar vollständig.	Die Gründe der Kündigung liegen in einem Fehlverhalten des Arbeitnehmers begründet.	Hier stehen betriebliche Notwendigkeiten der Weiterbeschäftigung des Arbeitnehmers entgegen. Die Kündigung muss unvermeidlich sein.
Beispiele	• sehr häufige Erkrankungen • mangelnde Eignung für die vereinbarte Tätigkeit	• häufige Unpünktlichkeit • Verstoß gegen Rauch- und Alkoholverbot	• Absatzschwierigkeiten • Verkleinerung des Unternehmens • Rationalisierung
Voraussetzungen	Eine personenbedingte Kündigung ist grundsätzlich schwierig. Es ist in der Regel vom Arbeitgeber zu prüfen, ob die Kündigung nicht vermieden werden kann. *Beispiel:* BEM (Betriebliches Eingliederungsmanagement) • AN länger als 6 Wochen innerhalb eines Jahres krank • Ziel: Arbeitsunfähigkeit überwinden	**vorherige Abmahnung** Mit einer Abmahnung wird eine Pflichtverletzung beanstandet und der Mitarbeiter wird aufgefordert, sein Verhalten zu bessern. Die Abmahnung ist also vergleichbar mit der „gelben Karte" im Fußball. Kommt der Arbeitnehmer dieser Aufforderung nicht nach, ist eine Kündigung rechtmäßig.	**Sozialauswahl** Bei der Auswahl der zu kündigenden Mitarbeiter müssen soziale Gesichtspunkte wie Dauer der Betriebszugehörigkeit, Alter, Unterhaltspflichten und Schwerbehinderung berücksichtigt werden.

b) Die außerordentliche Kündigung

Eine **außerordentliche (fristlose) Kündigung** erfolgt, wenn ein wichtiger Grund vorliegt und die **Fortsetzung des Arbeitsverhältnisses** bis zum Ablauf der ordentlichen Kündigungsfrist **nicht mehr zumutbar** ist.

Der Kündigungsgrund muss dem Vertragspartner unverzüglich schriftlich mitgeteilt werden. Die Kündigung muss innerhalb von zwei Wochen nach Bekanntwerden des Grundes erfolgen.

Wichtige Gründe für außerordentliche Kündigung sind z. B.:

für den Arbeitgeber	für den Arbeitnehmer
Straftaten wie Diebstahl, Betrug	fehlende Gehaltszahlungen
beharrliche Arbeitsverweigerung	sexuelle Belästigung vom Arbeitgeber
grobe Beleidigungen	grobe Beleidigungen

M3 Privates Chatten im Job?

Privat während der Arbeit gechattet? Das kann eine fristlose Kündigung rechtfertigen. Diese Rechtsprechung hat der Europäische Gerichtshof für Menschenrechte bestätigt. [...] Erlaubt ein Unternehmen seinen Mitarbeitern am Arbeitsplatz private Web-Aktivitäten nicht, kann der Verstoß dagegen eine fristlose Kündigung rechtfertigen. Eine vorherige Abmahnung ist in solchen Fällen nicht immer nötig.

© Ulf Weigelt für ZEIT ONLINE (www.zeit.de) vom 20.1.2016 „Urteil: Ist privates Chatten im Job jetzt verboten?", https://www.zeit.de/karriere/beruf/2016-01/chatten-privat-arbeitsplatz-eugh-urteil (Zugriff: 26.1.2020)

M4 Rechtswirksam oder unwirksam?

a) Marvins Chef teilt ihm mündlich mit, dass er morgen nicht mehr zur Arbeit kommen soll.

b) Tim kündigt, weil er keine Lust mehr auf die Arbeit hat, und will ab morgen nicht mehr zur Arbeit kommen.

c) Susi macht ständig Fehler bei ihrer Arbeit, deshalb wird ihr gekündigt.

d) Uwe wird gekündigt, weil das Unternehmen starke Absatzschwierigkeiten hat.

e) Tina wird gekündigt, weil sie alle zehn Minuten eine Raucherpause macht.

AUFGABEN

M5 Arbeitswelt im Wandel

Zeichnung: Rabe (Ralf Böhme)

1. Unterscheide zwischen ordentlicher und außerordentlicher Kündigung.
2. Ein Arbeitnehmer (Betriebszugehörigkeit ein Jahr und drei Monate) erhält am 20. März seine Kündigung. Nenne das Enddatum des Arbeitsvertrags. Nutze dafür M1.
3. *Marktplatz:* Bewertet die Gerechtigkeit des Gerichtsurteils M3.
4. Begründe, welche der Kündigungen in M4 rechtswirksam und welche unwirksam sind. Nutze dafür M1 und M2 mithilfe der §§ 622–627 BGB.
5. a) Bestimme den in M5 zum Tragen kommenden Kündigungsgrund.
   b) *Placemat:* Diskutiert mögliche Folgen der in M5 thematisierten Entwicklungen für die Arbeitnehmer.
6. *Fishbowl:* Diskutiert Vor- und Nachteile des Kündigungsschutzes für Arbeitnehmer und Arbeitgeber.

Schutz vor Gefahren am Arbeitsplatz

Auf der ganzen Welt riskieren Menschen ihre Gesundheit bei der Arbeit. Infolge von arbeitsbedingten Unfällen oder Krankheiten sterben täglich Tausende Menschen. In Deutschland werden Beschäftigte allerdings vor Gefahren für ihre Sicherheit und Gesundheit durch das **Arbeitsschutzgesetz** geschützt. Es schließt auch eine menschengerechte Gestaltung der Arbeit ein.

Gefahren am Arbeitsplatz sind vielfältig: Säuren, Hitze, Flammen und Funken, elektrische Spannung, statische Aufladungen und mechanische Belastungen. Ebenso gilt psychischer Stress, ausgelöst durch Zeitdruck oder Angst um den Arbeitsplatz, zunehmend als Risikofaktor.

Auch **Rauchen** unterliegt dem Arbeitsschutz: Als Nichtraucher hat man das Recht, vom Arbeitgeber vor Rauch geschützt zu werden. Daher kann der Arbeitgeber das Rauchen während der Arbeitszeit am Arbeitsplatz verbieten. Wenn der Arbeitgeber ein Rauchverbot anordnet, muss er aber auch die Interessen von Rauchern angemessen berücksichtigen.

M7 Fußball-WM in Katar: Expertin befürchtet 4.000 Tote

Es ist die Schattenseite des Fußball-Spektakels in Katar: Damit die Stadien rechtzeitig für die Weltmeisterschaft 2022 fertig werden, schuften Tausende ausländischer Arbeiter auf den Baustellen des Zwergstaates am Persischen Golf [...]. Nach Recherchen der englischen Tageszeitung „The Guardian" führt der gewaltige Bauboom zu Ausbeutung, Hunger und Tod. [...]
„Die katarischen Behörden tun in dieser Sache nichts, was Substanz hat", sagte die australische Generalsekretärin Sharan Burrow (58) vom Internationalen Gewerkschaftsbund IGB. Die Zahlen zeigten, dass mindestens ein Gastarbeiter pro Tag in Katar stirbt. [...] Ursachen [...] seien die harte und gefährliche Arbeit sowie die mangelnde Hygiene in den Massenunterkünften. „Wenn sich da nicht sofort etwas ändert, wird die WM mit 4.000 toten Arbeitern bezahlt" [...].

Aus: Jasmin Maus, Fußball-WM in Katar: Expertin befürchtet 4.000 Tote, in: https://rp-online.de/sport/fussball-wm-in-katar-expertin-befuerchtet-4.000-tote_aid-14854609, Rheinische Post online, Düsseldorf, 28.9.2013 (Zugriff: 27.1.2020)

M6 Sicherheitszeichen

AUFGABEN

1. Nenne mögliche Gefahren am Arbeitsplatz.
2. Erkläre die Sicherheitszeichen in M6 und recherchiere weitere.
3. a) Stelle die in M7 beschriebenen Gefahren am Arbeitsplatz dar.
   b) Begründe, dass dies in Deutschland nicht möglich wäre.
4. „Wenn Arbeit krank macht": Erläutere diese Aussage mit Beispielen.
5. Erkläre, warum der Arbeitgeber die Arbeitnehmer zu Arbeitsbeginn in den Arbeitsschutz einweisen muss.

WEBCODE

WES-116646-125
Hier findest du das Arbeitsschutzgesetz im Internet.

Schutz bestimmter Personengruppen

Bestimmte Personengruppen werden als besonders schutzwürdig angesehen. Für sie gelten ein extra Kündigungsschutz und zum Teil verschärfte Arbeitsschutzbestimmungen.

a) Werdende und stillende Mütter

Den Schutz für werdende und stillende Mütter regelt das Mutterschutzgesetz (MuSchG). Zum einen sind sie **unkündbar**, soweit die Schwangerschaft dem Arbeitgeber bekannt ist bzw. bis zwei Wochen nach Kündigung mitgeteilt wird.

WEBCODE

WES-116646-126
Hier findest du das Mutterschutzgesetz im Internet.

§ 17 MuSchG Kündigungsverbot

(1) Die Kündigung gegenüber einer Frau ist unzulässig
1. während ihrer Schwangerschaft,
2. bis zum Ablauf von vier Monaten nach einer Fehlgeburt nach der zwölften Schwangerschaftswoche und
3. bis zum Ende ihrer Schutzfrist nach der Entbindung, mindestens jedoch bis zum Ablauf von vier Monaten nach der Entbindung [...].

Zum anderen hat der Arbeitgeber für werdende und stillende Mütter auch im **Arbeitsschutz** besondere Sorge zu tragen. Dazu zählt u. a., dass

- vom Arbeitsplatz keine Gefährdungen für die Gesundheit von Mutter und Kind ausgehen dürfen,
- keine Fließband- oder Akkordarbeiten und außer in besonders begründeten Fällen keine Mehr- oder Nachtarbeit geleistet werden darf,
- Frauen während der Mutterschutzfrist nur mit ihrer Einwilligung weiterarbeiten dürfen. Diese Frist beginnt sechs Wochen vor und endet acht Wochen nach der Geburt (zwölf Wochen bei Früh- und Mehrlingsgeburten).

b) Schwerbehinderte

Eine **Kündigung** von Schwerbehinderten darf nach Sozialgesetzbuch (SGB) IX **nur in Absprache** mit dem Amt für die Sicherung der Integration schwerbehinderter Menschen im Arbeitsleben (**Integrationsamt**) geschehen.

§ 168 SGB IX Erfordernis der Zustimmung

Die Kündigung des Arbeitsverhältnisses eines schwerbehinderten Menschen durch den Arbeitgeber bedarf der vorherigen Zustimmung des Integrationsamtes.

Daneben sieht das SGB IX weitere Eingliederungshilfen vor, z. B.

- wird die Einstellung und Beschäftigung schwerbehinderter Menschen durch staatliche Geldleistungen an Arbeitgeber gefördert,
- erhalten sie einen Zusatzurlaub von einer Arbeitswoche,
- wird bei mindestens fünf Schwerbehinderten in einem Unternehmen zusätzlich zum Betriebsrat eine Schwerbehindertenvertretung gewählt.

WEBCODE

WES-116646-127
Hier findest du das Sozialgesetzbuch IX im Internet.

c) Betriebsräte und Jugendvertreter

Ein **besonderer Kündigungsschutz** gilt auch für Mitglieder in Ämtern der betrieblichen Mitbestimmung. Sie können während ihrer Amtszeit sowie ein Jahr danach **nicht gekündigt** werden (siehe auch S. 53).

Kündigungsschutzgesetz
§ 15 Unzulässigkeit der Kündigung

(1) Die Kündigung eines Mitglieds eines Betriebsrats, einer Jugend- und Auszubildendenvertretung [...] ist unzulässig, es sei denn, dass Tatsachen vorliegen, die den Arbeitgeber zur Kündigung aus wichtigem Grund ohne Einhaltung einer Kündigungsfrist berechtigen [...].
Nach Beendigung der Amtszeit ist die Kündigung eines Mitglieds eines Betriebsrats, einer Jugend- und Auszubildendenvertretung [...] innerhalb eines Jahres [...] jeweils vom Zeitpunkt der Beendigung der Amtszeit an gerechnet, unzulässig, es sei denn, dass Tatsachen vorliegen, die den Arbeitgeber zur Kündigung aus wichtigem Grund ohne Einhaltung einer Kündigungsfrist berechtigen [...].

d) Auszubildende

Ebenso genießen Auszubildende einen **besonderen Kündigungsschutz**. Sie können nach der Probezeit nicht ordentlich gekündigt werden.

Berufsbildungsgesetz
§ 22 Kündigung

(2) Nach der Probezeit kann das Berufsausbildungsverhältnis nur gekündigt werden
1. aus einem wichtigen Grund ohne Einhalten einer Kündigungsfrist,
2. von Auszubildenden mit einer Kündigungsfrist von vier Wochen, wenn sie die Berufsausbildung aufgeben oder sich für eine andere Berufstätigkeit ausbilden lassen wollen.

Weitere Schutzbestimmungen für Kinder und Jugendliche, also auch für minderjährige Auszubildende, enthält das **Jugendarbeitsschutzgesetz** (S. 50/51).

AUFGABEN

1. a) Nenne die Personengruppen,
   - die einem extra Kündigungsschutz unterliegen,
   - für die verschärfte Arbeitsschutzbedingungen gelten.

   b) Begründe den besonderen Schutz dieser Personengruppen.
2. *Graffiti:* Erklärt die einzelnen Bestimmungen zum Kündigungsschutz für die verschiedenen Gruppen.
3. Recherchiert arbeitsteilig weitere Arbeitsschutzbestimmungen für werdende und stillende Mütter sowie für Schwerbehinderte. Präsentiert die Ergebnisse mithilfe der *Methode* auf S. 155.

WEBCODE

WES-116646-128
Hier findest du das Jugendarbeitsschutzgesetz im Internet.

Das Jugendarbeitsschutzgesetz

Auch Kinder und Jugendliche werden gesondert geschützt, um ihre Entwicklung nicht zu stören und die Gesundheit zu erhalten. Sie dürfen daher nicht zu viel, zu lange oder zu schwer arbeiten. Bestimmungen dazu enthält das Jugendarbeitschutzgesetz (JArbSchG).

 **Geltungsbereich** gem. §§ 1, 2 JArbSchG **Verbot Kinderarbeit** gem. § 5 JArbSchG	Das JArbSchG gilt für die Beschäftigung von Jugendlichen zum Schutz vor Überforderung, Überbeanspruchung und Gefährdung am Arbeitsplatz. Jugendlicher ist, wer 15, aber noch nicht 18 Jahre alt ist. Das Gesetz gilt sowohl für Auszubildende als auch für Arbeitnehmer. Kind ist, wer noch nicht 15 Jahre alt ist. Kinderarbeit ist verboten. **Ausnahmen:** u. a. für leichte, geeignete Arbeiten, z. B. Babysitten, Nachhilfestunden, Zeitungsaustragen, Mitarbeit im Unternehmen der Eltern (ab 13 J. bis max. 10 Std./Woche).
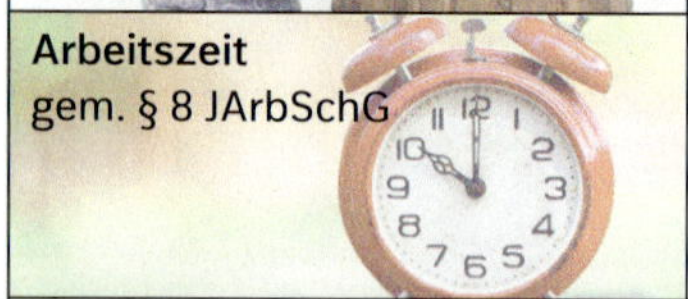 **Arbeitszeit** gem. § 8 JArbSchG	Die Arbeitszeit von Jugendlichen darf täglich 8 und wöchentlich 40 Std. nicht überschreiten. **Ausnahmen:** z. B. 8,5 Std. täglich, bei verkürzter Arbeitszeit an anderen Werktagen.
 **Berufsschulbesuch** gem. § 9 JArbSchG	Die Berufsschulzeit wird auf die Ausbildungs- und Arbeitszeit angerechnet und der Auszubildende wird für den Berufsschulunterricht freigestellt. **Beschäftigungsverbot:** • vor einem vor 9 Uhr beginnenden Unterricht (dies gilt auch für über 18-Jährige). • an einem Berufsschultag pro Woche mit mehr als 5 Unterrichtsstunden. • in Berufsschulwochen mit mind. 25 Unterrichtsstunden planmäßigem Blockunterricht an mind. 5 Tagen.
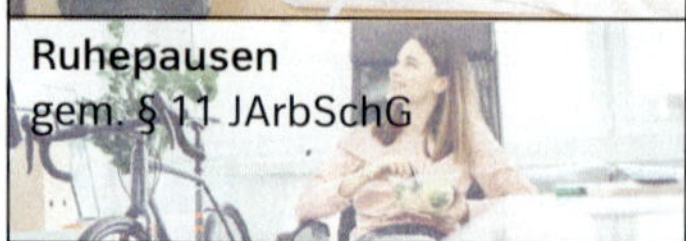 **Ruhepausen** gem. § 11 JArbSchG	Die Mindestdauer je Pause ist 15 Minuten. Bei mehr als 4,5 Std. Arbeitszeit ist sie 30 Minuten und bei mehr als 6 Std. Arbeitszeit ist sie 60 Minuten lang.
 **Freizeit, Nachtruhe** gem. §§ 13, 14 JArbSchG	Es müssen mind. 12 Stunden Freizeit sein bis zum nächsten Arbeitsbeginn. Jugendliche dürfen nur in der Zeit zwischen 6 und 20 Uhr beschäftigt werden. **Ausnahmen:** z. B. Gaststätten, Bäckereien.
 **Samstags-, Sonntags- und Feiertagsruhe, Fünf-Tage-Woche** gem. §§ 15, 16, 17 und 18 JArbSchG	Samstags darf keine Beschäftigung stattfinden (5-Tage-Woche). **Ausnahme:** Betriebe mit Samstagsarbeit, jedoch Ausgleich an einem Wochentag, 2 Samstage im Monat sollen mind. beschäftigungsfrei bleiben und an Sonn- und Feiertagen grundsätzlich Beschäftigungsverbot.
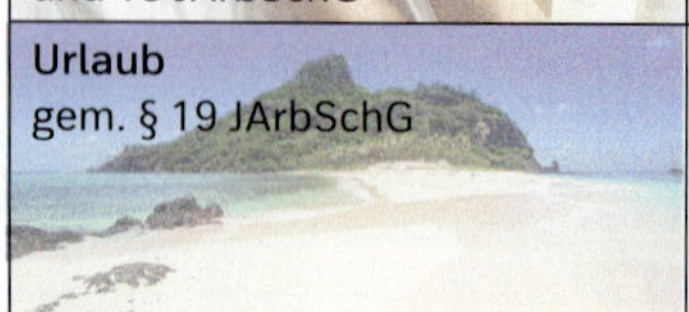 **Urlaub** gem. § 19 JArbSchG	Für jedes Kalenderjahr ist dem Jugendlichen ein bezahlter Erholungsurlaub zu gewähren. Die Tage sind abhängig vom Alter des Jugendlichen: • unter 16 Jahre: mindestens 30 Werktage • unter 17 Jahre: mindestens 27 Werktage • unter 18 Jahre: mindestens 25 Werktage
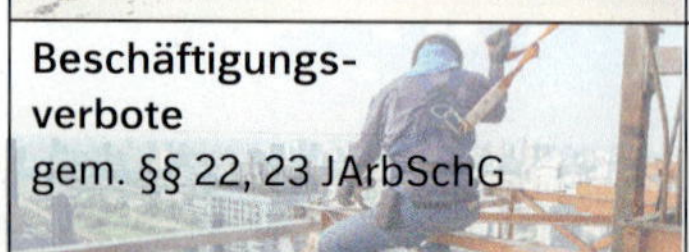 **Beschäftigungsverbote** gem. §§ 22, 23 JArbSchG	Ein Beschäftigungsverbot gilt für Arbeiten, welche die physische und psychische Leistungsfähigkeit übersteigen (z. B. Akkord- und Fließbandarbeit mit vorgegebenem Arbeitstempo), gefährliche Arbeiten (Gefahrstoffe) und bei Arbeiten, die mit Unfallgefahren verbunden sind.
 **Gesundheitliche Betreuung** gem. §§ 32, 33 JArbSchG	Zum Schutz der Jugendlichen wird ein ärztliches Gesundheitszeugnis angefertigt. Dabei findet die erste Untersuchung frühestens 14 Monate vor Beginn der Beschäftigung und eine Nachuntersuchung spätestens 3 Monate nach dem ersten Ausbildungsjahr statt.

M8 Verstöße gegen das Jugendarbeitsschutzgesetz

a) Der Auszubildende David darf des Öfteren wie ein Erwachsener Akkordarbeit leisten und ist ganz stolz darauf. Hinzu kommt, dass er damit richtig gut verdient.

b) Roland, der eine Ausbildung zum Schweißer macht, darf mitunter schon seit Beginn der Ausbildung alleine mit dem Schweißgerät arbeiten. Bis jetzt hatte er auch nur ein paar Verbrennungen auf seiner Haut von der Hitze beim Schweißen.

c) Mia berichtet ihrer Freundin: „Stell dir vor, nächste Woche soll ich nach dem Berufsschulunterricht gleich in die Firma gehen, denn ich hab nur sechs Unterrichtsstunden."

d) Evrim musste in ihrem Ausbildungsbetrieb bis 20.00 Uhr Überstunden machen. Aufgrund der guten Auftragslage musste sie am nächsten Tag um 07.00 Uhr beginnen.

e) Eva macht eine Ausbildung zur Automobilkauffrau. Ihr Ausbilder will, dass sie aufgrund der guten Auftragslage drei Mal im Monat sechs Tage pro Woche arbeiten soll.

f) Karl macht eine Ausbildung zum Lageristen. In seinem Ausbildungsbetrieb geht es zurzeit richtig rund und jetzt haben sein Ausbilder und er vereinbart, dass er seine Arbeit in der nächsten Zeit schon um 05.30 Uhr beginnen soll.

g) Lisas Ausbildungsbetrieb meint, dass einige Fächer nicht so wichtig sind und sie doch besser zur Arbeit anstatt in die Berufsschule gehen soll.

h) Lenas Ausbildung als Fachinformatikerin ist ziemlich interessant, allerdings arbeitet sie durchschnittlich mindestens 8,5 Stunden täglich.

AUFGABEN

1. Nenne den Personenkreis, für den das Jugendarbeitsschutzgesetz gilt.
2. Begründe, weshalb Jugendliche einem besonderen Arbeitsschutz unterliegen.
3. Entscheide mithilfe der Auszüge aus dem Jugendarbeitsschutzgesetz, welche Verstöße in den Fällen in M8 vorliegen.
4. *Think-Pair-Share:* Gestaltet ein Merkblatt zur Ferienarbeit mit folgenden Inhalten: Altersgrenzen, Arbeitszeit, Pausenregelung, Arten der Arbeit, Akkordarbeit.

2.4 Mitbestimmung im Unternehmen

Betriebsrat (BR)

Simone arbeitet seit acht Jahren in einem mittelständischen Betrieb im Personalbüro. Seit dem Tod ihres Mannes vor drei Jahren ist sie alleinerziehende Mutter einer dreijährigen Tochter. Sie arbeitet nun halbtags.

Die Geschäftsführung hat jetzt festgelegt, dass alle Mitarbeiter in der Zeit von 9 Uhr bis 15 Uhr, mit Ausnahme der Mittagspause, anwesend sein müssen. Simone muss ihre Tochter aber um 13 Uhr vom Kindergarten abholen. Was kann sie tun?

Simone spricht mit ihrer Arbeitskollegin Petra, die Betriebsrätin ist. Diese sieht im **Betriebsverfassungsgesetz** (**BetrVG**) nach und findet Folgendes:

§ 87 BetrVG Mitbestimmungsrechte

(1) Der Betriebsrat hat, soweit eine gesetzliche oder tarifliche Regelung nicht besteht, in folgenden Angelegenheiten mitzubestimmen: [...]

2. Beginn und Ende der täglichen Arbeitszeit einschließlich der Pausen sowie Verteilung der Arbeitszeit auf die einzelnen Wochentage [...].

Petra weiß nun, dass die Geschäftsführung die Arbeitszeiten nicht hätte ändern dürfen, ohne den **Betriebsrat** in die Entscheidung einzubeziehen.

Der Betriebsrat hat also in bestimmten Bereichen Mitbestimmungsrechte und muss den beabsichtigten Maßnahmen zustimmen. Die Arbeitgeberseite (AG) kann nicht ohne Weiteres alle Entscheidungen allein bestimmen.

Es gibt **unterschiedlich starke Formen der Beteiligung** des Betriebsrates.

WEBCODE

WES-116646-129
Film: Einfach erklärt:
Mitbestimmung im Betrieb

M1 Beteiligungsrechte des Betriebsrates

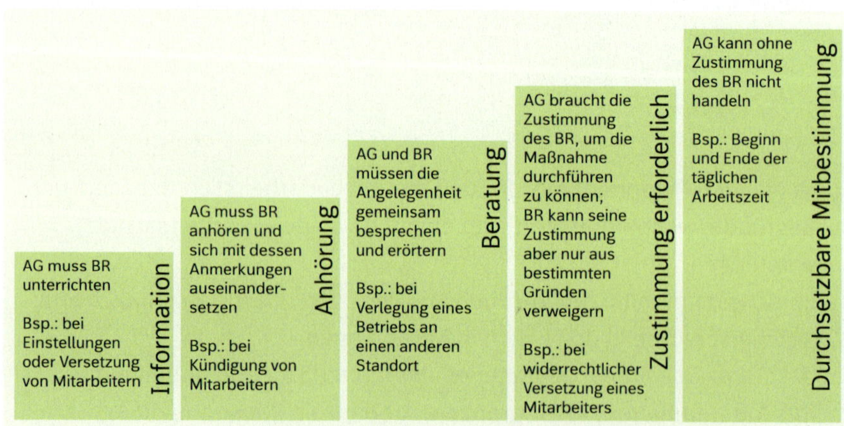

Nach: ifb – Institut zur Fortbildung von Betriebsräten KG, © 2020, Seehausen am Staffelsee, https://www.betriebsrat.de/neu-im-betriebsrat/mitwirkung-und-mitbestimmungsrechte/mitwirkung-und-mitbestimmung.html (Zugriff: 27.1.2020) (verändert)

Arbeitgeber und Betriebsrat arbeiten laut § 2 BetrVG **vertrauensvoll** und **zum Wohl der Arbeitnehmer und des Betriebs** zusammen. Entscheidungen dürfen also nie im Interesse von nur einer Seite getroffen werden. Damit die Mitglieder des Betriebsrates unbefangen die Anliegen der Belegschaft gegenüber den Arbeitgebern vertreten können, unterliegen sie einem **besonderen Kündigungsschutz** (siehe S. 49).

Der Betriebsrat wird für vier Jahre **von allen Arbeitnehmern ab 18 Jahren gewählt**. Kandidieren können alle Wahlberechtigten, die mindestens sechs Monate im Betrieb sind. Jüngere Arbeitnehmer können eine eigene Vertretung wählen (siehe S. 54/55).

Der Betriebsrat erfüllt laut § 80 BetrVG u. a. folgende **Aufgaben**. Er ...

- achtet auf Einhaltung von Normen und Vorschriften im Betrieb,
- berät den Arbeitgeber in personellen Angelegenheiten,
- bestimmt in verschiedenen Angelegenheiten mit,
- beantragt beim Arbeitgeber Maßnahmen, die dem Betrieb und der Belegschaft dienen,
- fördert die Vereinbarkeit von Familie, Alter und Erwerbstätigkeit.

Allerdings gibt es nicht in allen Unternehmen Betriebsräte. Sie können erst in **Unternehmen mit mindestens fünf Mitarbeitern** eingerichtet werden. Bei bis zu 20 Arbeitnehmern besteht der Betriebsrat aus einer Person. In Großbetrieben bis 9.000 Mitarbeitern hat er 35 Mitglieder. Allgemein kann man sagen: Je größer ein Betrieb ist, desto wahrscheinlicher hat er einen Betriebsrat.

INFO

Personalrat
In Dienststellen des öffentlichen Dienstes, also in Behörden, Ämtern oder an Schulen, spricht man nicht von einem Betriebsrat, sondern von einem Personalrat. Er vertritt die Beschäftigten, also Angestellten und Beamten, der jeweiligen Dienststelle. Auch hier kann es eine Jugend- und Auszubildendenvertretung geben.

INFO

Betriebsvereinbarung
ist ein wichtiges Mittel der Betriebsratsarbeit. Es handelt sich um eine rechtsverbindliche Übereinkunft zwischen Betriebsrat und Arbeitgeber, die Rechte und Pflichten für Arbeitgeber, Betriebsrat und Arbeitnehmer festlegt (siehe § 77 BetrVG).

M2 Betriebe mit Betriebsräten in Deutschland

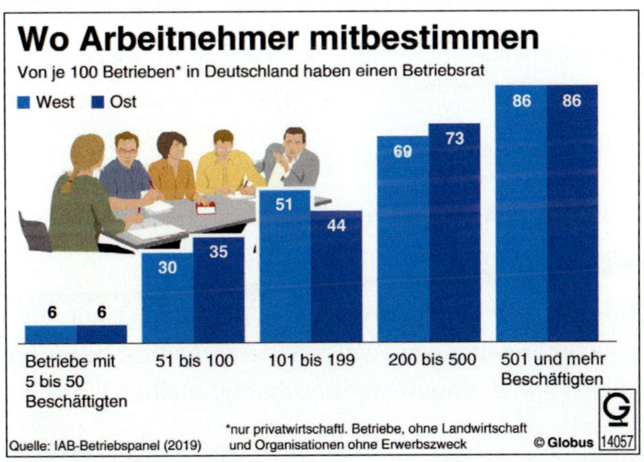

M3 Top-Themen

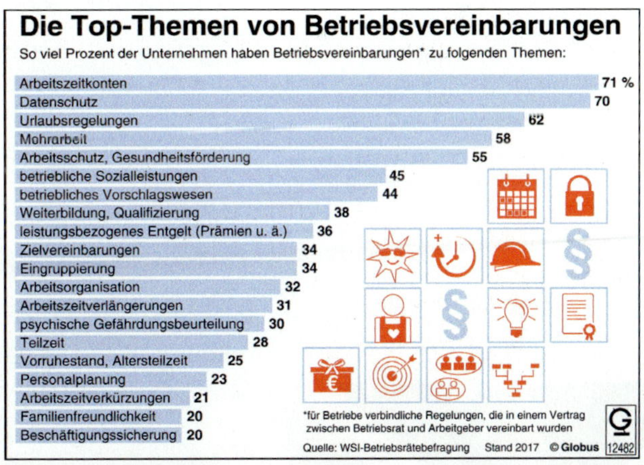

In Simones Fall war der Arbeitgeber nach dem Gespräch mit dem Betriebsrat einsichtig. Die Arbeitszeiten wurden angepasst, sodass sie auch für Mitarbeiter in Teilzeit gerecht sind.

Werden sich Betriebsrat und Arbeitgeber jedoch in einem Fall nicht einig, so entscheidet die **Einigungsstelle**. Sie besteht aus der gleichen Anzahl von Mitarbeitern und Vertretern des Arbeitgebers, als Vorsitzender wird in der Regel ein Richter des Arbeitsgerichts eingesetzt.

Jugend- und Auszubildendenvertretung (JAV)

Chris, 17 Jahre, ist Auszubildender im zweiten Lehrjahr in einer größeren Schreinerei. Während der Woche ist er in der Regel von Montag bis Donnerstag auf **Montage** unterwegs. Um die Übernachtungskosten zu reduzieren und die Aufträge schnell abzuschließen, arbeitet das Team täglich von 7 Uhr bis 19 Uhr und macht nur kurze Pausen. Ohne Anreise bringt Chris es auf diese Weise auf 44 Stunden Arbeitszeit pro Woche. Was kann Chris tun?

In der Berufsschule hat Chris von einer „Jugendabteilung" im Betriebsrat gehört. Er schlägt dazu im Betriebsverfassungsgesetz nach:

INFO

Montage
Viele Arbeitnehmer, die im Baugewerbe oder im Innenausbau tätig sind, fahren zur Arbeit auf die Baustelle, um dort zu arbeiten. Diese liegen aber häufig sehr weit vom Betrieb entfernt, sodass die Mitarbeiter über die Woche an der Baustelle vor Ort bleiben. Oft sind die maximal erlaubten Wochenarbeitsstunden bereits am Donnerstag abgeleistet.

§ 60 BetrVG Errichtung und Aufgabe

(1) In Betrieben mit in der Regel mindestens fünf Arbeitnehmern, die das 18. Lebensjahr noch nicht vollendet haben (jugendliche Arbeitnehmer) oder die zu ihrer Berufsausbildung beschäftigt sind und das 25. Lebensjahr noch nicht vollendet haben, werden Jugend- und Auszubildendenvertretungen gewählt.
(2) Die Jugend- und Auszubildendenvertretung nimmt nach Maßgabe der folgenden Vorschriften die besonderen Belange der in Absatz 1 genannten Arbeitnehmer wahr.

Tatsächlich gibt es eine JAV auch in Chris' Betrieb. Dort geht er hin, um zu erfahren, ob er wirklich so lange arbeiten muss. Melanie von der JAV hilft ihm: „Wir schauen mal nach im Jugendarbeitsschutzgesetz."

§ 8 JArbSchG Dauer der Arbeitszeit

(1) Jugendliche dürfen nicht mehr als acht Stunden täglich und nicht mehr als 40 Stunden wöchentlich beschäftigt werden.

Aufgrund dieser Rechtslage suchen Melanie und Chris das Gespräch mit dem Firmenchef und sie finden eine für alle akzeptable Lösung.

Danach möchte sich Chris selbst in der JAV engagieren. Am Ende seiner Ausbildung erfährt er, dass dieses Engagement auch in anderer Hinsicht honoriert wird, denn als JAV-Mitglied kann er unbefristet beschäftigt bleiben.

§ 78a BetrVG Schutz Auszubildender in besonderen Fällen

(2) Verlangt ein [...] Auszubildender [der z. B. Mitglied der Jugend- und Auszubildendenvertretung oder des Betriebsrats ist] innerhalb der letzten drei Monate vor Beendigung des Berufsausbildungsverhältnisses schriftlich vom Arbeitgeber die Weiterbeschäftigung, so gilt zwischen Auszubildendem und Arbeitgeber im Anschluss an das Berufsausbildungsverhältnis ein Arbeitsverhältnis auf unbestimmte Zeit als begründet.

Die JAV vertritt also die **Jugendlichen und Auszubildenden** in einem Betrieb. Sie hat ein offenes Ohr für deren Nöte sowie Ideen und steht ihnen beratend zur Seite. Insbesondere wacht sie über alle Vorschriften, die Jugendliche und Auszubildende betreffen, und setzt sich für die Qualität in der Ausbildung und für gute Arbeitsbedingungen ein. Die JAV kann allerdings **nicht eigenständig** handeln, sie muss alle Maßnahmen über den Betriebsrat beantragen, da nur der Betriebsrat direkt mit dem Arbeitgeber verhandeln kann.

M4 Welche Rechte hat der Betriebsrat?

a) Im Unternehmen soll ein neuer Arbeitnehmer eingestellt werden.

b) Anja ist seit vier Jahren in der Produktionsabteilung tätig. Nun hat sie ein Kündigungsschreiben von der Geschäftsleitung erhalten.

c) Tim, alleinstehend, ist seit drei Jahren bei einem Automobilhersteller als Ausbilder angestellt. Plötzlich soll er an einen anderen Standort versetzt werden, da dort mehr Auszubildende eingestellt wurden.

d) Sandra, verheiratet und Mutter von zwei Kindern, soll ebenfalls an eine andere Betriebsstätte, 150 km von ihrem Wohnort entfernt, versetzt werden.

e) Die Geschäftsleitung möchte den Aufenthaltsraum des Unternehmens schließen, weil er zu wenig genutzt wird.

M5 JAV und Betriebsrat

Zeichnung: Erich Rauschenbach

AUFGABEN

1. a) Nenne mithilfe des BetrVG weitere Bereiche, in denen der Betriebsrat „echte“ Mitbestimmungsrechte (M1, Stufe 5) hat.
   b) Begründe, welcher Bereich für dich persönlich am wichtigsten ist.
2. Recherchiere je zwei Beispiele, in denen der Betriebsrat Beteiligungsrechte der Stufen 1 bis 5 hat. Nutze dazu M1.
3. Diskutiert Gründe, die dagegen sprechen, dass der Betriebsrat in allen Bereichen ein „echtes“ Mitbestimmungsrecht (M1, Stufe 5) hat.
4. Hinterfrage, warum kleine Betriebe häufig keine Betriebsräte haben (M2).
5. Hauptthema bei Betriebsvereinbarungen sind Arbeitszeitkonten (M3). Recherchiere, was damit gemeint ist.
6. Überprüfe die Beteiligungsrechte des Betriebsrats in M4.
7. In der Nachbarschaft des Elektronikbetriebs hat sich vor zwei Jahren ein metallverarbeitender Betrieb angesiedelt. Die beiden Geschäftsführer sind sich einig, die beiden Unternehmen zusammenschließen zu wollen.
   a) Benenne die Rechte der Betriebsräte.
   b) Diskutiert Vor- und Nachteile einer solchen Betriebszusammenlegung.
8. Erkläre die Aussage der Zeichnung M5.
9. Diskutiert, ob ihr euch später selbst in der JAV bzw. im Betriebsrat engagieren wollt. Erstellt eine Pro-Kontra-Liste (*Methode* auf S. 93).

WEBCODE

WES-116646-120
Hier findest du das Betriebsverfassungsgesetz im Internet.

2.5 Berufliche Interessensvertretungen

Arbeitnehmervereinigungen – Gewerkschaften und Verbände

Chris ist mittlerweile unbefristet angestellt. Er engagiert sich immer noch in der Jugend- und Auszubildendenvertretung und ist sogar Vorsitzender. Sein Arbeitgeber ist mit ihm zufrieden und schätzt die gemeinsame konstruktive Zusammenarbeit.

Eines Tages erhält er ein Schreiben der **Gewerkschaft für Kunststoffgewerbe und Holzverarbeitung** (GKH), das ihn einlädt, sich in der Gewerkschaft zu engagieren. Chris ist verwirrt. Er dachte, er wäre als Mitglied der JAV automatisch in der Gewerkschaft dabei. Nun will er es genauer wissen und recherchiert.

INFO

Betriebsräte
sind in den jeweiligen Betrieben tätig.

Gewerkschaften
sind überbetriebliche Interessensvertreter für Arbeitnehmer. Ihre Mitglieder sind auch in den einzelnen Betrieben vertreten, müssen aber nicht gleichzeitig Betriebsräte sein.

Gewerkschaft und Betriebsrat sind grundsätzlich unabhängig voneinander. Chris kann also Mitglied im Betriebsrat sein, ist aber nicht automatisch Gewerkschaftsmitglied. Allerdings bieten Gewerkschaften einen gewissen Vorteil. Durch ihre Größe und durch ihre überbetriebliche Arbeit können sie Hilfestellung geben, die über die Arbeit eines Betriebsrats im einzelnen Unternehmen hinausgeht.

Zu den **Hauptaufgaben** einer Gewerkschaft gehören z. B. der Einsatz für **mehr Lohn** in der entsprechenden Berufssparte, hier die Schreiner, für bessere **Arbeitsbedingungen** wie kürzere Arbeitszeiten, für Weiterentwicklungen der Branche oder **mehr Mitbestimmung** im Betrieb.

Chris meldet sich als Mitglied in der **GKH** an. Bald erhält er weitere Informationen. Er erfährt, dass „seine" Gewerkschaft selbst wiederum Mitglied in der IG Metall (Industrie**g**ewerkschaft **Metall**) ist, die mit bundesweit 2,3 Millionen Mitgliedern die größte Einzelgewerkschaft in Deutschland ist.

Aufbau der Gewerkschaften

Bundesebene ↑	Gewerkschaftstag wählt Bundesvorstand ↑
Bezirks-, Landesebene ↑	Bezirks-, Landeskonferenz wählt Bezirks-, Landesvorstand ↑
örtliche Ebene	Delegiertenversammlung wählt Ortsvorstand

INFO

Arbeitgeber und Arbeitnehmer dürfen, unabhängig vom Staat, Löhne (= Tarif) verhandeln, d. h. **Tarifverhandlungen** führen. Man spricht deshalb von **Tarifautonomie** (siehe S. 58, 60).

Weitere Gewerkschaften sind z. B. die Vereinte Dienstleistungsgewerkschaft (ver.di), die Industriegewerkschaft Bauen-Agrar-Umwelt (IG Bau) oder die Gewerkschaft Nahrung-Genuss-Gaststätten (NGG).

Gewerkschaften sind in der Regel wieder Mitglied einer übergeordneten Vereinigung. Dies ist die sogenannte Dachorganisation, die auf Bundesebene die Gewerkschaften vertritt, wenn es z. B. um **Tarifverhandlungen** oder um Arbeitsbedingungen geht. In diesem Fall ist das der **Deutsche Gewerkschaftsbund (DGB)**.

Milena ist Lehrkraft an einer Realschule. Sie ist seit drei Jahren verbeamtet und ist Mitglied im Bayerischen Realschullehrerverband (brlv), einer **Interessensvertretung des öffentlichen Dienstes**.

Auf Landesebene gibt es einen Dachverband für die bayerischen Verbände des öffentlichen Dienstes, den **Bayerischen Beamtenbund**. Alle Verbände des öffentlichen Dienstes sind auch auf Bundesebene organisiert im Dachverband des **Deutschen Beamtenbundes (dbb)**, dem Gegenstück zum Deutschen Gewerkschaftsbund (DGB). Der dbb vertritt also besonders die Interessen von **Beschäftigten im öffentlichen Dienst**.

M1 Deutscher Gewerkschaftsbund

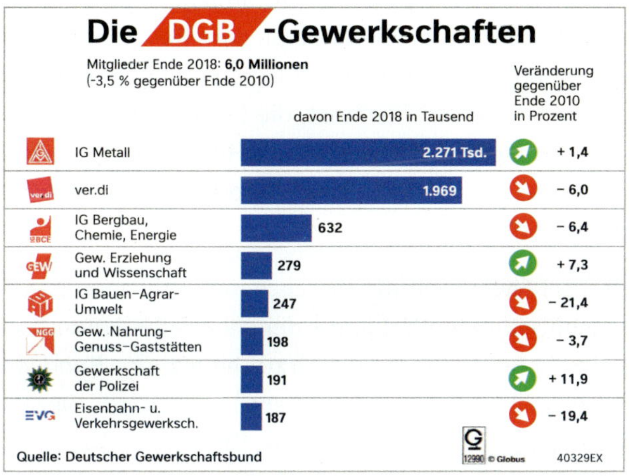

M2 Deutscher Beamtenbund (Auswahl)

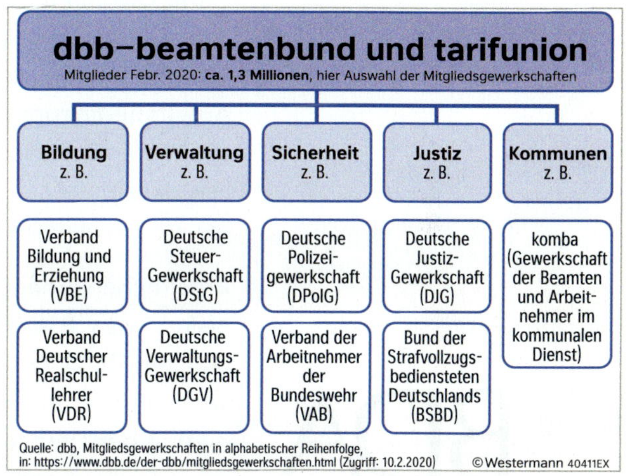

Chris und Milena engagieren sich in Gewerkschaften und Verbänden, um sich für bessere Arbeitsbedingungen einzusetzen. Damit nutzen sie eine Möglichkeit, die nicht immer selbstverständlich war.

M3 Geschichte der Interessenvertretungen

Bis etwa 1873 war die Industrialisierung in Deutschland durchgesetzt. Die Arbeitsbedingungen damals waren schlecht. Deshalb schlossen sich Arbeiterinnen und Arbeiter zu Selbsthilfe- oder Schutzvereinen zusammen, um für menschenwürdige Arbeitsbedingungen, für mehr Lohn und gegen Kinderarbeit zu kämpfen. Aus diesen Vereinen entwickelten sich die Gewerkschaften.

M4 Eisenwalzwerk (1875)

AUFGABEN

1. Erkläre den Unterschied zwischen Betriebsrat und Gewerkschaft.
2. Recherchiere, welche Beschäftigte zum öffentlichen Dienst gehören.
3. Recherchiere für deinen Traumberuf, welcher Gewerkschaft du zugeordnet wärst (M1, M2).
4. *Stühletausch:* Begründet die Entstehung von Gewerkschaften (M3, M4).

Arbeitgeberverbände

Mit der zunehmenden Gründung von Arbeitnehmerverbänden formierten sich auch die Arbeitgeber neu und vereinigten sich zu Verbänden.

Diese Zusammenschlüsse sind ebenfalls freiwillig und dienen der Wahrung gemeinsamer **sozialpolitischer** und **arbeitsrechtlicher Interessen**. In erster Linie möchten die Arbeitgeber ihre **wirtschaftliche Tätigkeit** sicherstellen, die allerdings nicht nur gewinnorientiert ist, sondern auch die Weiterentwicklung der Branche und des einzelnen Unternehmens zum Ziel hat. Damit werden letztlich wieder Arbeitsplätze gesichert.

Für ihre Mitglieder führen Arbeitgeberverbände **Tarifverhandlungen** mit den Gewerkschaften. Zudem betreiben sie **Lobby- und Öffentlichkeitsarbeit**, um ihren Standpunkt darzustellen. Sie bieten ihren Mitgliedern **Rechtshilfe** und Informationsdienste an. Zudem setzen sie sich für die Verbesserung von **Arbeitsbedingungen** ein. Ein weiteres Thema ist, die Berufsausbildung zu optimieren und passgerecht für die Betriebe zu machen. Hauptziel ist schließlich, dass Unternehmen in Deutschland **investieren, Innovationen** vorantreiben und **Arbeitsplätze schaffen**.

BDA
DIE ARBEITGEBER

Arbeitgeberverbände sind als **Fachverbände** der einzelnen Branchen organisiert, wie z. B. der Holz bearbeitenden Industrie, der chemischen Industrie oder der Metallindustrie. In der Regel haben sie sich zu Landes- und Bundesvereinigungen zusammengeschlossen. Spitzenverband ist die **Bundesvereinigung der Deutschen Arbeitgeberverbände** (BDA). Die BDA selbst führt keine Tarifverhandlungen, sondern vertritt ihre Mitglieder vor der Regierung, dem Parlament und gegenüber den Gewerkschaften.

Tarifverhandlungen und Tarifvertrag

Der **Tarifvertrag** ist das **Ergebnis der Tarifverhandlungen**. Dabei verhandeln die Tarifparteien, also der Arbeitgeber- und Arbeitnehmerverband, zu Themenbereichen wie Lohn, Arbeitszeiten, Urlaubsansprüche oder Mitbestimmung. Der Tarifvertrag regelt also die **Gestaltung der Arbeitsverhältnisse** sowie die **Rechte und Pflichten** sowohl von Arbeitgebern als auch Arbeitnehmern. Tarifverhandlungen finden relativ regelmäßig statt.

WEBCODE

WES-116646-130
Film: Einfach erklärt:
Tarifverhandlungen

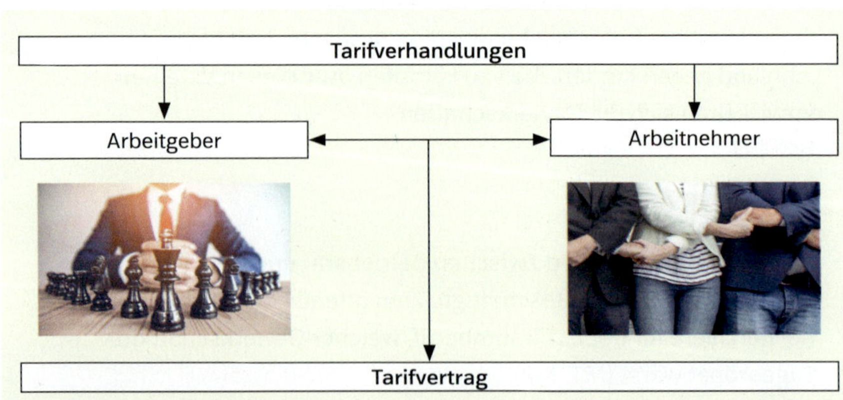

M5 Das Arbeitsjahr 2020 und 2010 im Vergleich

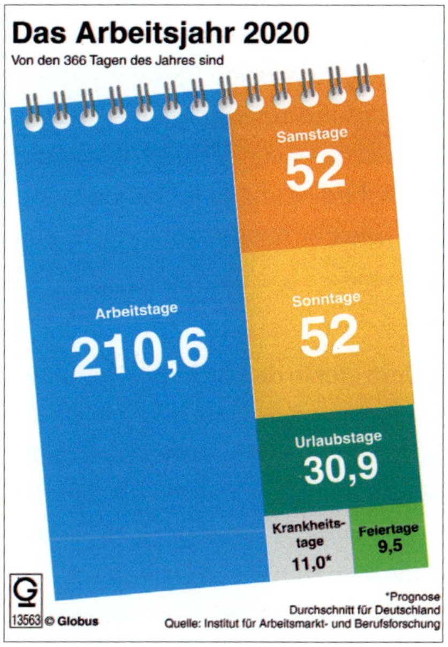

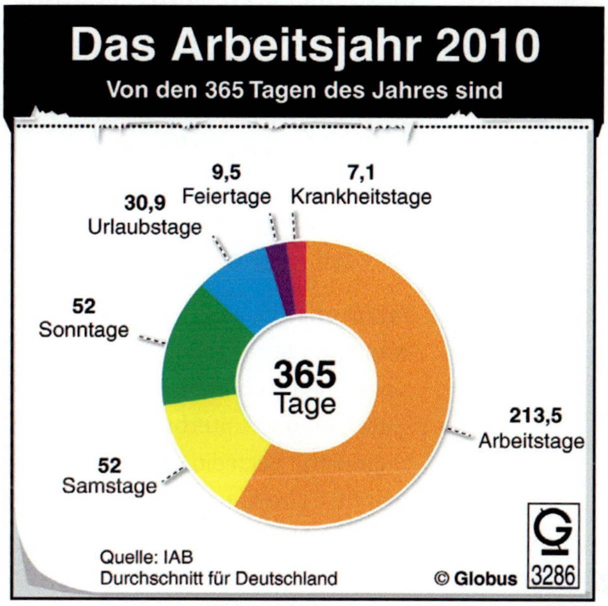

M6 Arbeitszeiten

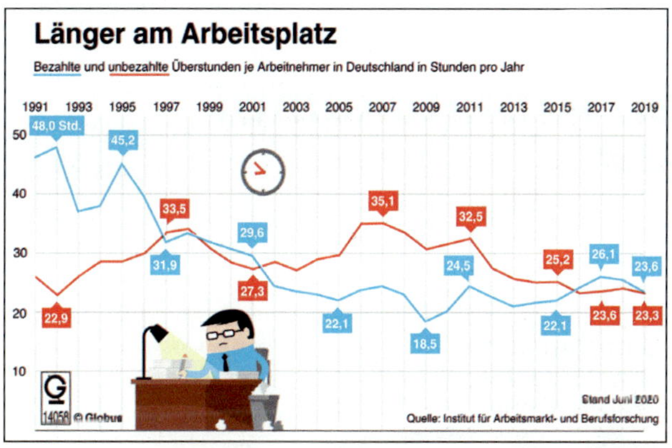

M7 Gehaltssteigerungen nach Branchen

AUFGABEN

1. Nenne die Interessen von Arbeitgeberverbänden.
2. a) Beschreibe die Aufteilung der Arbeitsjahre 2010 und 2020 (M5).
   b) Nenne mögliche Gründe für die veränderte Anzahl der Arbeitstage.
3. a) Beschreibe die Entwicklung der Arbeitszeiten seit 1991 (M6).
   b) *Think-Pair-Share:* Diskutiert die Auswirkungen dieser Entwicklung für die Wirtschaft und für die Arbeitnehmer.
4. a) Recherchiere den Verdienst in der Ausbildung als Finanzbeamte/-r im mittleren nichttechnischen Dienst und als Bankkauffrau/-mann.
   b) Nenne mögliche Gründe für die unterschiedlichen Verdienststeigerungen in diesen beiden Branchen (M7).
5. *Partnervortrag:* Fasst zusammen, für welche Rechte die Gewerkschaften eintreten. Nutzt dafür M3 bis M7.

Art. 9 GG Vereinigungsfreiheit

(1) Alle Deutschen haben das Recht, Vereine und Gesellschaften zu bilden. [...]
(3) Das Recht, zur Wahrung und Förderung der Arbeits- und Wirtschaftsbedingungen Vereinigungen zu bilden, ist für jedermann und für alle Berufe gewährleistet. [...] Maßnahmen [...] dürfen sich nicht gegen Arbeitskämpfe richten [...].

Tarifautonomie

Das **Grundgesetz** (GG) regelt in **Artikel 9** das Recht, Vereine und Gesellschaften zu bilden. Dazu gehören auch die Verbände, Gewerkschaften und Arbeitgebervereinigungen. Des Weiteren ist geregelt, dass beide Parteien, Arbeitgeber- und Arbeitnehmerseite, eigenständig und unabhängig vom Staat **Tarifverhandlungen** führen dürfen. Es ist also verfassungsrechtlich festgelegt, dass beide Seiten frei über Löhne und Arbeitsbedingungen verhandeln können. Allerdings dürfen bestimmte Gesetze, wie der Mindestlohn, nicht ausgehebelt werden.

Tarifkonflikt

Wenn sich Arbeitgeber- und Arbeitnehmervertreter in den Tarifverhandlungen nicht einigen können, setzen die Gewerkschaften oft **Warnstreiks** als Druckmittel ein und unterbrechen die Arbeit kurzzeitig. Sollten weitere Verhandlungen und auch ein **Schlichtungsverfahren** scheitern, so dürfen die Gewerkschaften **streiken**, wenn die Mitglieder in einer **Urabstimmung** zu 75 % dafür stimmen. Während eines Streiks erhalten die teilnehmenden Gewerkschaftsmitglieder nur Streikgeld von der Gewerkschaft. Danach wird neu verhandelt. Arbeitgeber können in der Streikphase die Streikenden auch von der Arbeit **aussperren** und ihnen den Zugang zum Betrieb verweigern.

M8 **Möglicher Gang eines Streiks**

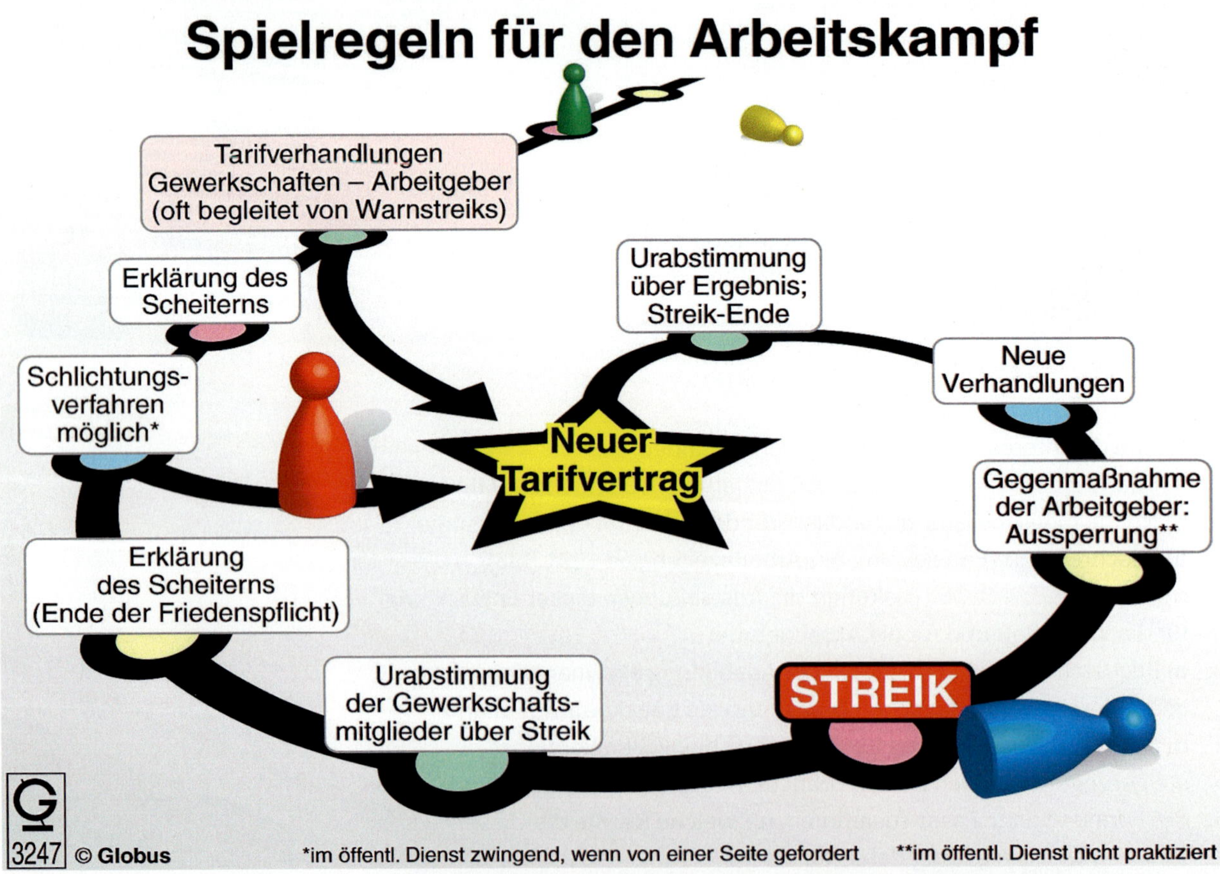

M9 „Streikrepublik“ Deutschland?

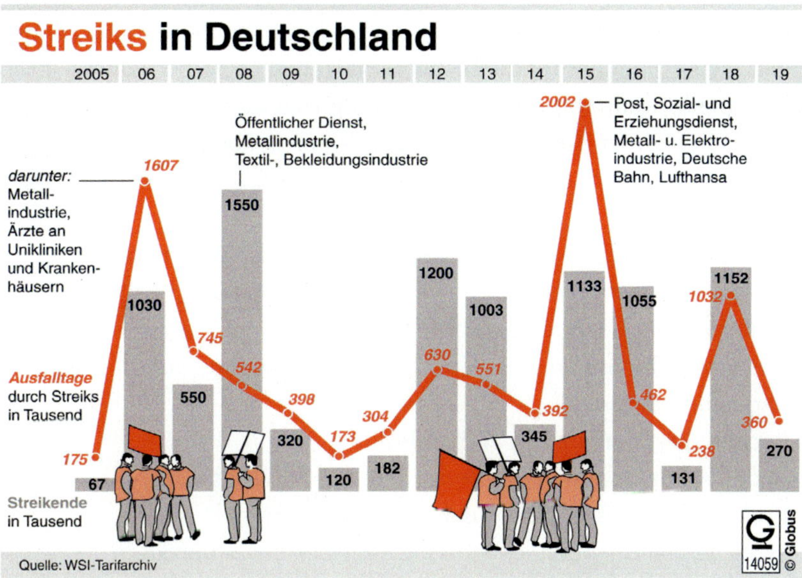

M10 So viel streiken die Länder

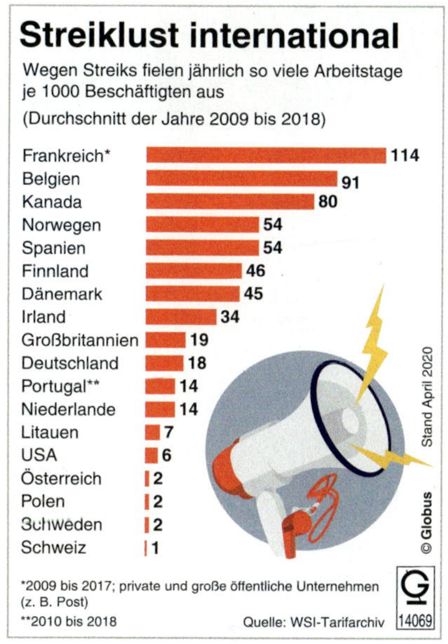

M11 Tarifverhandlung

Zeichnung: Peter Leger

AUFGABEN

1. Erkläre den Begriff Tarifautonomie.
2. *Partnervortrag:* Beschreibt den Weg eines Arbeitskampfes (M8).
3. Pit ist nicht Mitglied der Gewerkschaft, die einen Streik ausgerufen hat.
   a) Begründe, wie er sich wahrscheinlich verhält: Streikt er mit oder nicht?
   b) Benenne die mögliche Gegenmaßnahme des Arbeitgebers.
4. Beschreibe die Grafik M9.
5. Beurteile, ob in Deutschland viel gestreikt wird. Nutze M9 und M10.
6. Analysiere die Karikatur M11.
7. Recherchiere und begründe, ob Beamte in Deutschland streiken dürfen.

„Parcours“ Bewerbungsverfahren

Edon und seine Freundin Jana gehen in die 9. Klasse der Realschule. Es wird Zeit, dass sie sich um passende Ausbildungsstellen bewerben. Bis sie ihren Ausbildungsplatz antreten können, durchlaufen sie verschiedene Stationen. Einige der Aufgaben, mit denen sie es dabei zu tun bekommen, können auch dir auf deinem Weg zum Ausbildungsplatz begegnen.

1 *Stühletausch:* Edon interessiert sich zunächst für eine Ausbildung im mittleren nicht technischen Verwaltungsdienst. Ihn reizt die Sicherheit der Beamtenlaufbahn. Er meldet sich deshalb für das Auswahlverfahren beim Bayerischen Landespersonalausschuss an und nimmt daran teil.
Recherchiert mithilfe des Webcodes
a) den Anmeldetermin für die nächste Auswahlrunde,
b) die Inhalte, die bei dem Test abgefragt werden,
c) die Verwaltungsbereiche, für die man sich bewerben kann.

WEBCODE
WES-116646-131
Informationen des Bayerischen Landespersonalausschusses

2 Danach beschließt Edon, sich doch besser um eine Ausbildung als Schornsteinfeger zu bewerben. Er hat sich überlegt, dass er gern häufiger draußen sein möchte und lieber handwerklich arbeitet. Unten siehst du seinen ersten Anlauf für ein Bewerbungsanschreiben. Seine Freundin Jana ist entsetzt: „Das kannst du so nicht losschicken!“

Kaminkehrermeister J. Brandt
Reinestr. 25
91522 Ansbach

Bewerbung auf die Ausbildungsstelle bei Ihnen

Liebe Damen und Herren,
nach längerem Überlegen habe ich mich entschieden, mich bei Ihnen um die Ausbildungsstelle zu bewerben.
Meinen Schulabschluss werde ich im Juli 20xx erwerben.
Über eine positive Antwort würde ich mich sehr freuen.

MfG
Edon Huber

Anlagen

a) Stelle dir vor, du bist für die Einstellung der Auszubildenden verantwortlich. Reflektiere Gründe, die gegen die Einstellung von Edon sprechen.
b) *Lerntempoduett:* Korrigiert Edons Bewerbungsanschreiben.
c) Formuliere mindestens drei Fragen, die du Edon in einem Vorstellungsgespräch stellen würdest.
d) Entwickle passende Antworten von Edon zu deinen Fragen aus c).

3 Jana bewirbt sich als Kauffrau im Büromanagement und hat die erste Hürde im Bewerbungsverfahren genommen. Sie wird zum Assessmentcenter eingeladen.
a) Erkläre kurz, was ein Assessmentcenter ist.
b) Eine häufige Aufgabe ist die „Postkorb“-Übung. Löse selbst die folgende Aufgabe, die Jana bei ihrem Assessmentcenter gestellt bekommt.

Auf Ihrem Schreibtisch finden Sie verschiedene Notizen und E-Mails vor, die Sie innerhalb von 20 Minuten schriftlich und mit vorzeigbarem Ergebnis bearbeiten müssen. Beginnen Sie nach dem Startzeichen.

- Ihr Vorgesetzter muss eine E-Mail an einen englischen Geschäftspartner schicken. Er bittet Sie, folgenden Abschnitt zu übersetzen: *Bitte übersenden Sie uns Ihr Angebot bis zum Dienstag. Wir werden es prüfen und Ihnen bis Freitag eine Rückmeldung geben. Mit den besten Grüßen*
- Ihre Kollegin, 25 Jahre, hat morgen Geburtstag. Überlegen Sie sich ein kleines Geschenk.
- Sie müssen noch Ihre Selbstpräsentation für die Bewerbung um eine bessere Position im Unternehmen vorbereiten. Stellen Sie schon mal eine Gliederung mit fünf inhaltlichen Punkten zusammen.
- Sie müssen für ein Mittagessen mit wichtigen Kunden für übermorgen ein Lokal in der Nähe aussuchen.

4 Jana und ihre Eltern haben den Ausbildungsvertrag unterschrieben.
a) Beurteile folgende darin enthaltene Pflicht: Die Auszubildende ist verpflichtet, Arbeitsmaterial und ein digitales Endgerät bereitzustellen.
b) Berate Jana, wie sie auf diese Klausel reagieren soll.
c) *Think-Pair-Share:* Nach sechs Wochen stellt Jana fest, dass ihr der Betrieb in vielen Bereichen nicht zusagt. Diskutiert die Möglichkeiten, die sie nun wahrnehmen kann.

5 Edon erhält seinen ersten Lohnauszug.
a) Bewerte, inwiefern die unterschiedlichen Abzüge vom Lohn der Arbeitnehmer berechtigt sind.
b) Erläutere Edon den Sinn einer Einkommensteuererklärung.

6 Edon möchte sich als Auszubildender für die Rechte von Arbeitnehmern einsetzen.
a) Beschreibe zwei Möglichkeiten, die er hat.
b) Edon möchte sich insbesondere für eine bessere Bezahlung stark machen. Schildere die Entstehung von Tarifverträgen.
c) Begründe, ob der Staat die Festlegung der Löhne beeinflussen sollte.

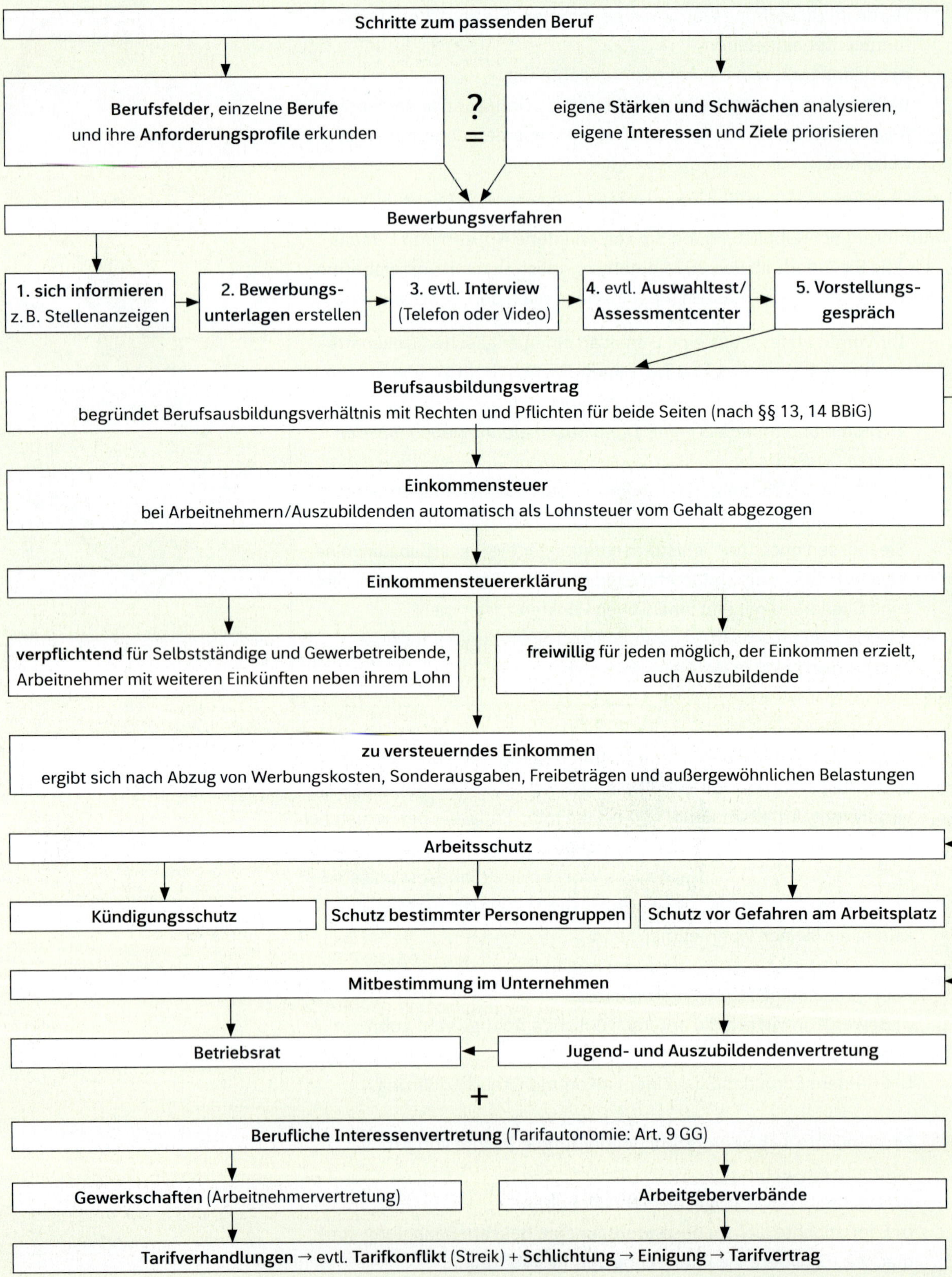
Schritte zum passenden Beruf
Berufsfelder, einzelne Berufe und ihre Anforderungsprofile erkunden
?
=
eigene Stärken und Schwächen analysieren, eigene Interessen und Ziele priorisieren
Bewerbungsverfahren
1. sich informieren z. B. Stellenanzeigen
2. Bewerbungsunterlagen erstellen
3. evtl. Interview (Telefon oder Video)
4. evtl. Auswahltest/ Assessmentcenter
5. Vorstellungsgespräch
Berufsausbildungsvertrag
begründet Berufsausbildungsverhältnis mit Rechten und Pflichten für beide Seiten (nach §§ 13, 14 BBiG)
Einkommensteuer
bei Arbeitnehmern/Auszubildenden automatisch als Lohnsteuer vom Gehalt abgezogen
Einkommensteuererklärung
verpflichtend für Selbstständige und Gewerbetreibende, Arbeitnehmer mit weiteren Einkünften neben ihrem Lohn
freiwillig für jeden möglich, der Einkommen erzielt, auch Auszubildende
zu versteuerndes Einkommen
ergibt sich nach Abzug von Werbungskosten, Sonderausgaben, Freibeträgen und außergewöhnlichen Belastungen
Arbeitsschutz
Kündigungsschutz
Schutz bestimmter Personengruppen
Schutz vor Gefahren am Arbeitsplatz
Mitbestimmung im Unternehmen
Betriebsrat
Jugend- und Auszubildendenvertretung
+
Berufliche Interessenvertretung (Tarifautonomie: Art. 9 GG)
Gewerkschaften (Arbeitnehmervertretung)
Arbeitgeberverbände
Tarifverhandlungen → evtl. Tarifkonflikt (Streik) + Schlichtung → Einigung → Tarifvertrag

II Geld- und Kapitalmarkt

In diesem Kapitel lernst du, ...

- das Zusammenspiel der Wirtschaftsakteure einschließlich der Kreditinstitute (Banken) im erweiterten Wirtschaftskreislauf darzustellen.
- unterschiedliche Aufgabenbereiche von Kreditinstituten zu differenzieren, um zu verstehen, wie das deutsche Bankensystem aufgebaut ist.
- die verschiedenen Bankgeschäfte zu unterscheiden.
- mit den modernen Medien bei Dienstleistungsgeschäften kritisch umzugehen.
- verschiedene Kredite und passende Kreditsicherheiten zu unterscheiden sowie die Gefahren einer Überschuldung und mögliche Problemlösungen zu erkennen.
- je nach Lebenssituation und Anlageziel sinnvolle Geldanlagen auszuwählen.
- die Bedeutung der privaten Altersvorsorge zu verstehen.
- die Börse als Handelsplatz zu charakterisieren und selbst Aktienkurse zu bestimmen.
- die wirtschaftliche Bedeutung verschiedener Aktienindices zu verstehen.

1 Der erweiterte Wirtschaftskreislauf

INFO

Der Begriff **Kreislauf** weist bereits darauf hin, dass ein ständiger Austausch zwischen den verschiedenen Akteuren stattfindet.
Den **einfachen Wirtschaftskreislauf** kennst du bereits aus Wirtschaft und Recht in der Jahrgangsstufe 8.

WEBCODE

WES-116646-211
Film: Einfach erklärt: Der Wirtschaftskreislauf

WES-116646-212
Film: Einfach erklärt: Geld

Der **Wirtschaftskreislauf** hilft dabei, volkswirtschaftliche Zusammenhänge zu verstehen.

Der einfache Wirtschaftskreislauf

Im einfachen Wirtschaftskreislauf gibt es zwei Wirtschaftsakteure, die **privaten Haushalte** und die **Unternehmen**.

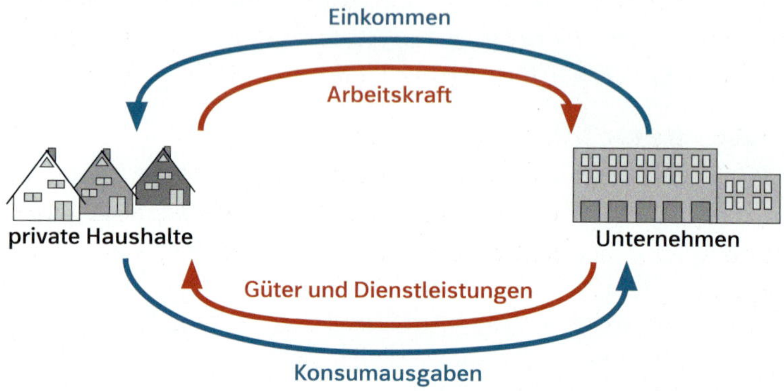

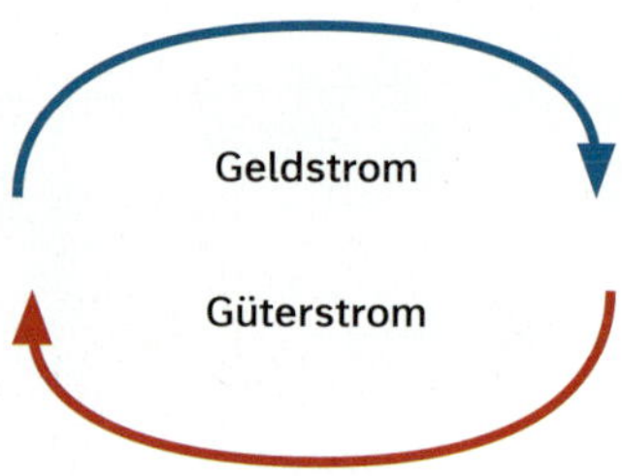

Man erkennt zwei verschiedene Kreisläufe, den **Geld-** und den **Güterkreislauf**.

Während die privaten Haushalte den Unternehmen ihre **Arbeitskraft** zur Verfügung stellen, erhalten sie von den Unternehmen **Güter und Dienstleistungen** (Güterkreislauf).
Die Unternehmen bezahlen den Haushalten ihr **Einkommen**, während die privaten Haushalte Geld für die **Konsumgüter** ausgeben (Geldkreislauf).

Doch fließt das Geld wirklich immer direkt zwischen den Akteuren? Und geben sie dieses immer wieder komplett für Güter und Dienstleistungen aus?

Der erweiterte Wirtschaftskreislauf

Im erweiterten Wirtschaftskreislauf kommt noch ein weiterer Akteur hinzu: die **Kreditinstitute** (Banken). Zur Vereinfachung betrachten wir nun nur noch die Geldströme:

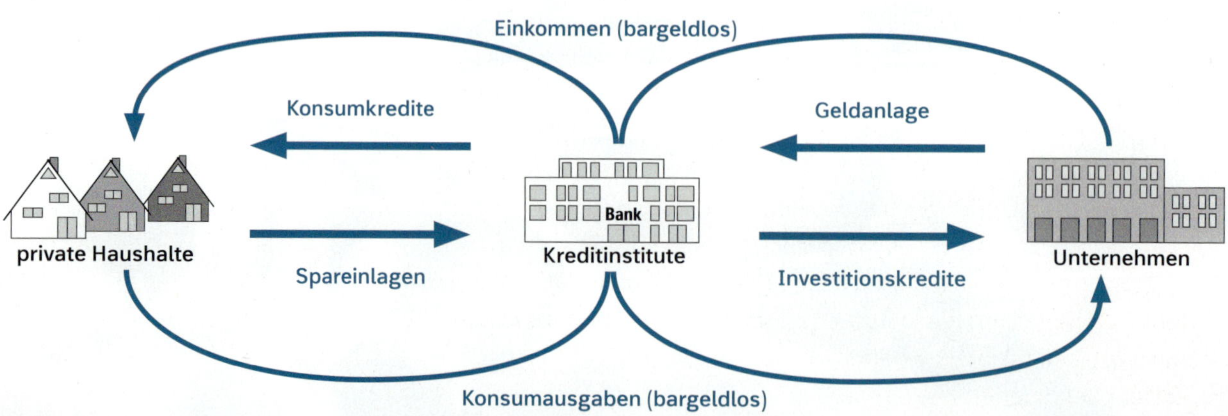

Die Kreditinstitute nehmen eine **Vermittlerposition** ein. In der heutigen Zeit zahlen die Unternehmen den Lohn nur noch sehr selten direkt bar an ihre Mitarbeiter, dies erfolgt in der Regel **bargeldlos** über die Banken. Ebenso wird der Einkauf von neuen Konsumgütern heute oft bargeldlos getätigt. Die Geldströme zwischen privaten Haushalten und Unternehmen fließen also über die Kreditinstitute.

Aber auch **neue Ströme** sind im erweiterten Wirtschaftskreislauf zu sehen. Die Haushalte geben ihr gesamtes Einkommen in der Regel nicht sofort vollständig aus, sondern **sparen** einen Teil bei der Bank. Andere Haushalte oder Unternehmen nutzen diese Spareinlagen als **Kredite**, sie leihen sich also Geld von der Bank für weitere **Konsumausgaben** oder **Investitionen**.

Was haben die Kreditinstitute davon?
Auch die Kreditinstitute müssen sich finanzieren. Eine ihrer Einnahmequellen ist die Zinsdifferenz, die sich daraus ergibt, dass die **Sollzinsen** in der Regel höher sind als die **Habenzinsen**. Diese Differenz nennt man auch **Zinsspanne**.

Sollzinsen	Habenzinsen
Zinsen, die die Kunden an die Bank für die Kreditaufnahme bezahlen müssen	Zinsen, die die Kunden von der Bank für ihre Spareinlagen erhalten
Sollzinsen > Habenzinsen → Zinsspanne	

INFO

Kredit
von lat.: credere = glauben, vertrauen bzw. creditum; das auf Treu und Glauben Anvertraute

Konsum
Verbrauch/Inanspruchnahme von Gütern und Dienstleistungen durch den Endverbraucher

Investition
langfristiger Einsatz von Geldmitteln für Vermögensgegenstände (z. B. Grundstücke, Gebäude)

Zinsen
von lat.: census = Abgabe; Preis für die Überlassung von Geld

AUFGABEN

1. Erkläre, inwiefern die Kreditinstitute eine „Vermittlerposition" einnehmen.
2. „Die Banken sind der Motor der Wirtschaft." Erläutere diese Aussage.
3. Herr Maier ist Mitarbeiter des Unternehmens „Stahl AG" und erhält monatlich seinen Lohn auf sein Bankkonto überwiesen. Ziehe Rückschlüsse, welchen Einfluss seine Arbeit auf die gesamte Wirtschaft hat. Bearbeite zur Lösung die folgenden Aufgaben und stelle, wo möglich, deine Ergebnisse mithilfe des Modells des Wirtschaftskreislaufs dar:
   a) Erkläre, inwiefern die Lohnzahlung an Herrn Maier bereits mehrere Wirtschaftsakteure betrifft.
   b) Erläutere die Möglichkeiten von Herrn Maier, mit seinem Geld zu verfahren.
   c) Analysiere nun die Auswirkungen seines Handelns auf die anderen Wirtschaftsakteure.
   d) Nutze deine bisherigen Erkenntnisse, um zu erklären, dass von einem (Wirtschafts-)Kreislauf gesprochen wird.
4. *Partnervortrag:* „Auch ich bin bereits ein Teil des Wirtschaftskreislaufs." Konkretisiert diese Aussage, indem ihr euren Einfluss innerhalb des Wirtschaftskreislaufs darstellt.
5. Erkläre den Begriff Zinsspanne.

2 Der Aufbau des deutschen Bankensystems

In Deutschland gibt es circa 1.800 verschiedene Kreditinstitute, zusammen kommen diese auf knapp 28.000 Bankfilialen (Stand: Ende 2018). Doch wie unterscheiden sich die einzelnen Banken voneinander?

Grundsätzlich wird zwischen Universalbanken und Spezialbanken unterschieden:

- **Spezialbanken** stellen nur **eine oder sehr spezielle Dienstleistungen** zur Verfügung.
- **Universalbanken** bieten **zahlreiche Bankdienstleistungen** an. Sie können zudem noch weiter unterteilt werden.

Universalbanken

Privatbanken
Zu den Privatbanken gehören vor allem Großbanken, aber auch Zweigstellen ausländischer Banken oder private Regionalbanken. Sie sind privatrechtlich organisiert. Die Großbanken treten dabei als Aktiengesellschaften (AGs) auf und sind auf Gewinnmaximierung ausgelegt.

Beispiele: Deutsche Bank, Commerzbank, Deutsche Postbank

Öffentlich-rechtliche Banken (Sparkassen)
Die Eigentümer sind überwiegend öffentlich-rechtliche Träger, z. B. Gemeinden oder Kreise. Deshalb ist das Geschäftsgebiet in der Regel regional ausgelegt. Ihr Geschäftsschwerpunkt liegt in der Geldanlage und der Kreditversorgung. Da sie der Gemeinnützigkeit verpflichtet sind, steht die Gewinnmaximierung nicht im Mittelpunkt.

Beispiel: Sparkassen

Genossenschaftsbanken
Sie sind nicht auf Gewinnmaximierung orientiert und regional angesiedelt. Auch sie bieten viele verschiedene Finanzdienstleistungen an. Einige ihrer Kunden sind gleichzeitig Mitglieder, das heißt, sie haben Genossenschaftsanteile bei der Bank erworben und sind so zum Anteilseigner geworden.

Beispiele: Volksbanken, Raiffeisenbanken, PSD-Bank

Spezialbanken

Zu den Spezialbanken gehören zum Beispiel Bausparkassen und Bürgschaftsbanken. Jede Spezialbank kümmert sich nur um eine spezielle Bankdienstleisung, wie beispielsweise das Bausparen oder Bürgschaften.

WEBCODE

WES-116646-213
Film: Einfach erklärt: Banken

INFO

Bürgschaften
dienen zur Absicherung eines Vertrags. Der Bürge verpflichtet sich, für die Schulden des Hauptschuldners einzustehen, wenn dieser nicht bezahlen kann (siehe auch S. 80).

M1 Entwicklung der Bankfilialen

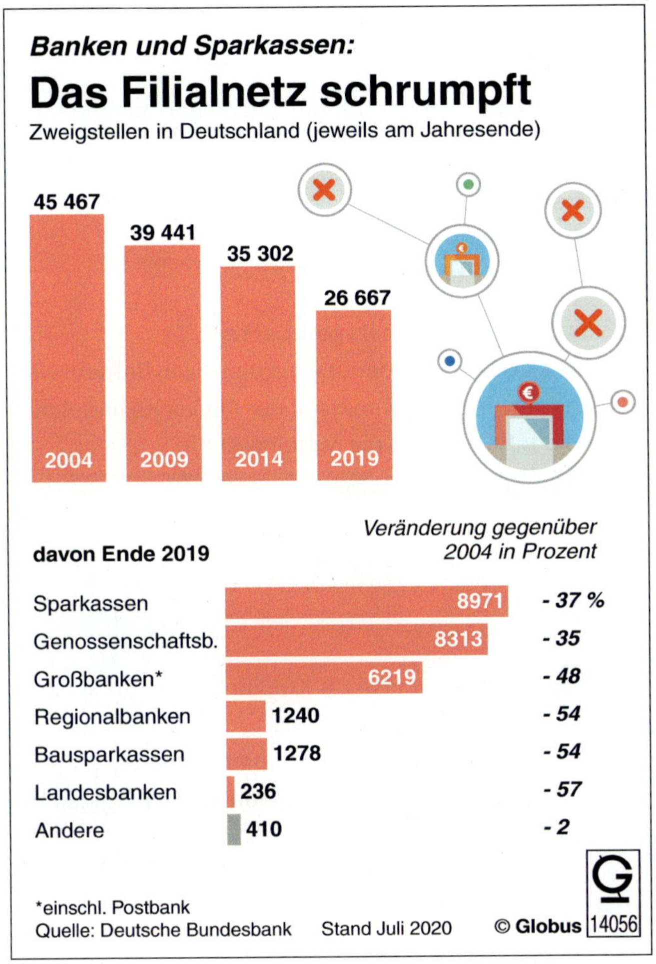

M2 „Bankensterben“ auf dem Land

„In den kommenden zehn Jahren werde nicht alle Filialen wegfallen, aber vielleicht in den kommenden 50 Jahren“, sagt Gökhan Öztürk, Partner bei [der Beratungsfirma] Oliver Wyman. Bestimmte Geschäfte wie Anlageberatung, sehr hohe Geldüberweisungen und der Hauskauf würden auch in den nächsten Jahren weiter über die Filialen laufen. Aber für viele andere Transaktionen wird die Zweigstelle nicht mehr gebraucht. Bargeld bekommen Kunden am Automaten, aber auch im Supermarkt an der Kasse. Überweisungen machen sie online. Die Vermittlung von Krediten läuft über Vergleichsportale im Internet. Die großen Banken stellen sich zwar in den Metropolen weiter in Repräsentationsfilialen zur Schau. Auf dem Land aber wird die Versorgung immer dünner.

Aus: Harald Freiberger/Markus Zydra, Drei Kunden pro Vormittag sind einfach zu wenig, in: https://www.sueddeutsche.de/wirtschaft/bankfiliale-deutsche-bank-commerzbank-bankensterben-1.4421844, München, 26.4.2019 (Zugriff: 28.1.2020)

AUFGABEN

1. a) Recherchiere, welche Banken es in deiner Region gibt, und erstelle eine Liste. Kennst du noch weitere Banken? Ergänze diese.
   b) Ordne die Banken aus Aufgabe 1a den verschiedenen Arten von Banken in der Tabelle auf S. 68 richtig zu.
2. Differenziere die verschiedenen Aufgabenbereiche von Universal- und Spezialbanken.
3. Analysiere das Schaubild M1:
   a) Berechne den Rückgang der Bankfilialen von 2004 zu 2019 (Anzahl und Prozent).
   b) Nenne die Art von Banken, die am meisten vom Filialsterben betroffen ist. Begründe deine Antwort.
4. a) Stelle die Gründe, die in M2 für das Schließen von Bankfilialen genannt werden, heraus.
   b) Nenne selbst noch weitere Gründe.
   c) Diskutiert Auswirkungen dieser Entwicklung im Klassenverband.

3 Bankgeschäfte

3.1 Bankgeschäfte im Überblick

Man unterscheidet drei Arten von Bankgeschäften, die du nacheinander bearbeiten wirst:

- **Dienstleistungsgeschäfte**,
- **Aktivgeschäfte** (Kreditgeschäfte),
- **Passivgeschäfte** (Einlagengeschäfte).

Warum spricht man von Aktiv- und Passivgeschäften?
Die Begriffe Aktiva und Passiva kennst du bereits aus dem Fach Betriebswirtschaftslehre/Rechnungswesen und der Bilanz. Auf der Aktivseite findet man die Mittelverwendung, auf der Passivseite die Mittelherkunft.

Aktiva	Bilanz eines Kreditinstituts Passiva
Mittelverwendung • Kredite an Kunden (Bank ist Gläubiger)	**Mittelherkunft** • Eigenkapital • Einlagen von Kunden (Bank ist Schuldner)

INFO

Die **Bankbilanz** oben ist sehr vereinfacht dargestellt. In der Regel enthält sie noch weitere Positionen, wie z. B. auf der Aktivseite sogenannte Barreserven (Kassenbestand).

Die Banken verwenden ihre Gelder, um diese als Kredite an die Kunden auszugeben (Aktivgeschäfte). Die Gelder haben sie (neben dem Eigenkapital) von ihren anderen Kunden, die zuvor Geld bei der Bank angelegt haben (Passivgeschäfte). In deinem Alltag kommst du allerdings wohl am häufigsten mit den Dienstleistungsgeschäften in Kontakt.

3.2 Dienstleistungsgeschäfte

Banken bieten neben der Kreditvergabe und dem Einlagengeschäft ein breites Spektrum an Dienstleistungen an, die für uns häufig schon ganz selbstverständlich sind.

Beratung

Depotgeschäfte

(bargeldloser) Zahlungsverkehr

Beratung
Die Banken bieten kostenlose Beratungen zu allen Vermögens- und Versicherungsfragen an. Der Kunde kann sich so umfassende Informationen zum Beispiel zum Thema Bausparen oder zur langfristigen Geldanlage einholen.

Depotgeschäfte
Unter Depotgeschäften versteht man die Verwahrung und Verwaltung von Wertpapieren. Zu Wertpapieren erfährst du mehr in Kapitel II.4.1, S. 86–91.

(Bargeldloser) Zahlungsverkehr

Unter Zahlungsverkehr versteht man alle Bewegungen von Geldmitteln (mit Bargeld oder bargeldlos). Diese Dienstleistungen der Kreditinstitute werden häufig über die Kontoführungsgebühren abgedeckt.

Einzahlungen

Auszahlungen

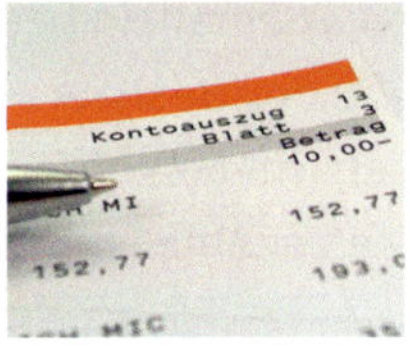
Kontoauszug

Girocard

Kreditkarte

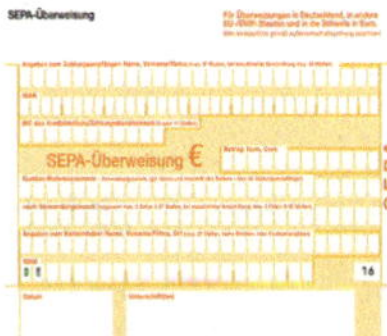
Überweisung

Dauerauftrag

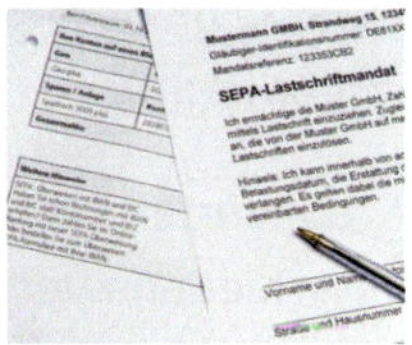
Lastschrift

Ein- und Auszahlungen

Ein- und Auszahlungen kannst du in der Bankfiliale am Schalter tätigen, aber auch ganz einfach an einem Geldautomaten mithilfe der Girocard.

Kontoauszug

Ein Kontoauszug zeigt alle Kontobewegungen eines bestimmten Zeitraumes sowie deinen aktuellen Kontostand. Du kannst ihn an einem Automaten mithilfe der Girocard ausdrucken, aber auch beim Onlinebanking digital anzeigen lassen (mehr zum Onlinebanking auf S. 75).

Girocard

Mit der Girocard (bis 2007 als „EC-Karte" bekannt) kannst du u. a.:

- **Bargeld am Geldautomat** im Inland und zum Teil auch im Ausland abheben (Achtung, bei manchen Automaten können Gebühren anfallen!),
- **Kontoauszüge** am Automaten ausdrucken,
- **bargeldlos bezahlen,**
- (teilweise) **Prepaid-Funktionen** (Geldkarte bzw. girogo) nutzen.

Für die Nutzung dieser Funktionen musst du meistens eine **PIN** eingeben. Beim Bezahlen an der Kasse kann statt der PIN auch deine **Unterschrift** erforderlich sein.
Du kannst ebenfalls **kontaktlos** mit der Girocard bezahlen, indem du sie dicht an das Bezahlterminal hältst. Deine Karte und das Bezahlterminal müssen dazu kontaktlosfähig sein.

Die Girocard ist eine **Debitkarte**, das heißt, bei Verwendung der Karte wird das Girokonto sofort belastet.

INFO

Mit der **Prepaid-Funktion girogo** kann die Girocard mit einem Guthaben von max. 200 € aufgeladen werden. Beim Bezahlen wird der Betrag von diesem Guthaben abgezogen.
Mit girogo ist es möglich, überall dort kontaktlos zu bezahlen, wo girogo akzeptiert wird.
Die Eingabe einer PIN oder eine Unterschrift sind nicht notwendig. Ob deine Karte die Prepaid-Funktion girogo hat, erkennst du am girogo-Logo.

M1 Bargeldlos gewinnt immer mehr an Bedeutung

M2 Kreditkartenzahlung

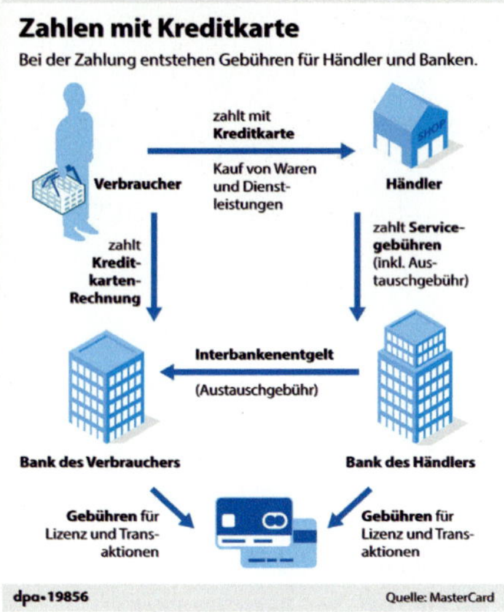

Kreditkarte

Bekannte Kreditkartenunternehmen sind z. B. Mastercard, Visa oder American Express. Auch mit der Kreditkarte kannst du **weltweit bargeldlos bezahlen** und **Geld abheben**.

Die klassische Kreditkarte hat ein bestimmtes Limit, das sich nach der **Bonität** (Zahlungsfähigkeit) des Besitzers richtet. Bis zu diesem Limit kannst du in einem Monat verfügen. Im Folgemonat erhältst du dann eine Rechnung, die du ganz oder teilweise bezahlen musst. Durch diese spätere Zahlung wird ein **Kredit** eingeräumt.

Es gibt auch andere Varianten der Kreditkarte, wie z. B. die **Prepaid-Kreditkarten**, die du immer mit einem Geldbetrag aufladen musst, damit du sie nutzen kannst.

Kreditkarten haben zudem häufig noch einige **Zusatzleistungen**, wie z. B. verschiedene Versicherungen oder ein Bonuspunktesystem.

Überweisung

Mit einer SEPA-Überweisung kannst du Geldbeträge von deinem Konto auf ein anderes Konto übertragen. Dazu musst du deine Bank damit beauftragen. Die **SEPA-Überweisung** (SEPA = **S**ingle **E**uropean **P**ayment **A**rea = Einheitlicher Euro-Zahlungsverkehrsraum) ist seit Februar 2016 für alle Pflicht. Sie wurde eingeführt, um eine einheitliche bargeldlose Zahlung innerhalb Europas festzulegen.

Der Auftrag funktioniert entweder mit einem **Überweisungsformular** oder per **Online-Überweisung** im Onlinebanking.

Beispiel für eine Online-Überweisung

Schon automatisch hinterlegt:
eigene **IBAN**
(in Deutschland 22 Zeichen, z. B.:
DE 12 9876 5432 0000 1234 56

Länderkennzeichen
Prüfziffer
Bankleitzahl
Kontonummer

→ Auftraggeber: Giro Digital / DE12 9876 5432 0000 1234 56 / Mustermann, Sonja

Auftragsart: Überweisung

Zahlungsart:

Name des Empfängers → Begünstigter (Name oder Firma):

IBAN des Empfängers, die **BIC** wird meist automatisch generiert → IBAN:

Geldbetrag → Betrag: EUR

Verwendungszweck → Verwendungszweck:

Die **IBAN** (**I**nternational **B**ank **A**ccount **N**umber) ist die internationale Bankkontonummer. Die **BIC** (**B**usiness **I**dentifier **C**ode) ist die internationale Bankleitzahl und wird bei Überweisungen innerhalb Deutschlands nicht benötigt.

Bei einem Überweisungsformular benötigt man deine **Unterschrift**, die Online-Überweisung funktioniert mit einer **TAN** (mehr hierzu auf S. 75).

Eine Überweisung geht sehr schnell, denn innerhalb des europäischen Wirtschaftsraums muss eine Überweisung in Euro beim Onlinebanking innerhalb von einem Tag, bei einem Überweisungsformular innerhalb von zwei Tagen erledigt sein.

Dauerauftrag
Bei einem Dauerauftrag beauftragst du dein Kreditinstitut, regelmäßig zu einem bestimmten Zeitpunkt (z. B. jeden Ersten des Monats) einen festen Geldbetrag zu überweisen. Dies bietet sich bei **regelmäßigen Zahlungen mit gleichbleibenden Beträgen** an, wie z. B. Mietzahlungen, Leasingraten, Mitgliedsbeiträgen.

Durch den eingerichteten Dauerauftrag besteht keine Gefahr mehr, dass du wichtige regelmäßige Zahlungen vergisst.

Lastschrift
Im Gegensatz zur SEPA-Überweisung beauftragt bei der SEPA-Lastschrift der **Zahlungsempfänger** (Gläubiger) seine Bank, einen bestimmten Geldbetrag vom **Zahlungspflichtigen** (Schuldner) abzubuchen. Hierzu musst du als Schuldner vorher eine Erlaubnis in Form eines **SEPA-Lastschriftmandats** erteilen. Diese kannst du jederzeit widerrufen und einmalig oder unbefristet für wiederkehrende Zahlungen erteilen.

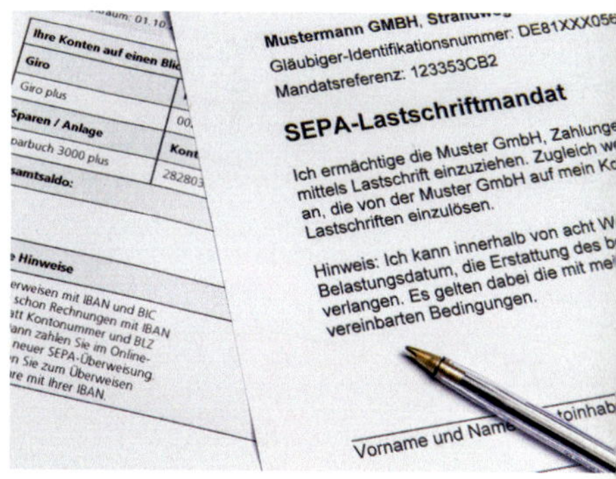

Bei Verbrauchern spricht man von der **SEPA-Basislastschrift**, bei Unternehmen von der **SEPA-Firmenlastschrift**. Bei der SEPA-Basislastschrift kannst du als Schuldner bei Falschbuchungen das Geld innerhalb von acht Wochen ohne Angabe von Gründen zurückholen.

Das Lastschriftverfahren ist sinnvoll bei **wiederkehrenden Zahlungen**, die **nicht immer in gleicher Höhe** anfallen, wie z. B. Handyrechnungen. Es gibt aber auch viele Einmal-Lastschriften, denn bei der Zahlung mit der Girocard im Supermarkt oder der Tankstelle wird ebenfalls eine Lastschrift getätigt.

M3 Ablauf einer SEPA-Basislastschrift

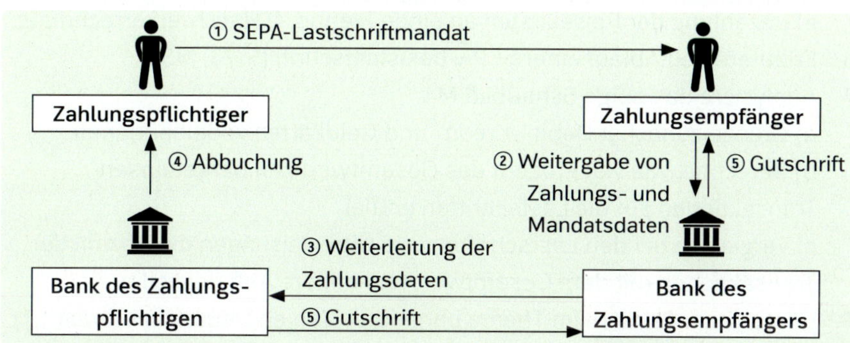

Nach: © 2020 Konto.org, bankfachklasse, Franke-Media.net, Leipzig, https://www.konto.org/lexikon/lastschrift/ (Zugriff: 13.1.2020) (verändert)

INFO

Onlinebezahldienste
Neben der klassischen Lastschrift werden häufig auch Onlinebezahldienste, wie z. B. Paypal, paydirekt, Klarna oder giropay, genutzt. Ihr Vorteil ist, dass sensible Daten, wie z. B. deine IBAN, nicht direkt an den Gläubiger weitergegeben werden müssen, sondern die Zahlung über den Bezahldienst abgewickelt wird.

INFO

Transaktionen
hier: Übertragung von Buchgeld

Geldkarten
können mit bis zu 200 Euro aufgeladen werden. Anschließend kann man kleinere Einkäufe mit der Karte bezahlen. Der jeweilige Betrag wird dann vom Guthaben abgezogen.

Schecks
stellen eine Zahlungsanweisung dar. Die Zahlung wird von der Bank des Ausstellers des Schecks an den Scheckinhaber getätigt. Schecks haben nur noch eine geringe Bedeutung.

M4 Bargeldloser Zahlungsverkehr

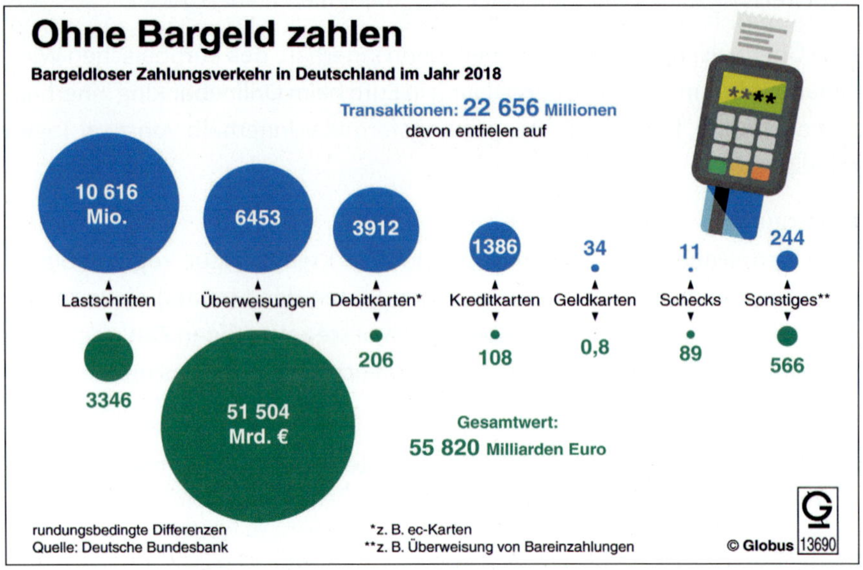

AUFGABEN

1. *Partnervortrag:* Sicherlich habt auch ihr bereits einige Dienstleistungsgeschäfte bei der Bank in Anspruch genommen. Nennt die Art der Dienstleistung und konkretisiert sie mit Beispielen aus eurem Alltag.
2. a) Beschreibe die Entwicklung der Bar- und der Kartenzahlung (S. 71, M1).
   b) Hinterfrage die Gründe, die dazu führten.
3. Erkläre das Bezahlverfahren mit der Kreditkarte (S. 72, M2).
4. Besorge dir ein Überweisungsformular deiner Bank und fülle es mit folgenden Daten aus:
   Empfänger: Mona Musterfrau
   IBAN: DE12 3456 7891 5555 0000 12
   Betrag: 100 €
   Deine IBAN und den Verwendungszweck kannst du dir aussuchen.
5. Begründe für folgende Zahlungen, welche Zahlungsart sinnvoll ist:
   a) monatliche Mietzahlung, b) Telefonrechnung,
   c) Kaugummikauf im Supermarkt, d) Tankrechnung,
   e) Bezahlung der Reisekosten an einen Freund, f) Handwerkerrechnung.
6. Erläutere den Ablauf einer SEPA-Basislastschrift (S. 73, M3).
7. Analysiere das obige Schaubild M4:
   a) Grenze zunächst Debit-, Kredit- und Geldkarten voneinander ab.
   b) Berechne, wie viel Prozent des Gesamtwerts an bargeldlosen Transaktionen auf die Lastschriften entfiel.
   c) Vergleiche bei den Lastschriften und Überweisungen die Anzahl der Transaktionen mit dem Gesamtwert und erkläre Auffälligkeiten.
8. „Viele Länder sind beim Thema bargeldlos Zahlen Deutschland weit voraus." Recherchiere im Internet zu dieser Aussage und diskutiert darüber in der Klasse.

3.3 Bankgeschäfte mit modernen Medien

Die modernen Medien sind heute allgegenwärtig. So können sie auch bei deinen alltäglichen Bankgeschäften zum Einsatz kommen.

Onlinebanking

Was? Onlinebanking ist die Abwicklung von Bankgeschäften per Internet. Bei Direktbanken erfolgt die Kontoabwicklung nur noch online.

Wie? Du kannst das Onlinebanking beantragen und dich dann über die Internetseite oder teilweise auch über eigene Programme anmelden. Jede Überweisung musst du durch eine **eigene TAN** (Transaktionsnummer) autorisieren. Es gibt verschiedene Verfahren:

- **mTAN:** Die TAN wird per SMS aufs Handy geschickt.
- **chipTAN:** Ein spezielles Kartenlesegerät generiert eine TAN nach Überprüfung der Chipkarte.
- **PhotoTAN:** Die Daten werden in einer Grafik oder einem Barcode chiffriert. Dies wird mit einem speziellen Lesegerät oder einer PhotoTAN-App eingescannt und die TAN angezeigt. (Das **QR-TAN**-Verfahren funktioniert nach dem gleichen Prinzip.)
- **pushTAN:** Eine spezielle App generiert die TAN.

M1 **Womit und wofür?**

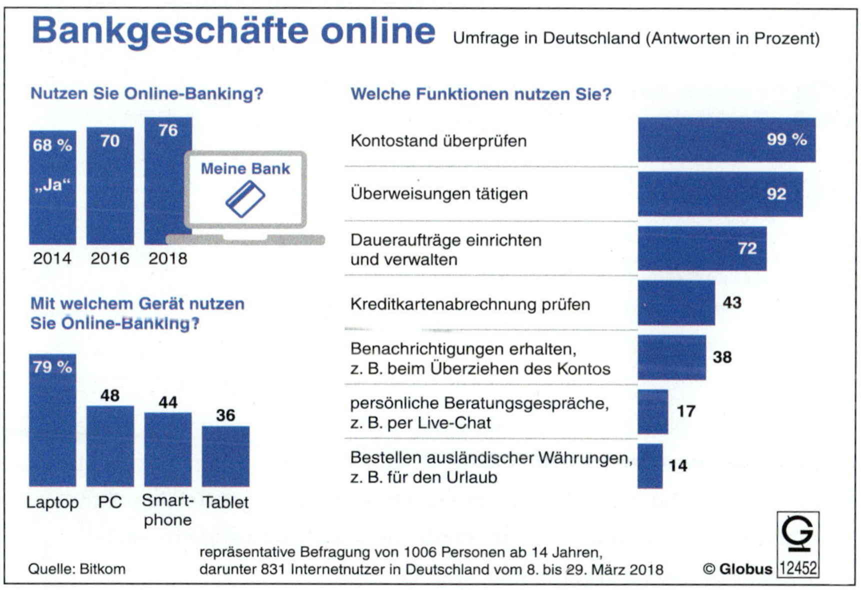

AUFGABEN

1. Analysiere das Schaubild M1 und führe eine eigene Umfrage zu diesen Themen in deiner Familie durch. Erstelle anschließend auch eine Infografik und besprecht eure Ergebnisse in der Klasse.
2. Diskutiert Vor- und Nachteile von Onlinebanking.
3. *Stühletausch:* Begründet, welches TAN-Verfahren ihr bevorzugen würdet. Recherchiert hierzu die Kosten und Sicherheit der Verfahren.

Mobile Payment (Mobiles Bezahlen)

Was? Mobile Payment ist das bargeldlose Bezahlen über ein mobiles Endgerät. Dafür musst du auf dem Gerät die **App** deiner Bank oder eines Drittanbieters (z. B. GooglePay, ApplePay) installieren und dein **Bankkonto hinterlegen**.

Wie? Mobile Payment funktioniert über die sogenannte **NFC** (**N**ear **F**ield **C**ommunication = Nahfeldkommunikation). Dafür musst du das Gerät an der Kasse an das kontaktlosfähige Bezahlterminal halten. Alternativ gibt es auch Mobile Payment mit **QR-Code**.

Womit? Mobile Payment ist mit dem **Smartphone**, aber auch mit **Tablet** oder **Smartwatch** möglich.

M2 Mobiles Bezahlen in Deutschland

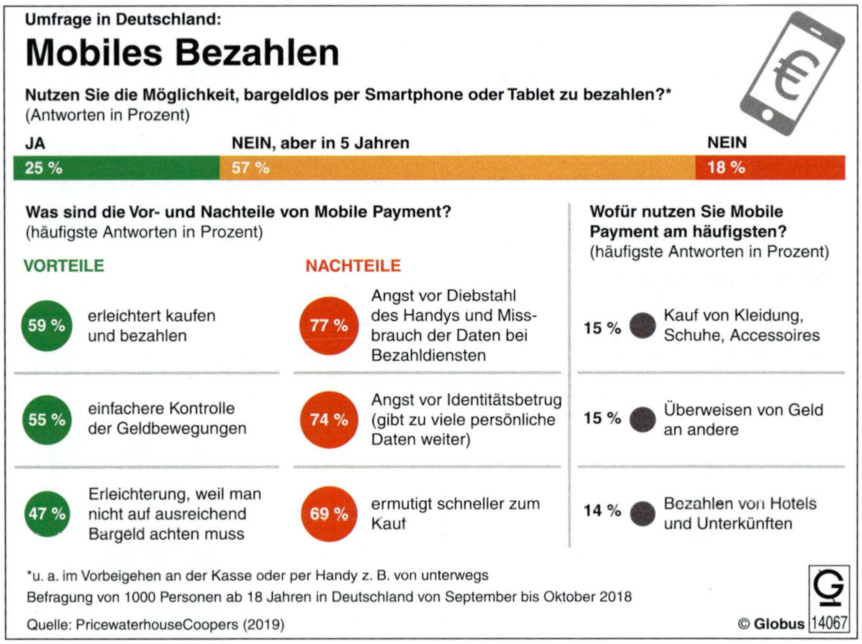

AUFGABEN

1. Informiere dich, ob deine Bank eine App für Mobile Payment anbietet.
2. Diskutiert Vor- und Nachteile von Mobile Payment. Nutzt hierfür M2.
3. a) *Partnervortrag:* Analysiert M2 hinsichtlich folgender Aspekte: Welche Informationen überraschen euch? Was hattet ihr erwartet?
   b) Diskutiert eure Ergebnisse in der Gruppe.
   c) Recherchiere aktuelle Zahlen und vergleiche sie mit den Zahlen in M2.
4. a) Achte die nächsten fünf Male beim Bezahlen an der Kasse darauf, ob Mobile Payment möglich ist. Führe eine Liste, bei welchen Geschäften es möglich ist und bei welchen nicht.
   b) Vergleicht eure Aufzeichnungen in der Klasse. Achtet zum Beispiel auf bestimmte Arten von Geschäften (Drogerie, Supermarkt etc.).
5. *Stühletausch:* Begründet, warum ihr Mobile Payment nutzt bzw. ob ihr es nutzen würdet.

Chancen und Gefahren moderner Medien bei Bankdienstleistungen

M3 Vor- und Nachteile moderner Medien

Jederzeit besteht durch die modernen Medien die Möglichkeit, Bankdienstleistungen überall nutzen zu können (z. B. **Onlinebanking** und **Mobile Payment**). Dies bietet sowohl für die Kunden als auch für die Kreditinstitute viele Chancen, birgt aber auch Gefahren, die man stets im Blick behalten sollte.

Chancen	Gefahren
• sehr flexibel: jederzeit und überall, da keine Bindung an Öffnungszeiten und Filialen; auch bequem von zu Hause aus möglich • schnelles Bezahlen möglich • Finanzen einfach im Überblick • kostensenkend für Banken, da Filialen gespart werden können	• Sicherheit der Bankdaten durch Hackerangriffe gefährdet • Haftungsfrage bei PIN- und TAN-Missbrauch problematisch, da Nachweis schwierig • schnellere Verleitung zum Kauf • Gefahr des „gläsernen Kunden": alle Zahlungen nachvollziehbar

Deswegen empfiehlt es sich, folgende **Tipps für den sicheren Umgang** mit modernen Medien bei Bankdienstleistungen zu berücksichtigen.

✓ Karten und PIN sorgfältig und nicht zusammen aufbewahren
✓ Kontobewegungen regelmäßig kontrollieren
✓ Karten bei Verlust sofort sperren (Zentrale Sperrnummer: 116 116)
✓ Login-Daten nie am PC speichern und nicht an öffentlichen PCs einloggen
✓ Virenschutz am PC installieren
✓ Mails mit unbekannter Herkunft löschen, keine Anhänge öffnen und niemals PIN und TAN weitergeben

AUFGABEN

1. *Stühletausch:* „Moderne Medien bei Bankdienstleistungen: Fluch oder Segen?" Beurteilt diese Frage. Nutzt hierzu M3.
2. Teilt die Klasse in drei Gruppen ein und fertigt, zum Beispiel auch am PC, jeweils ein Plakat an zu: **a)** Vorteilen, **b)** Nachteilen und **c)** Tipps zur Sicherung von Bankdienstleistungen und modernen Medien.

3.4 Aktivgeschäfte (Kreditgeschäfte)

Zu den Aktivgeschäften der Banken gehören insbesondere Kreditgeschäfte. Unter einem **Kredit** versteht man die **zeitliche Überlassung von Geldmitteln gegen Zahlung von Zinsen**.

Von **Darlehen** spricht man in der Regel bei mittel- bis langfristigen Krediten mit größeren Kreditsummen.

Durch den Kreditvertrag verpflichtet sich der Kreditnehmer zu verschiedenen **Zahlungen**.

Tilgung	+	Zinsen
= Rückzahlung des Kreditbetrags In der Regel sind dies gleichbleibende Beträge, die in regelmäßigen Abständen, meistens monatlich, zurückgezahlt werden. Manchmal sind auch Sondertilgungen möglich (unregelmäßige Einmalzahlungen).		= Preis für die Überlassung des Kredits Sie werden als Zinssatz (in Prozent) bezogen auf ein Jahr (p. a. = pro anno) angegeben und in der Regel von der Restschuld (= Kreditbetrag – Tilgung) berechnet.
= **regelmäßige Zahlungsrate** (z. B. monatlich, jährlich)		

Voraussetzungen für einen Kredit

- **Kreditfähigkeit:** Die Person muss voll geschäftsfähig sein. Dies ist eine notwendige Voraussetzung.
- **Kreditwürdigkeit:** Die Kreditwürdigkeit wird von der Bank zusätzlich im Hinblick auf folgende Punkte bewertet:
  - **persönliche Verhältnisse** (z. B. Zuverlässigkeit, Zahlungsmoral, Alter, Familienstand)
  - **wirtschaftliche Verhältnisse** (z. B. Einkommens- und Vermögensverhältnisse, Schufa-Eintragungen)

Unterscheidung von Krediten

Bankkunden benötigen aus den unterschiedlichsten Gründen einen Kredit, z. B. für ein neues Auto, ein Eigenheim oder den knappen Geldbeutel am Ende des Monats. Genauso vielfältig wie die Bedürfnisse der Kunden ist auch das Kreditangebot der Banken. Grundsätzlich können Kredite nach verschiedenen Kriterien unterschieden werden:

Laufzeit	Bereitstellung	Besicherung	Verwendungszweck
• kurzfristig: bis 1 Jahr • mittelfristig: 1 bis 4 Jahre • langfristig: über 4 Jahre	• tatsächliche Auszahlung • eingeräumte Kreditlinie	• besicherter Kredit • unbesicherter Kredit	• Produktivkredit (z. B. Investitions- oder Betriebsmittelkredit) • Konsumentenkredit (z. B. Autokredit)

INFO

Kreditwürdigkeit (Bonität)
ist die Fähigkeit des Kreditnehmers, die Zahlungen für einen Kredit leisten zu können.

Schufa
Schutzgemeinschaft für allgemeine Kreditsicherung
Sie sammelt kreditrelevante Informationen (z. B. Zahlungsmoral bei getilgten Krediten, offene Forderungen). Dadurch erhalten ihre Vertragspartner (z. B. Vermieter, Arbeitgeber, Kreditgeber) Informationen über die Kreditwürdigkeit ihrer Kunden.

besichert
bedeutet, dass der Kreditnehmer Sicherheiten zur Absicherung der Kreditsumme bereitstellen muss (siehe S. 80/81).

Verschiedene Arten von Krediten

Dispositionskredit

Laufzeit:	kurzfristig
Bereitstellung:	eingeräumte Kreditlinie
Besicherung:	in der Regel unbesichert
Verwendungszweck:	Überbrückung von kurzfristigen Liquiditätsengpässen

Beim Dispositionskredit, auch als Dispo bekannt, räumt die Bank beim Bankkonto des Kreditnehmers eine **Überziehungsmöglichkeit** ein. Dieser kann sein Konto nun bei Bedarf um einen bestimmten Betrag „überziehen", also z. B. mehr Geld abheben, als auf dem Konto ist. Die Rückzahlung erfolgt üblicherweise mit dem nächsten Gehaltseingang.

Die Höhe der Kreditlinie richtet sich nach den **monatlichen Geldeingängen** und der **Kreditwürdigkeit** des Kreditnehmers.

Vorteilhaft am Dispo ist, dass er **unkompliziert** zu handhaben ist und die Zinsen nur auf den **tatsächlich in Anspruch** genommenen Betrag gezahlt werden müssen. Demgegenüber stehen jedoch **überdurchschnittlich hohe Zinsen**.

Realkredit (auch Baufinanzierung oder Hypothekendarlehen)

Laufzeit:	langfristig
Bereitstellung:	tatsächliche Auszahlung
Besicherung:	besichert
Verwendungszweck:	Finanzierung von Immobilien, Renovierungen, Sanierungen

Der Realkredit dient zur Finanzierung von Immobilien und ist in der Regel durch den Eintrag einer **Grundschuld** (siehe S. 81) im Grundbuch besichert. Die Zinsen für diesen langfristigen Kredit werden häufig über eine bestimmte Zinsdauer festgeschrieben. Für die Abzahlung gibt es verschiedene Möglichkeiten:

- **Annuitätendarlehen:** gleichbleibende Zahlungsrate (Annuität), dabei nimmt die Tilgung zu und die Zinsen ab
- **Endfälliges Darlehen:** Zinsen werden regelmäßig gezahlt, parallel wird gespart und der Darlehensbetrag am Ende der Laufzeit komplett zurückgezahlt
- **Abzahlungsdarlehen:** gleichbleibende Tilgung, abnehmende Zinsen

Ratenkredit (auch Verbraucherdarlehen oder Konsumentenkredit)

Laufzeit:	mittel- bis langfristig
Bereitstellung:	tatsächliche Auszahlung
Besicherung:	besichert
Verwendungszweck:	Konsumgüterfinanzierung

Der Ratenkredit ist das klassische Darlehen zur Konsumgüterfinanzierung und wird in **gleichbleibenden monatlichen Raten** abbezahlt. Er kann zur freien Verfügung oder auch zweckgebunden, z. B. für einen Autokauf, ausgestaltet sein.

Die Höhe der Zinsen ist abhängig von der **Kreditwürdigkeit** des Kreditnehmers.

Avalkredit

Der Avalkredit ist kein Kredit im herkömmlichen Sinne, sondern ähnelt einer **Bürgschaft** (siehe S. 80). Bürgschaft ist auch die Bedeutung des Wortes Aval.

Die Bank **garantiert** einen **festgelegten Geldbetrag** als **Absicherung** gegenüber einem Dritten. Der Kreditnehmer erhält somit nicht direkt eine Geldsumme, sondern die Bank stellt ihm ihre Kreditwürdigkeit zur Verfügung.

Sollte der Kreditnehmer nicht zahlen können, so verpflichtet sich die Bank, die **offene Schuld zu begleichen**.

Für das Aval muss der Kunde eine **Avalprovision** bezahlen.

Besonders häufig ist das **Mietaval**. Dieses ersetzt z. B. die Mietkaution. Im Kautionsfall zahlt dann die Bank den geforderten Betrag.

M1 Rückzahlungsverhalten der Kreditnehmer

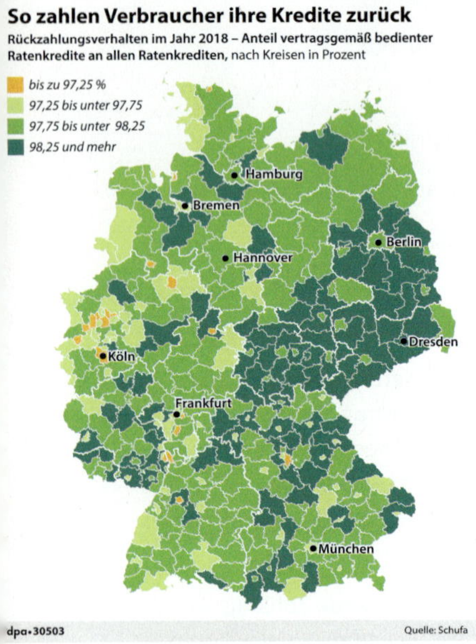

Kreditsicherheiten

Kreditsicherheiten dienen zur Absicherung von Krediten. Kann der Kreditnehmer nicht mehr bezahlen, so kann die Bank die Sicherheit als Ausgleich nehmen.

Man unterscheidet zwei Arten von Kreditsicherheiten:

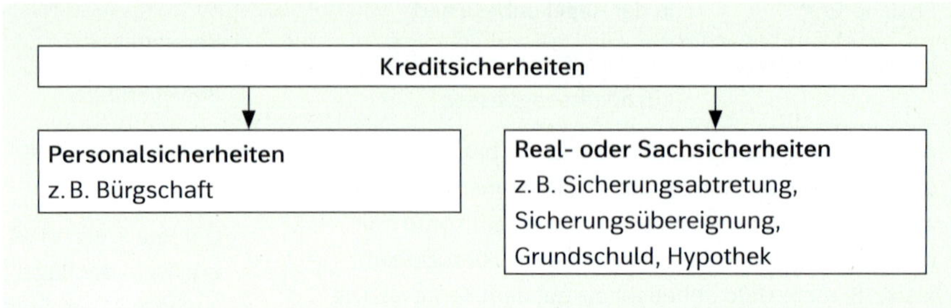

Bürgschaft

Bei einer Bürgschaft **verpflichtet** sich ein **Dritter** (**Bürge**) für den Kredit, den der Kreditnehmer aufgenommen hat, **zu haften**. Kann der Kreditnehmer seine Zahlungen nicht mehr leisten, muss der Bürge die Schulden begleichen. Dazu wird ein **Bürgschaftsvertrag** zwischen der Bank und dem Bürgen geschlossen. Die Bürgschaft endet, wenn der Kredit vollständig zurückgezahlt wurde.

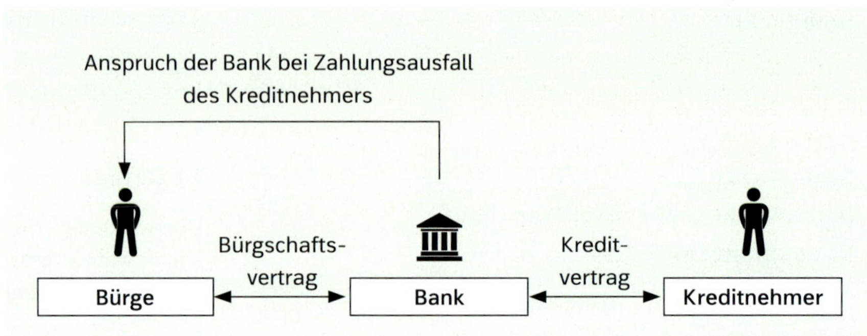

Sicherungsabtretung (Sicherungszession)

Bei der Sicherungsabtretung dienen **Forderungen** als Sicherheiten für die Bank. Forderungen, die eigentlich der Kreditnehmer gegenüber einem Dritten hat, gehen an die Bank. Es findet also ein **Gläubigerwechsel** statt.

Ein Beispiel hierfür sind **Lohn- und Gehaltsforderungen**. Bei Zahlungsausfall durch den Kreditnehmer kann sich die Bank an den Arbeitgeber wenden und von dort das Geld **direkt einfordern**. Die Lohn-/Gehaltsforderungen gehen also unmittelbar an die Bank und nicht mehr an den Kreditnehmer (siehe dazu auch das Bild links).

Weitere mögliche Forderungen sind z. B. Forderungen aus Sparguthaben bei anderen Banken, aus einer Lebensversicherung oder aus Mietverhältnissen.

Sicherungsübereignung

Der Kreditnehmer überträgt der **Bank** das **Eigentum** (**treuhänderisch**) an einer beweglichen Sache. Der **Kreditnehmer** aber bleibt im **Besitz** der Sache und darf sie weiterhin nutzen. Kann er nicht mehr bezahlen, so wird ihm die Sache entzogen.

Die Sicherungsübereignung findet oft beim Autokauf Verwendung. Wird dieser über einen Kredit finanziert, so übergibt der Kreditnehmer den Fahrzeugbrief an die Bank und erhält diesen erst nach Abzahlung des Kredits wieder zurück. Erst dann erhält er das volle Eigentum an dem Pkw.

INFO

treuhänderisches Eigentum
Die Bank erhält das Eigentum an der Sache mit der Bedingung, das Eigentumsrecht nicht zum eigenen Vorteil auszunutzen, z. B. den Pkw zu verkaufen, obwohl die Raten ordnungsgemäß bezahlt werden.

Grundschuld und Hypothek

Grundschuld und Hypothek sind **Grundpfandrechte** und kommen bei **unbeweglichen Dingen** wie Immobilien, zum Beispiel Grundstücken, zum Einsatz. Die Grundschuld bzw. Hypothek wird in das **Grundbuch** eingetragen. Kann der Kreditnehmer nicht mehr bezahlen, hat die Bank das Recht, das Geld durch **Zwangsversteigerung** der Immobilie zu erhalten.

INFO

Pfandrechte an beweglichen Sachen
werden heute eher selten von den Banken genutzt, da hier die Bank im Besitz der Sache sein muss.

Die **Hypothek** ist an das **Darlehen gebunden**, das heißt, über die Laufzeit des Kredits wird sie durch die Tilgung kleiner und steht nach vollständiger Rückzahlung nicht mehr im Grundbuch.

Die **Grundschuld** bleibt über die gesamte Laufzeit in gleicher Höhe erhalten und **besteht** auch nach vollständiger Tilgung des Kredits. Soll sie aus dem Grundbuch gelöscht werden, muss ein **Antrag** gestellt werden. Vorteilhaft an dem Bestehen der Grundschuld ist, dass bei erneuter Aufnahme eines Kredits direkt auf die bereits eingetragene Grundschuld im Grundbuch zurückgegriffen werden kann, wodurch Kosten gespart werden.

Mittlerweile besichern die Banken ihre Baukredite meistens mit der Grundschuld.

AUFGABEN

1. Begründe, welche Art von Kredit du in den folgenden Fällen empfehlen würdest. Gehe dabei auch darauf ein, ob eine Kreditsicherheit notwendig ist und, wenn ja, empfiehl auch diese.
   a) Grundstückskauf,
   b) Autosteuer am Ende des Monats,
   c) Küchenkauf.
2. Erkläre den Nutzen des Grundbuchs. Recherchiere hierzu im Internet.
3. Beim Spiel „Monopoly“ kannst du eine Hypothek aufnehmen. Begründe, warum das Spiel wohl eine Hypothek und keine Grundschuld gewählt hat.
4. „Der Dieselskandal 2015 bereitete einigen Banken Sorgen bezüglich ihrer Autokredite.“ Erläutere die Zusammenhänge.
5. *Placemat:* Analysiert M1 und diskutiert die Notwendigkeit von Kreditsicherheiten bei Ratenkrediten in Deutschland.

Die Gefahr der Überschuldung

Um ihre Verbindlichkeiten begleichen zu können, nehmen Schuldner häufig immer neue Kredite auf oder nutzen ihren Dispo aus. Dadurch entstehen neue finanzielle „Löcher" durch Zinsen und der Schuldenberg wächst immer weiter.

M2 Viele Kredite – viele Schulden

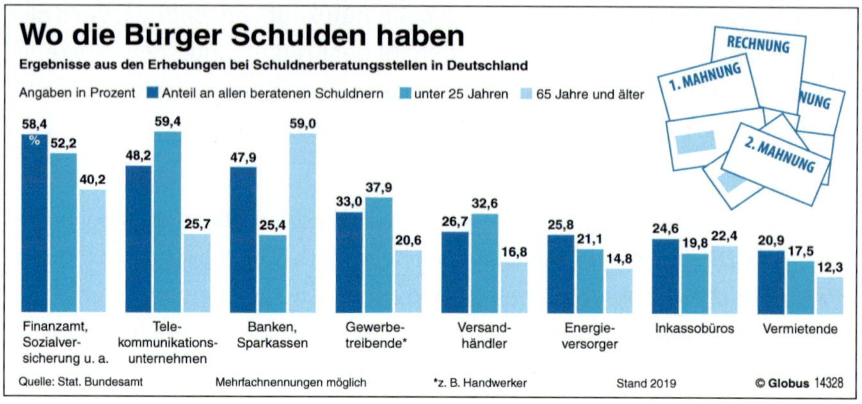

Verschuldet zu sein bedeutet erst einmal nur, dass eine Person Schulden hat. Das ist zunächst kein Problem, wenn diese Schulden (z. B. durch eine Kreditaufnahme) ordentlich zurückgezahlt werden können.

Von **Überschuldung** spricht man, wenn das **Vermögen nicht mehr ausreicht, um die Schulden zu decken**. Laut Schuldner-Altas 2018 betrug die Überschuldungsquote in Deutschland rund **10%**, das bedeutet, dass **6,9 Millionen** Bundesbürger über 18 Jahren überschuldet waren. Männer waren von Überschuldung häufiger betroffen als Frauen. Bayern hatte im Bundesländervergleich 2018 die niedrigste Überschuldungsquote.

M3 Überschuldung: Wieso? Wie viel?

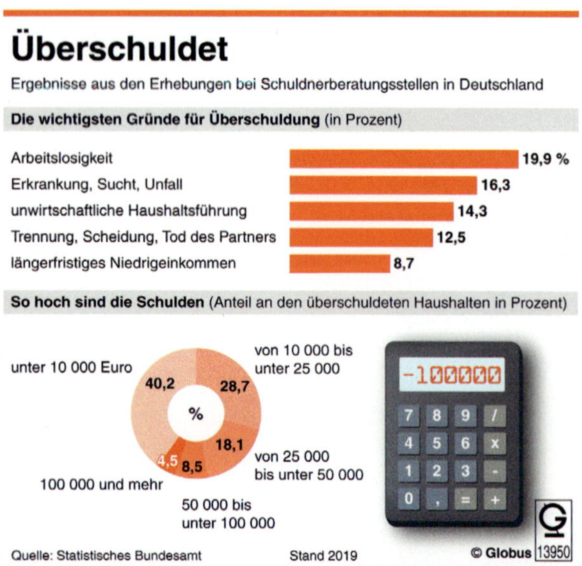

Gründe für Überschuldung

Wie in M3 zu erkennen ist, liegen die Ursachen für Überschuldung häufig in **äußeren Umständen**, die die betroffenen Personen oft nicht selbst verantwortet haben, z. B. Arbeitslosigkeit oder Unfälle. Dennoch ist auch circa jeder Achte aufgrund unwirtschaftlicher Haushaltsführung verschuldet.

Verlockende Angebote wie „Kaufe jetzt – zahle später" verführen schnell zum Kaufen. Hierfür wird das Konto überzogen oder bargeldlos z. B. mit der Kreditkarte gekauft und erst später bezahlt. Doch wenn „später" ist und die Raten für die Käufe, die hohen Dispozinsen oder die Kreditkartenabrechnung beglichen werden müssen, wird manchem Verbraucher bewusst, dass er sich das alles gar nicht hätte leisten können. Häufig kommen noch **ungenügende finanzielle Kenntnisse** der Betroffenen hinzu.

Besonders die jüngere Altersgruppe ist von „unwirtschaftlicher Haushaltsführung" betroffen (siehe M4). Deshalb solltest auch du dir frühzeitig dein **eigenes Konsumverhalten bewusst machen**.

M4 Überschuldungsfalle: eigenes Konsumverhalten

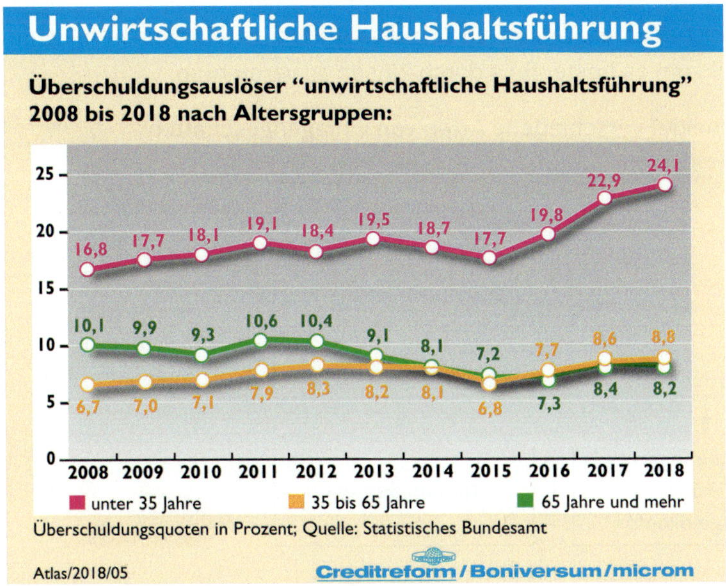

M5 Junge Schuldner

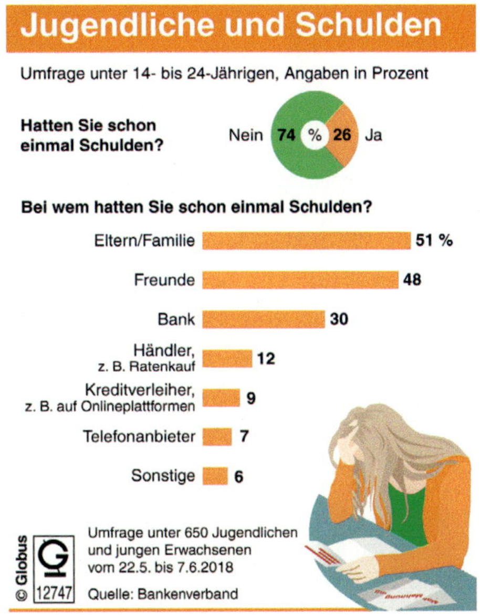

Maßnahmen zur Problemlösung und Prävention

Zuallererst ist es wichtig, dass man sich seine **finanzielle Situation eingesteht** und entsprechend **handelt**. Der folgende Maßnahmenkatalog kann zum Teil bereits zur Prävention genutzt werden, um gar nicht erst in die Überschuldung zu geraten:

- **Überblick** über die **Einnahmen** und **Ausgaben** verschaffen und diese regelmäßig **kontrollieren**,
- **Ausgaben senken** (z. B. durch Vermeidung verzichtbarer Kosten wie Rauchen, Urlaub, Markenartikel, Restaurantbesuche, entbehrliche Mitgliedschaften oder Zeitungsabonnements) und **Einnahmen erhöhen** (z. B. durch Überstunden, Nebenjob),
- **Schuldenübersichtsplan erstellen** (alle Schulden mit Datum, Frist, Höhe etc. dokumentieren),
- **Schuldnerberatungsstellen** aufsuchen,
- **Verbraucherinsolvenz (Privatinsolvenz)** als letztes Mittel.

INFO

Schuldnerberatungsstellen
gibt es von öffentlichen Anbietern und in der Regel kostenlos (z. B. Diakonie, Caritas), von privaten Anbietern (Verbände und Vereine) oder bei Rechtsanwälten.

Verbraucherinsolvenz
Ein Verbraucherinsolvenzverfahren kann ein Schuldner beantragen, nachdem eine außergerichtliche Einigung gescheitert ist. Nach sechs Jahren ist der Schuldner schuldenfrei. Zuvor hat er jedoch strenge Auflagen zu befolgen.

AUFGABEN

1. Überprüfe dein eigenes Schuldnerverhalten:
   a) Hattest du bereits Schulden bei einer der in M5 genannten Gruppen? Falls ja, notiere dir auch die ungefähre Höhe deiner Schulden.
   b) Warst du selbst schon einmal überrascht darüber, wie viel Geld du ausgegeben hast? In welchen Situationen? Wie hoch waren diese Ausgaben und wodurch sind diese entstanden?
   c) Erstelle einen tabellarischen Überblick über deine Einnahmen und Ausgaben der nächsten zwei Wochen.
2. Stelle die Gründe für Überschuldung und Gegenmaßnahmen in einer Übersicht dar. Nutze hierfür auch M2 bis M4.

3.5 Passivgeschäfte (Einlagengeschäfte)

Die Passivgeschäfte der Banken sind Einlagengeschäfte. Kunden bringen ihr Geld zur Bank, um es bestenfalls durch Zinsen zu vermehren.

Man unterscheidet verschiedene Arten von Einlagengeschäften:

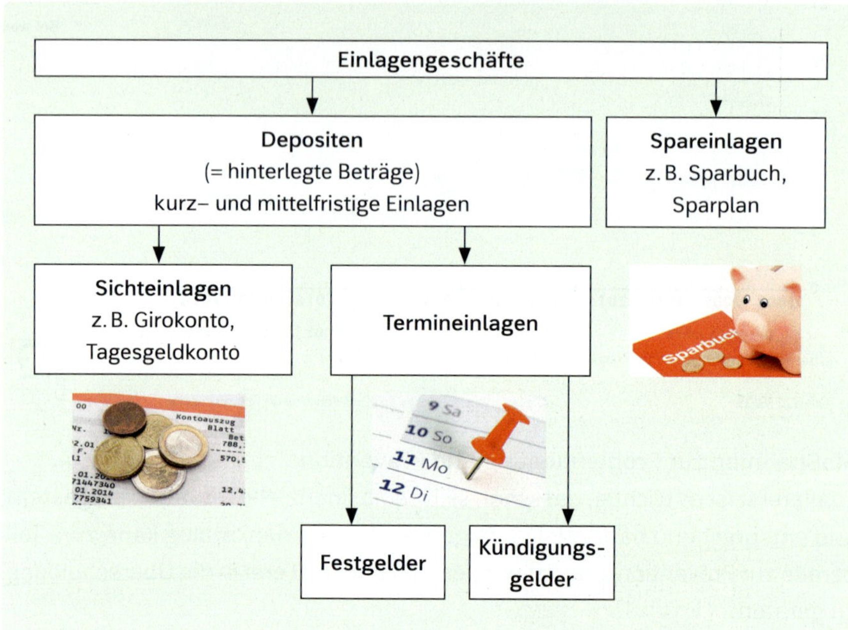

Sichteinlagen

Laufzeit/ Kündigungsfrist:	keine
Verzinsung:	keine oder sehr geringe

Bei Sichteinlagen kann **jederzeit** über das Guthaben verfügt werden. Beispiele für Sichteinlagen sind das **Girokonto** oder das **Tagesgeldkonto**.

Beim **Girokonto** erhält der Kunde in der Regel keine Zinsen. Oft ist es sogar so, dass **Kontoführungsgebühren** gezahlt werden müssen. Über das Girokonto kann der **tägliche Zahlungsverkehr**, z. B. Geld abheben, Überweisungen (siehe S. 71–73), einfach getätigt werden.

Beim **Tagesgeldkonto** erhält der Anleger Zinsen. Diese sind jedoch sehr niedrig und variabel. Über das Tagesgeldkonto kann der Zahlungsverkehr nicht direkt abgewickelt werden. Hierfür muss das Geld zunächst auf ein **Referenzkonto**, meist das Girokonto, umgebucht werden. Dabei gibt es aber keine Begrenzungen in der Höhe der Geldsumme. Dadurch ist auch das Tagesgeldkonto sehr **flexibel nutzbar**.

Termineinlagen

Laufzeit/ Kündigungsfrist:	jeweils mindestens 30 Tage
Verzinsung:	Zinsen, je nach Laufzeit

Termineinlagen sind ausschließlich zum **Sparen** und nicht für den Zahlungsverkehr ausgelegt. Sie sind **nicht täglich verfügbar**, sondern auf eine bestimmte **Laufzeit** oder eine bestimmte **Kündigungsfrist** (je mindestens 30 Tage) festgelegt. Da die Banken dadurch besser kalkulieren können, sind sie höher verzinst als Sichteinlagen. In der Regel gilt: **je länger die Laufzeit, desto höher die Zinsen.** Unterschieden werden **Festgelder** und **Kündigungsgelder**.

Bei **Festgeldern** wird das Geld über eine **vereinbarte Laufzeit** zu einem **festen Zinssatz** angelegt. Nach Ende der Laufzeit werden diese dann ohne Kündigung fällig.

Kündigungsgelder haben keine feste Laufzeit, aber können nur zu der **vereinbarten Kündigungsfrist** gekündigt werden. Meist sind diese **variabel verzinst**.

Spareinlagen

Laufzeit: unbefristet
Kündigungsfrist: mindestens 3 Monate

Verzinsung: variable Zinsen

Auch die Spareinlagen dienen nicht dem Zahlungsverkehr. Sie werden immer **beurkundet**. Im Gegensatz zu den Termineinlagen sind **nachträgliche oder regelmäßige Einzahlungen** möglich. Auf Spareinlagen erhalten Anleger **variable Zinsen**. Diese werden jährlich dem Anlagekapital gutgeschrieben. Beispiele für Spareinlagen sind das Sparbuch oder Sparpläne.

Spareinlagen können jederzeit unter Einhaltung der Kündigungsfrist gekündigt werden. Banken bieten meist einen **monatlichen Freibetrag** (in der Regel 2.000 Euro) an, über den auch ohne Kündigung verfügt werden kann.

M1 Geldanlagen

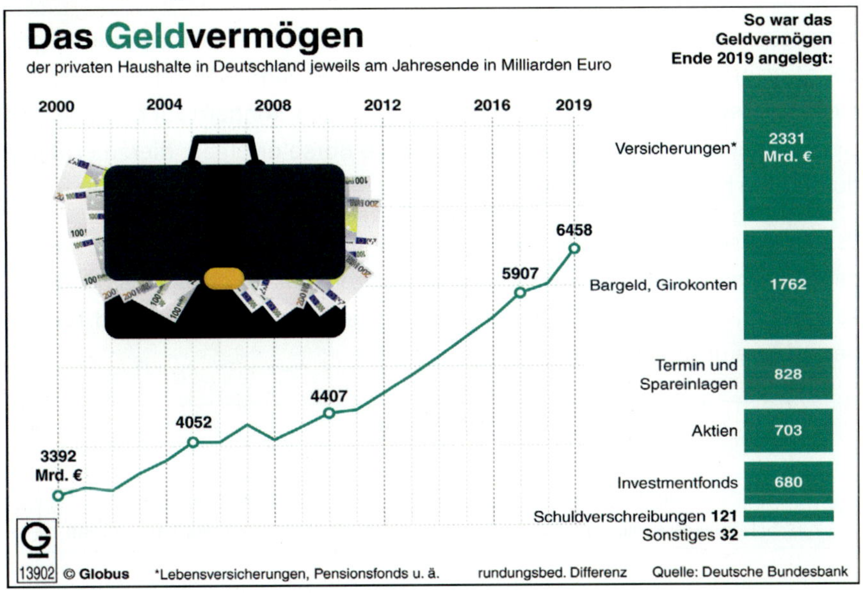

INFO

Wie in M1 zu erkennen ist, gibt es außer den Sicht-, Termin- und Spareinlagen noch andere Formen der Geldanlage. Diese behandelst du im folgenden Kapitel.

AUFGABEN

1. Begründe, welche Einlagenform in den folgenden Fällen geeignet ist:
   a) Sparen für den Führerschein, b) Konfirmationsgeld anlegen,
   c) Sparen für eine eventuell bald fällige Autoreparatur.
2. Bei Festgeldern und Spareinlagen ist es möglich, auch ohne Einhaltung der Kündigungsfrist über sein Geld zu verfügen, allerdings nur mit finanziellen Einbußen. Begründe dies.
3. a) Berechne, wie viel Prozent des Geldvermögens 2019 in Termin- und Spareinlagen angelegt waren (M1).
   b) Ende 2017 waren noch circa 14 Prozent des Geldvermögens in Termin- und Spareinlagen angelegt. Berechne den Eurobetrag (M1).
   c) Begründe, ob du berechnen kannst, wie viel Prozent 2019 auf die Sichteinlagen entfielen (M1).

4 Geldanlagemöglichkeiten im Vergleich

Mit den Einlagengeschäften der Banken kennst du bereits einige Möglichkeiten der Geldanlage. Doch neben der Geldanlage auf Konten bei deiner Bank gibt es noch viele weitere Optionen.

4.1 Geldanlage in Wertpapieren

Benjamin hat 15.000 Euro von seiner Tante geerbt. Er möchte das Geld nicht direkt ausgeben, sondern für später sparen. Sein Kumpel meint, er solle seine Erbschaft in Wertpapieren anlegen. Doch damit kennt sich Benjamin noch überhaupt nicht aus. Er informiert sich über seine Möglichkeiten.

Wertpapiere sind Dokumente, durch die der Besitzer **Rechte an einem bestimmten Vermögen** erhält. Nur durch den Besitz des Wertpapiers (früher physisch, heute oft digital) kann das Recht wahrgenommen werden.

Wertpapiere können **gehandelt** werden. Hierfür wird ein **Wertpapierdepot** benötigt, in dem die gekauften Wertpapiere aufbewahrt werden. Heute findet diese Aufbewahrung ebenfalls nicht mehr physisch, sondern auf Konten statt. Der Handel mit Wertpapieren kann über die Börse erfolgen, hierzu erfährst du mehr in Kapitel II.5, S. 98–107.

Es gibt **verschiedene Arten von Wertpapieren**. Im Folgenden geht es allerdings nur um die Wertpapiere, die zur Vermögensanlage geeignet sind. Diese kann man je nach dem damit verbundenen Recht in **Gläubiger- und Teilhaberpapiere** unterscheiden.

Wertpapiere

- **Gläubigerpapiere**
  z. B. Schuldverschreibungen, Anleihen
- **Teilhaberpapiere**
  z. B. Investmentzertifikate, Aktien

Gläubigerpapiere

Gläubigerpapiere enthalten das **Recht auf Rückzahlung der verbundenen Forderung** und der entsprechenden **Zinsen**. Das bedeutet, dass Benjamin durch den Kauf dem Herausgeber quasi einen Kredit gewähren würde. Er wäre somit **Gläubiger** gegenüber einem Schuldner und besäße das Recht auf die Rückzahlung seines Geldes (**Forderungsrecht**) zuzüglich der Zinsen.

Beispiel: Wenn Benjamin seine 15.000 Euro in Gläubigerpapieren anlegt, dann stellt er damit dem Herausgeber einen Kredit über 15.000 Euro zur Verfügung. Dafür würde er Zinsen und am Ende der Laufzeit seine 15.000 Euro zurückerhalten.

Benjamin wäre allerdings **nicht der einzige Gläubiger**. Der Schuldner teilt seinen insgesamt benötigten Kreditbetrag in mehrere gleich große Teile auf, die die Anleger dann für eine bestimmte Laufzeit erwerben können.

Je nach **konkreter Ausgestaltung** werden Gläubigerpapiere z. B. auch Schuldverschreibungen, Anleihen, Obligationen oder Rentenpapiere genannt. Sie unterscheiden sich in den folgenden **Bausteinen**:

a) Laufzeit	b) Herausgeber (Emittenten)	c) Zinsen	d) Rückzahlung (Tilgung)

a) Laufzeit
Bei der Laufzeit gibt es folgende Möglichkeiten:
- **kurzfristig:** bis ca. vier Jahre,
- **mittelfristig:** ca. vier bis acht Jahre,
- **langfristig:** ab ca. acht Jahre.

b) Herausgeber (Emittenten)
Herausgeber von Gläubigerpapieren sind:
- **öffentliche Hand**, z. B. Staaten wie die Bundesrepublik Deutschland, Bundesländer, Kommunen,
- **Kreditinstitute** (Banken), z. B. Genossenschaftsbanken, Sparkassen,
- **Industrieunternehmen.**

Die Gläubigerpapiere öffentlicher Stellen heißen **öffentliche Anleihen**. Bei den Kreditinstituten spricht man z. B. von **Bankschuldverschreibungen** und Pfandbriefen. Industrieunternehmen geben **Industrieobligationen** aus.

Ratingklassen stufen die Bonität ein. Sie reichen z. B. von AAA bis D. AAA bedeutet die höchste Bonität.

c) Zinsen
Jeder Emittent besitzt eine unterschiedlich gute **Bonität**, wodurch das Gläubigerpapier sicherer oder risikoreicher ist. Besonders sicher sind z. B. die Staatsanleihen der Bundesrepublik Deutschland.

Je besser jedoch die **Bonität** ist, desto **niedriger** sind die **Zinsen**. Bei Gläubigerpapieren mit niedriger Bonität und damit hohem Ausfallrisiko spricht man von Ramsch-Anleihen, Schrott-Anleihen oder Junk-Bonds.

Benjamin hat somit die Wahl: höheres Risiko und höhere Zinsen oder niedriges Risiko und niedrigere Zinsen.

Die Zinsen der Gläubigerpapiere können für die gesamte Laufzeit **fest** (**„Straight"**) oder auch **variabel** (**„Floater"**) sein. Der Zinssatz bleibt also entweder über die gesamte Laufzeit gleich oder er wird in festgelegten Abständen (z. B. halbjährlich) an das aktuelle Zinsniveau angepasst.
Bei **Nullkuponanleihen** erfolgt keine Zinszahlung während der Laufzeit, sondern erst vollständig am Ende der Auszahlung.

d) Rückzahlung (Tilgung)
Bei der Tilgung von Gläubigerpapieren werden unterschieden:

- **gesamtfällige Anleihe:** Tilgung in einer Summe am Ende der Laufzeit,
- **Tilgungsanleihe:** Tilgung in festgelegten Teilzahlungen,
- **ewige Anleihe:** keine Rückzahlung, sondern unbegrenzte Zinszahlung.

INFO

vorzeitiger Verkauf
Gläubigerpapiere können auch vor dem Ende der Laufzeit wieder verkauft werden. Dabei kann der Wert des Gläubigerpapiers über oder unter dem ursprünglichen Wert liegen. Gründe dafür sind z. B., dass sich das Zinsniveau verändert, oder die Bonität des Herausgebers.

Teilhaberpapiere

Teilhaberpapiere enthalten ein **Mitgliedschaftsrecht** an einer **Gesellschaft**. Das bedeutet, Benjamin wäre **Miteigentümer** an einer Gesellschaft und hätte z. B. das Recht auf **Gewinnbeteiligung**.

Aktien

An der **Rechtsform Aktiengesellschaft** (AG) kann man die Unternehmen erkennen, die Aktien ausgeben. Dazu teilt die Aktiengesellschaft ihr Eigenkapital in eine bestimmte Anzahl an Aktien auf. Mit dem Erwerb dieser Aktien ist ein Anleger dann Miteigentümer an der AG.
Beispiel: Eine Aktiengesellschaft teilt ihr Eigenkapital in Höhe von 1.000.000 Euro in 10.000 Aktien auf. Eine Aktie hat damit einen Wert von 100 Euro. Würde Benjamin seine 15.000 Euro in diese Aktien investieren, so gehörten ihm 150 Aktien. Das entspricht einem Anteil von 150 Zehntausendstel (1,5 %) an dem Unternehmen. Benjamin wäre nun ein Aktionär.

Auch bei Aktien gibt es **verschiedene Arten: Stamm- und Vorzugsaktien**.

Als Eigentümer von **Stammaktien** besäße Benjamin folgende Rechte:

- **Recht auf Gewinnausschüttung (Dividende)**
  Als Miteigentümer würde Benjamin am Gewinn des Unternehmens beteiligt werden. Die Hauptversammlung entscheidet jedoch, wie hoch diese Gewinnbeteiligung jedes Jahr ist, denn Teile des Gewinns können z. B. auch zur Finanzierung von Erweiterungen verwendet werden.
- **Recht auf Teilnahme an der jährlichen Hauptversammlung**
  Als Aktionär dürfte Benjamin an der Hauptversammlung teilnehmen und hätte zudem für jede Aktie ein Stimmrecht.
- **Bezugsrecht auf junge Aktien**
  Gibt die AG neue Aktien aus, so verlieren die bestehenden Aktien an Stimmrecht. Deshalb erhalten die Aktionäre durch das Bezugsrecht das Recht, neue Aktien zu erwerben.
- **Recht auf Beteiligung am Erlös bei Auflösung**
  Wird die AG aufgelöst, so haben die Aktionäre das Recht, am Verkaufserlös beteiligt zu werden.

INFO

Hauptversammlung
Die Hauptversammlung ist eine Versammlung aller Aktionäre. Diese werden dort über die Entwicklung des Unternehmens informiert und stimmen über diverse Entscheidungen ab.

Vorzugsaktien dagegen verbriefen bestimmte **Vorzugsrechte**. So hat der Aktionär beispielsweise ein Recht auf eine **höhere Dividende**. Im Gegenzug hat er dann etwa **kein Stimmrecht an der Hauptversammlung**.
Das Beispiel oben zeigt, dass besonders Kleinanleger dies nicht zwingend als Nachteil ansehen. Denn Benjamin würden trotz seines Einsatzes von 15.000 Euro gerade einmal 1,5 % des Unternehmens gehören, sodass seine Stimme in der Hauptversammlung auch nur ein Gewicht von 1,5 % hätte.

Die **Laufzeit einer Aktie ist unbefristet**. Der Aktionär hat aber auch hier die Möglichkeit, seine Aktien einfach wieder zu verkaufen. Dabei kann der Wert der Aktien sowohl höher als auch niedriger als beim Kauf sein. Zu den **Aktienkursen** erfährst du mehr in Kapitel II.5.2, S. 102–104.

INFO

Kurs
Preis, zu dem Wertpapiere an der Börse gehandelt werden, Aktienkurs = Preis einer Aktie

M1 Wie funktioniert eine Aktie?

Das ist **Andreas**.
Er ist Besitzer des Handwerkerbetriebs **„Werk fein"**. Da sein Betrieb sehr gut läuft, möchte er ihn vergrößern und wandelt ihn in eine Aktiengesellschaft um. So kann er neues Eigenkapital generieren (erzeugen).

Das Eigenkapital seiner **„Werk fein AG"** wird an der Börse auf **50.000 Euro** festgelegt. Andreas teilt dieses in 500 Aktien mit einem Wert von je 100 Euro auf.
Die Aktien werden wie folgt vergeben:

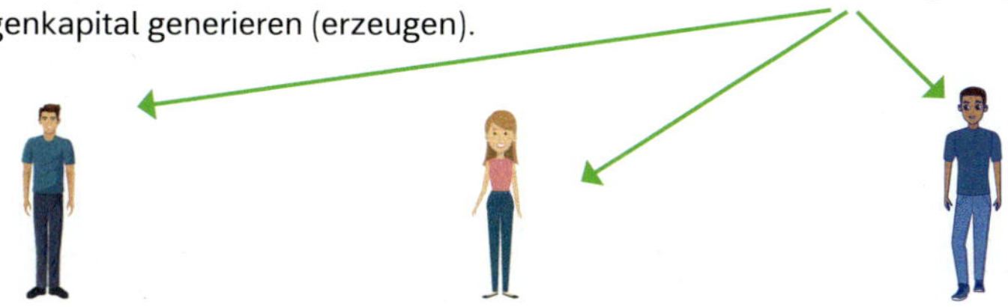

260 Aktien im Wert von insgesamt 26.000 Euro behält Andreas selbst.

100 Aktien im Wert von insgesamt 10.000 Euro kauft Stammkundin Elise.

140 Aktien im Wert von insgesamt 14.000 Euro kauft Xaver.

Andreas erwirtschaftet im ersten Jahr einen Gewinn von 10.000 Euro und die Hauptversammlung beschließt, 7 % (700 Euro) an die Aktionäre auszuschütten.

Andreas gehören 52 % der Aktien.
Er erhält 364 Euro.

Elise gehören 20 % der Aktien.
Sie erhält 140 Euro.

Xaver gehören 28 % der Aktien.
Er erhält 196 Euro.

Nach: Dominik Moosmann, Der Moosmann, Wie funktioniert eine Aktie?, in: https://moospara.de/wie-funktioniert-eine-aktie-infografik/, München, 15.12.2017 (Zugriff: 14.1.2020) (verändert)

AUFGABEN

1. a) Erkläre den Begriff Wertpapiere.
   b) Unterscheide Gläubiger- und Teilhaberpapiere.
2. Stelle aus den verschiedenen Bausteinen (S. 87) ein eigenes Gläubigerpapier zusammen, in das du investieren würdest. Begründe deine Auswahl.
3. Erkläre die verschiedenen Rechte als Stammaktienbesitzer.
4. Erstellt in Gruppen eigene Übersichten zur Funktionsweise einer Aktie (M1). Denkt euch dazu ein Unternehmen aus und ergänzt weitere Informationen.

Investmentzertifikate

Mit dem Erwerb von Investmentzertifikaten würde Benjamin Miteigentümer an einem **Investmentfonds** einer Investmentgesellschaft werden. Einen Investmentfonds kann man sich vorstellen wie einen großen „Topf", der sich aus **verschiedenen Wertpapieren**, wie **Aktien** und **Anleihen**, aber z. B. auch aus **Immobilien** und **Rohstoffen** zusammensetzt.

Benjamin und die anderen Anleger investieren somit nicht nur in eine Aktie oder Anleihe *eines* Unternehmens, sondern **gemeinsam in viele verschiedene**. Dadurch ist das **Risiko nicht so hoch** wie bei der Investition in einzelne Aktien, denn wenn eine Aktie im Fonds an Wert verliert, kann dies eventuell durch die anderen Aktien ausgeglichen werden. Von Vorteil für die Anleger ist außerdem, dass man in Fonds bereits mit **kleineren Beträgen** investieren kann.

Mit dem Erwerb des Investmentzertifikats hätte Benjamin **Anspruch** auf die **Ausschüttung der Erträge** (z. B. Dividenden, Zinsen). Während bei manchen Fonds die Ausschüttung jährlich erfolgt (**ausschüttende Fonds**), gibt es andere, die die Erträge direkt wieder anlegen (**thesaurierende Fonds**).

INFO

Thesaurierung
bedeutet die Einbehaltung erzielter Gewinne, um diese wieder anzulegen.

Außerdem haben die Anleger jederzeit das Recht, ihre Fondsanteile wieder zum aktuellen Rückgabepreis zurückzugeben. Dabei kann dieser wieder über oder unter dem ursprünglich gezahlten Preis liegen.

Unterschieden werden u. a. folgende **Fondsarten**:

Aktienfonds	investieren nur in Aktien. Dabei haben manche Fonds besondere Schwerpunkte, wie die Investition in bestimmte Branchen (Branchenfonds) oder Regionen (Länderfonds).
Rentenfonds	investieren in verschiedene Anleihen.
Mischfonds	investieren in verschiedene Anlageklassen, wie Aktien, Anleihen oder z. B. auch Rohstoffe.
Geldmarktfonds	investieren in Anleihen mit kurzen Laufzeiten oder investieren kurzfristig Geld in Banken.
Indexfonds	bilden einen Börsenindex (z. B. DAX, siehe S. 106) nach (z. B. ETF: Exchange Traded Funds).
Immobilienfonds	investieren in Immobilienprojekte, wie z. B. Häuser, Grundstücke oder auch in Einkaufszentren und Hotels.

INFO

Rentenfonds
haben nichts mit der Altersrente zu tun, sondern sind eine Form der Gläubigerpapiere, bei der (überwiegend) in festverzinsliche Wertpapiere investiert wird. Siehe dazu auch S. 87.

Weiter lassen sich **offene** und **geschlossene Fonds** unterscheiden:

- Bei **offenen Fonds** kann man unbegrenzt Anteile kaufen und verkaufen.
- **Geschlossene Fonds** sind **begrenzt**. Die Anleger sind an bestimmten **Investitionsprojekten**, z. B. einem Immobilienprojekt, fest beteiligt. Bis zu einem bestimmten Zeitpunkt können sie Fondsanteile erwerben. Danach müssen sie ihre Anteile bis zum **Ende der Laufzeit behalten** und werden dann am **Erlös beteiligt**. Das Risiko bei geschlossenen Fonds ist jedoch höher, da die Anleger leichter auch alles verlieren können.

Fondsmanager kümmern sich um die Zusammensetzung des Fonds und passen diese entsprechend an. Dadurch müsste sich Benjamin als Anleger nicht so intensiv um seinen Fonds kümmern, wie dies z. B. bei einzelnen Aktien der Fall ist. Im Gegenzug fallen jedoch Gebühren an.

M2 Entwicklung der Aktienbesitzer in Deutschland

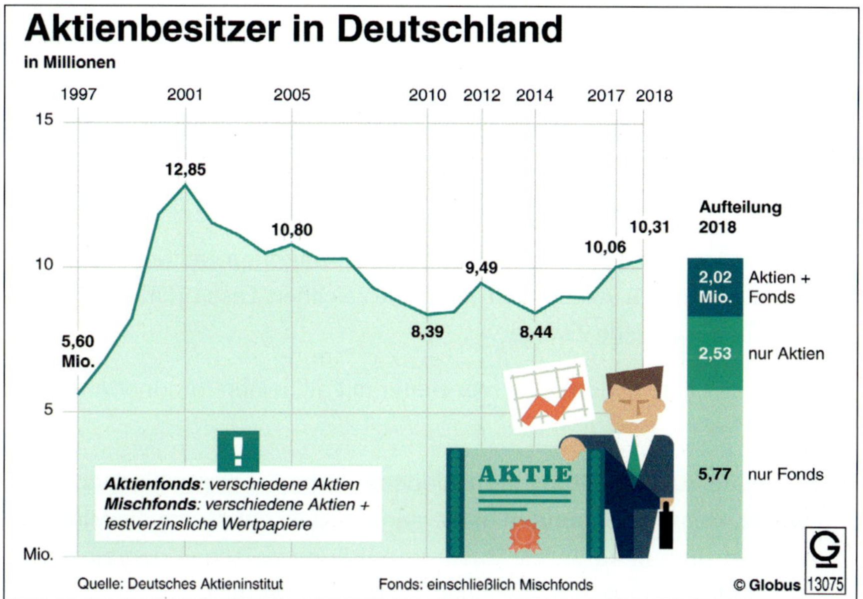

Die Zahl der Besitzer von Aktien und Anteilen an Aktienfonds stieg [...] 2018 auf 10,31 Millionen. [...]. „Damit erreichte die Zahl der Aktienbesitzer den höchsten Wert seit 2007, erläuterte DAI-Chefin Christine Bortenläger. Der Zuwachs resultierte ausschließlich aus dem Bereich der Aktienfonds: [...] Ein Grund für diesen Anstieg dürften die anhaltend niedrigen Zinsen sein; klassische Sparformen wie Sparbücher oder Tagesgeld werfen kaum noch etwas ab. – Trotz des deutlichen Anstiegs seit 2014 sind die Aktionärszahlen von den Zeiten der Börseneuphorie zu Beginn des neuen Jahrtausends noch ein gutes Stück entfernt. 2001 gab es in Deutschland fast 13 Millionen Aktionäre.

Nach: picture-alliance/ dpa-infografik Text zur Grafik oben, 15.3.2019 (verändert)

INFO

DAI
Deutsches Aktieninstitut zur Förderung der Aktienkultur in Deutschland

Negativzinsen
Bei immer weiter sinkenden Zinsen sind auch Negativzinsen möglich. Negativzinsen bedeuten, dass der Anleger für seine Einlagen Zinsen an die Bank bezahlen muss.

AUFGABEN

1. Charakterisiere das Wesen von Investmentzertifikaten.
2. Grenze die Zusammensetzungen der Fondsarten voneinander ab.
3. Beschreibe die möglichen Problematiken bei geschlossenen Fonds.
4. Analysiere das Schaubild und den Infotext M2:
   a) Beschreibe den Verlauf des Aktienbesitzes von 1997 bis 2018.
   b) Erläutere, weshalb die Zahl der Aktienbesitzer 2018 weiter stieg.
   c) Recherchiere aktuelle Zahlen und vergleiche diese mit dem Jahr 2001.

Sich mithilfe einer Mindmap einen Überblick verschaffen

Die vielen Fachbegriffe und Besonderheiten können auf Benjamin sehr verwirrend wirken. Eine Mindmap kann Benjamin und auch dir dabei helfen, einen besseren Überblick zu gewinnen.

Gehe beim Erstellen einer Mindmap nach den folgenden Schritten vor:

1. Notiere in der Mitte deines leeren Blattes (Querformat) das **Hauptthema** (z. B. Geldanlagemöglichkeiten).
2. Von dem Hauptthema gehen mehrere Äste ab. Diese stellen verschiedene **Teilbereiche** des Themas dar. Notiere an den Ästen die **Oberbegriffe** (z. B. Wertpapiere).
3. Nun kannst du zu den verschiedenen Oberbegriffen weitere **Schlüsselwörter** finden (z. B. Aktien) und neue Äste zeichnen. Lasse immer genügend Platz für zusätzliche Zweige.
4. Erweitere deine Mindmap immer weiter mit all deinen Informationen und Ideen.
5. Verwende zur Gestaltung verschiedene **Farben, unterschiedlich dicke Zweige**, kleine **Zeichnungen** und ergänze ggf. Bilder. Durch die Mindmap erkennst du nun sofort die **Zusammenhänge** zwischen den einzelnen Stichwörtern und du erhältst einen schnellen **Überblick**.

INFO

Mit einer Mindmap kannst du auch zu ganz neuen Themen Ideen sammeln und strukturieren.

M1 Benjamins (unvollständige) Mindmap zu Geldanlagemöglichkeiten

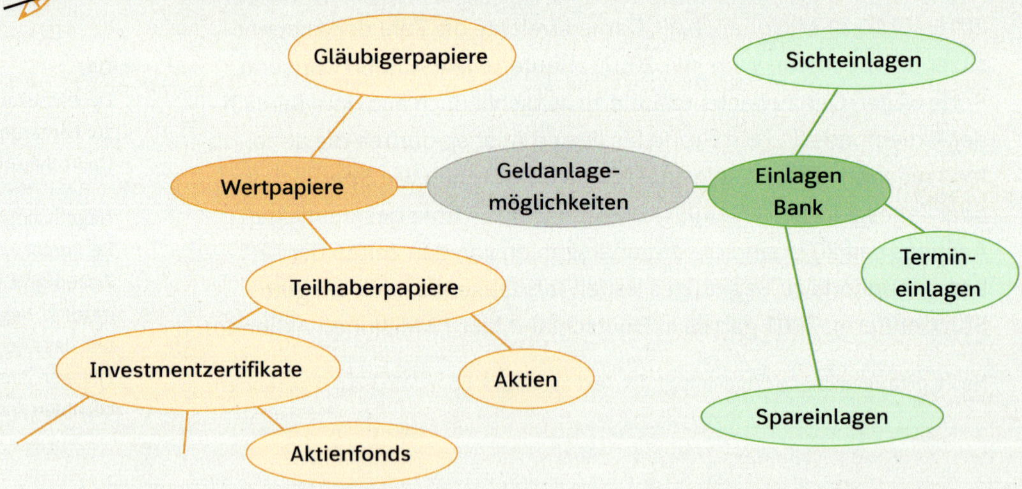

AUFGABEN

1. Übertrage die Mindmap von Benjamin (M1) in dein Heft und ergänze sie.
2. Erstelle eigene Mindmaps zu folgenden Themen:
   a) Wertpapiere,
   b) Gläubigerpapiere,
   c) Aktien,
   d) Investmentzertifikate.

Sich mithilfe einer Pro-Kontra-Liste entscheiden

Nachdem du dir einen Überblick verschafft hast, kann dir eine **Pro-Kontra-Liste** helfen, eine Entscheidung zu treffen. Diese Methode eignet sich bei **„Ja-Nein-Entscheidungen"** oder Entscheidungen mit **mehreren Alternativen**, wie z. B. „ein neues Konto bei Bank A, Bank B oder Bank C anlegen". Dazu zeichnest du eine Tabelle mit zwei Spalten auf ein Blatt Papier und notierst jeweils die **Pros** (Vorteile, Chancen) und **Kontras** (Nachteile, Gefahren).

Die Entscheidung sollte jedoch nicht nur aufgrund der Anzahl der Argumente getroffen werden. Jedes Argument sollte auch, je nachdem wie wichtig es dir ist, auf einer **Skala bewertet** werden (z. B. von ① bis ⑤). Anschließend kannst du die Punkte addieren und deine Entscheidung treffen.

M2 Benjamins Pro-Kontra-Listen für Gläubiger- und Teilhaberpapiere

Gläubigerpapiere	
Pro ⑫	**Kontra ⑩**
• regelmäßige, feste Verzinsung ② • überschaubares Risiko durch Bonitätseinstufung ⑤ • Sicherheit, am Ende der Laufzeit sein eingesetztes Kapital vollständig wieder zu erhalten ⑤	• meist weniger hohe Erträge möglich (als z. B. bei Aktien) ② • Verluste möglich, wenn vor dem Ende der Laufzeit verkauft wird ④ • kein Mitspracherecht ① • Risiko, dass Emittent insolvent wird ③

Aktien	
Pro	**Kontra**
• hohe Erträge möglich durch Dividenden und Aktienverkauf zu einem höheren Kurs • Mitspracherecht im Unternehmen	• hohes Risiko, da man auf Erfolg der AG setzt • keine sicheren, festen Erträge • regelmäßige Beobachtung nötig

Investmentfonds	
Pro	**Kontra**
• geringeres Risiko als bei Aktien durch Risikostreuung • wenig Aufwand, da sich fachkundige Fondsmanager um den Fonds kümmern • breit gestreute Anlage ist bereits mit kleinen Beträgen möglich • Sicherheit, da Investmentfonds gesetzlichen Vorgaben folgen müssen • jederzeit Rückgabe der Anteile möglich	• Wertsteigerung einer Aktie wird evtl. durch Wertverlust einer anderen aufgehoben • höhere Kosten als bei Direktanlage (verschiedene Gebühren)

INFO

Auch wenn mehr Kontras auf Benjamins Liste stehen, nach der Gewichtung überwiegt das Pro bei Gläubigerpapieren.

AUFGABEN

1. **a)** Erstelle Pro-Kontra-Listen für die Geldanlagemöglichkeiten in Konten (S. 84–85) und gewichte diese von ① (unwichtig) bis ⑤ (wichtig).
b) Ergänze die Pro-Kontra-Listen für Wertpapiere (M2) mit eigenen Aspekten und gewichte auch diese von ① (unwichtig) bis ⑤ (wichtig).
c) Entscheide dich für eine der Geldanlagemöglichkeiten.

4.2 Das Magische Dreieck der Geldanlage

Benjamin fällt es noch immer schwer, sich zu entscheiden. Er möchte gerne möglichst hohe Erträge, aber gleichzeitig nicht zu viel Risiko eingehen. Natürlich wäre es auch noch toll, wenn er für Notfälle jederzeit wieder an sein Geld käme. Doch eine Geldanlage, die alle diese drei Kriterien optimal erfüllt, gibt es leider nicht. Das **Magische Dreieck der Geldanlage** beschreibt genau diesen Zusammenhang.

Das Magische Dreieck der Geldanlage wird auch das **Magische Dreieck der Vermögensanlage** genannt. Es umfasst die drei wichtigsten Ziele bei der Geldanlage – **Sicherheit, Liquidität** und **Rentabilität** – und veranschaulicht ihre Abhängigkeit voneinander.

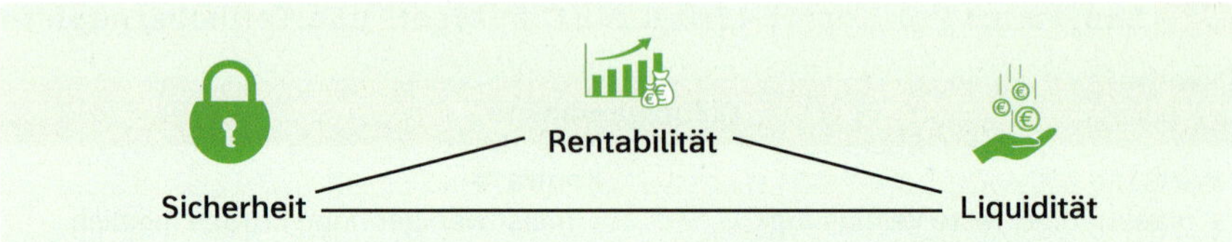

INFO

Den Begriff **Liquidität** kennst du bereits aus dem BwR-Unterricht **als „Zahlungsfähigkeit des Unternehmens"**.

Die **Sicherheit** einer Geldanlage spielt eine wichtige Rolle. Denn wer möchte schon sein angelegtes Vermögen teilweise oder ganz verlieren?

Die **Liquidität** bezeichnet, wie **verfügbar** die Geldanlage ist: Je schneller und einfacher man die Geldanlage wieder auflösen oder verkaufen kann, desto liquider ist diese.

Die **Rentabilität** einer Vermögensanlage ergibt sich aus den generierten **Erträgen**, z. B. Zinszahlungen oder Dividenden. Dabei sollte der Anleger diese aber auch im **Verhältnis** zu der **Höhe des angelegten Kapitals** und der **Laufzeit** sehen. Denn 50 Euro Ertrag nach einem Jahr für eine Geldanlage in Höhe von 2.000 Euro sind rentabler als ein Ertrag von 54 Euro nach fünf Jahren für eine Geldanlage in Höhe von 10.000 Euro.

Diese drei Anlageziele stehen in **Konkurrenz** zueinander, denn es gibt keine Anlageform, die alle drei Kriterien gleichzeitig voll erfüllt.

Beispiele für Konflikte:

① Rentabilität ⚡ Sicherheit

Wer hohe Erträge erzielen möchte, wie dies z. B. bei Aktien möglich ist, muss auch mit einem höheren Risiko rechnen.

② Liquidität ⚡ Rentabilität

Möchte man schnell wieder an sein angelegtes Geld kommen, wie z. B. bei Sichteinlagen, kann man keine hohen Zinszahlungen erwarten.

Jeder Anleger muss selbst entscheiden, wie wichtig ihm die drei Ziele jeweils sind, da dies immer von der **individuellen Situation** abhängt.

M1 Übersicht über verschiedene Geldanlagemöglichkeiten

	Sichteinlagen	Termineinlagen	Spareinlagen	Gläubigerpapiere	Aktien	Investmentfonds
Rentabilität	sehr niedrig	niedrig	niedrig	mittel	hoch	mittel
Sicherheit	hoch	hoch	hoch	mittel	gering	mittel
Liquidität	hoch	niedrig bis mittel	niedrig bis mittel	mittel	hoch	hoch

Als Anleger sollte man sich klarmachen, dass die verschiedenen Anlagekriterien innerhalb der unterschiedlichen Anlagemöglichkeiten auch **variieren**. So sind Gläubigerpapiere eines Emittenten mit hoher Bonität wahrscheinlich sicherer als eine Ramsch-Anleihe.

Benjamin hat sich entschieden, seine Erbschaft aufzuteilen und je 5.000 Euro in Termineinlagen, Gläubigerpapiere und Investmentfonds anzulegen. Dies ist eine gute Entscheidung. Anleger sollten ihr Vermögen stets breit auf verschiedene Anlageklassen **verteilen**, damit es insgesamt sicherer ist. Man sollte **nie all sein Vermögen nur „auf ein Pferd setzen"**.

M2 Wohin mit dem Geld?

a) Die risikofreudige Evi hat 1.000 Euro bei einem Gewinnspiel gewonnen. Dieses möchte sie nun gewinnbringend anlegen.
b) Stefanie ist Studentin und kellnert neben dem Studium. Von ihrem Lohn legt sie jeden Monat 50 Euro als „Notgroschen" zur Seite, falls sie für Notfälle schnell einmal Geld benötigt.
c) Amina hat zum 18. Geburtstag von ihrer Oma 3.000 Euro geschenkt bekommen. Sie will das Geld für die Einrichtung verwenden, wenn sie nach ihrer fünfjährigen Erzieherausbildung auszieht.
d) Irmgard möchte einmal für ihre Enkelin das Hochzeitskleid bezahlen. Dafür will sie 2.000 Euro sicher anlegen und (hoffentlich) in den nächsten drei Jahren wieder darauf zugreifen.

M3 Wofür und wie wird gespart?

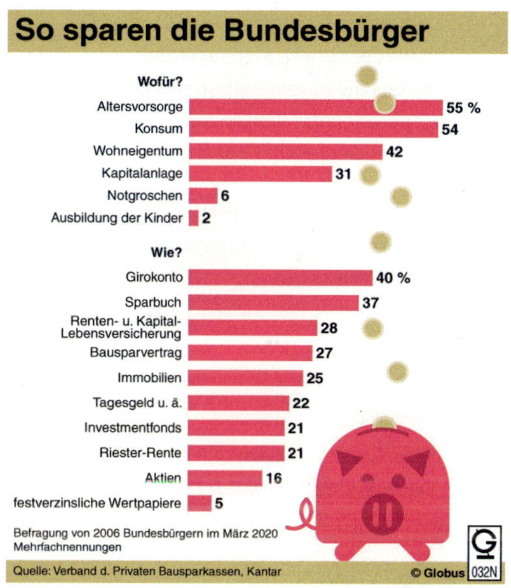

AUFGABEN

1. Beschreibe die drei wichtigsten Ziele bei der Geldanlage.
2. Erkläre, warum man vom „Magischen" Dreieck der Geldanlage spricht.
3. *Lerntempoduett:* Beschreibt einen weiteren Konflikt der Anlageziele.
4. Differenziere die verschiedenen Möglichkeiten der Geldanlagen anhand der drei Anlageziele des Magischen Dreiecks. Nutze M1.
5. Begründe, welche Anlage du den Personen in M2 empfehlen würdest.
6. Denkt euch zwei Lebenssituationen wie in M2 aus und lasst euch von eurem Banknachbarn eine begründete Anlageempfehlung geben.
7. Bewerte, ob die Anlagearten zu den Anlagezwecken passen (M3).

4.3 Möglichkeiten der Altersvorsorge

Im Schaubild M3 auf S. 95 ist zu erkennen, dass über die Hälfte der Deutschen ihr Geld für ihre Altersvorsorge spart. Trotz gesetzlicher Rentenversicherung sorgen also viele zusätzlich privat vor. Was sind die Gründe dafür?

Wie das obige Schaubild zeigt, kann weit über die Hälfte der 55- bis 64-jährigen Erwerbstätigen mit ihrer gesetzlichen Rente (zusätzlich der Betriebsrente) ihren **aktuellen Konsum nicht finanzieren**. Bei wenigen Beschäftigungsjahren oder bei Selbstständigen sind die Zahlen noch alarmierender.

Das **Rentenniveau** beträgt im Jahr 2019 ca. 48 %. Unter dem Rentenniveau versteht man das Verhältnis zwischen dem durchschnittlichen Einkommen der Erwerbstätigen und der Standardrente.

Vereinfachtes Beispiel: Dieter hatte immer ein durchschnittliches Gehalt. Als Rentner erhält er ca. 48 % seines letzten Bruttogehalts.

Gründe für die unzureichende Versorgung

Die gesetzliche Rentenversicherung funktioniert nach einem **Umlageverfahren**: Die **Erwerbstätigen** zahlen in die Rentenkasse ein, wodurch sie **Ansprüche auf spätere Rentenzahlungen** erhalten. Ihre Einzahlungen werden **direkt** wieder an die **aktuellen Rentner ausbezahlt**. Allerdings müssen heute immer **weniger Erwerbstätige** immer **mehr Rentner** versorgen. Diese Entwicklung hat verschiedene Gründe, z. B. ist die **Geburtenrate** in Deutschland lange Zeit immer weiter **gesunken**, während gleichzeitig die Menschen immer **älter werden** und somit **länger Rente beziehen** (siehe auch S. 128–129, 133).

INFO

Generationenvertrag
heißt der Grundsatz, nach dem jeweils die jüngere arbeitende Generation die Renten der älteren Generation bezahlt.

Demografischer Wandel
bezeichnet die Veränderungen in der Altersstruktur.

WEBCODE

WES-116646-241
Film: Einfach erklärt: Demografischer Wandel

M1 Probleme der Rente

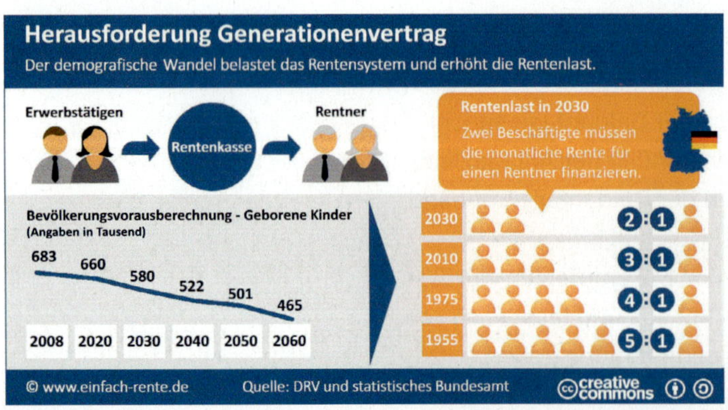

Somit ist klar: Dieter und auch alle anderen Bürger sollten **zusätzlich vorsorgen**. Es gilt: **Je früher, desto besser**. Bereits in jungen Jahren sollte man sich über seine Altersvorsorge Gedanken machen. Genau wie bei der Geldanlage gibt es auch hier nicht die eine perfekte private Altersvorsorge. Es muss immer die inidviduelle Situation beachtet werden, z. B. das Alter und die Höhe der eigenen gesetzlichen Rente.

Neben der gesetzlichen Rente hat man Anspruch auf eine **betriebliche Altersvorsorge**. Bei dieser gibt es verschiedene Varianten:

- Manche Arbeitgeber zahlen für den Arbeitnehmer **freiwillig Beiträge** für eine spätere **betriebliche Rente** ein.
- Alternativ kann der Arbeitnehmer **selbst vorsorgen** und **direkt von seinem Bruttogehalt** Beiträge einbezahlen. Ab 2019 abgeschlossene Verträge muss der **Arbeitgeber mit 15 Prozent bezuschussen**.

Zudem gibt es noch viele **Möglichkeiten der privaten Altersvorsorge**.

M2 Auswahl verschiedener Möglichkeiten der privaten Altersvorsorge

<table>
<tr><th colspan="2">Riester-Rente</th><th>Eigenheim</th></tr>
<tr><td colspan="2" rowspan="3">Die Riester-Rente ist für Angestellte, Arbeiter und Beamte vorgesehen. Selbstständige können sie nur unter bestimmten Voraussetzungen abschließen.
Die Riester-Rente wird staatlich gefördert: Der Anleger erhält einen Zuschuss von max. 175 Euro im Jahr (Stand 2020). Wenn er die volle Zulage erhalten möchte, muss er dazu 4 % seines Bruttogehaltes (max. 2.100 Euro) in die Riester-Rente einzahlen. Zahlt er weniger ein, erhält er die Zulage auch nur entsprechend anteilig.
Zudem erhalten Eltern für jedes Kind maximal 300 Euro bzw. 180 Euro für Kinder, die vor 2008 geboren wurden.
Riester-Sparer können sich außerdem Steuervorteile sichern.</td><td>Mit einem Eigenheim spart man sich im Alter die Miete. Ein hierfür notwendiger Kredit sollte bei Renteneintritt abbezahlt sein.</td></tr>
<tr><th>Kapitalanlage</th></tr>
<tr><td>Sinnvolle Kapitalanlagen können eine gute Ergänzung zur Rente sein, auf die man im Bedarfsfall zurückgreifen kann.</td></tr>
<tr><th>klassische private Rentenversicherung</th><th>Kapitallebensversicherung</th><th>fondsgebundene Renten- oder Lebensversicherung</th></tr>
<tr><td>Bei einer klassischen Rentenversicherung zahlt der Anleger jeden Monat einen bestimmten Beitrag. Dieser wird abzüglich Gebühren verzinst.
Der Versicherer garantiert dem Anleger nach Ende der Laufzeit eine bestimmte monatliche Rente. Wirtschaftet der Versicherer gut, so können dem Anleger noch Überschüsse gutgeschrieben werden, die die Rente erhöhen.</td><td>Auch bei einer Kapitallebensversicherung werden monatlich Beitrage einbezahlt. Am Ende der Laufzeit erhält der Anleger das Geld einschließlich Zinsen und eventueller Überschüsse in der Regel in einer Summe ausbezahlt.
Zusätzlich schützt die Lebensversicherung die Familie des Anlegers: Sie bekommt das Geld, falls der Anleger vorher verstirbt.</td><td>Bei dieser Variante der Renten- oder Lebensversicherung wird das eingezahlte Geld in Investmentfonds angelegt. Dadurch konnen höhere Renditen erzielt werden, jedoch steigt auch das Risiko.
In der Regel gibt der Versicherer hier keine Garantie auf eine Mindestauszahlung am Ende der Laufzeit.</td></tr>
</table>

AUFGABEN

1. Recherchiere das aktuelle Rentenniveau und vergleiche es mit 2019.
2. Erkläre das in M1 dargestellte Problem.
3. *Marktplatz:* Trefft eine begründete Entscheidung für eure eigene private Altersvorsorge. Nutzt hierfür auch M2.
4. Recherchiere im Internet die Rürup-Rente und grenze diese von der Riester-Rente ab.

5 Die Börse

alter Stich der Pariser Börse

Die Börse ist ein **Handelsplatz von Wertpapieren, Devisen und Waren**. Die Geschichte ihrer Entstehung reicht weit zurück.

Bereits sehr früh gab es unterschiedliche Handelsplätze, an denen Kaufleute verschiedene Waren handelten. Die erste feste Einrichtung wird im **15. Jahrhundert in Brügge (Belgien)** erwähnt. Sie wurde von der Familie **„van der Beurse"** betrieben. Von dem Namen dieser Familie stammt vermutlich auch der Begriff „Börse" ab, so lautet zumindest eine mögliche Erklärung. Eine andere Erklärung führt das Wort auf den lateinischen Begriff „Bursa" zurück, den man mit (Geld-)Beutel übersetzen kann.

Die **ersten deutschen Börsen** gab es **Mitte des 16. Jahrhunderts in Augsburg und Nürnberg**. Zu den Entstehungszeiten der Börse wurden jedoch noch keine Aktien gehandelt, sondern z. B. Schuldverschreibungen.

5.1 Die Börse als Handelsplatz

INFO

Devisen
sind, einfach ausgedrückt, fremde Währungen. Genau genommen sind es Forderungen auf ausländische Währungen.

WEBCODE

WES-116646-251
Film: Einfach erklärt: Die Börse

Du hast bereits erfahren, dass die Börse ein **Handelsplatz für Wertpapiere, Devisen und Waren** ist. Das heißt, die Börse ist ein **Markt**, an dem **Angebot und Nachfrage zusammentreffen**.

Die Funktionsweise eines Marktes kennst du bereits aus der Jahrgangsstufe 8. Es gibt jedoch ein paar Besonderheiten an der Börse. Hier handeln Käufer und Verkäufer nicht direkt miteinander, sondern dies erledigen **Makler** während der Handelszeiten für sie. Die Makler ermitteln anhand der **Kauf- und Verkaufsaufträge** die entsprechenden **Kurse**. Wie dies genau funktioniert, erfährst du in Kapitel II.5.2, S. 102–104. Folglich gibt es an der Börse keine bereits vorgegebenen Preise.

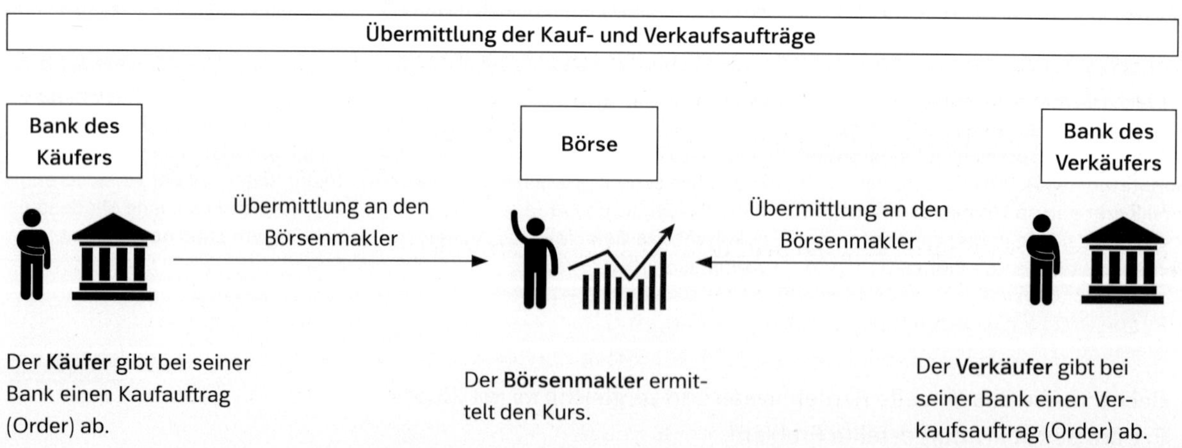

An der Börse kann jeder **sowohl die Rolle des Käufers als auch des Verkäufers** einnehmen, je nachdem, ob er gerade z. B. Aktien kaufen oder verkaufen möchte.

Um am Börsenhandel teilzunehmen, muss zunächst ein **Wertpapierdepot** eröffnet werden. Dies kann bei einer **Bank** oder einem **Onlinebroker** erfolgen. In einem Depot werden die **Wertpapiere verwaltet**. Bei einem Kauf werden die Wertpapiere in das Depot gebucht, bei einem Verkauf wieder ausgebucht. Die Transaktionen an der Börse unterliegen **festen Regularien**, nach denen sie abgewickelt werden.

Man unterscheidet die klassische **Präsenzbörse** und die **Computerbörse**:

- Die Präsenzbörse wird auch **Parkettbörse** genannt. Hier sind die Makler noch **physisch** in der Börse anwesend und wickeln ihre Käufe und Verkäufe ab.
- Bei **Computerbörsen** wird der Handel über eine **elektronische Handelsplattform**, z. B. das deutsche Handelssystem **Xetra**, abgewickelt. Hier übernimmt im Grunde der **Computer alle Aufgaben**. Die „Orders“ werden in das System eingegeben, anschließend berechnet dieses automatisch die Kurse und wickelt den Handel ab. Der Hauptanteil des weltweiten Umsatzes mit Wertpapieren findet an Computerbörsen statt.

INFO

Order
nennt man den Auftrag, mit dem Wertpapiere gekauft/verkauft werden.

Börsen werden auch danach unterschieden, was an ihnen gehandelt wird, z. B. **Wertpapierbörsen, Devisenbörsen oder Warenbörsen**.

Börsen in Deutschland und weltweit:

wichtigste deutsche Börse	Frankfurter Wertpapierbörse (FWB)
weitere Börsenplätze in Deutschland	Berlin, Düsseldorf, Hamburg, Hannover, München, Stuttgart
größte Börse weltweit	New York Stock Exchange (NYSE, auch bekannt unter „Wall Street“)
weitere wichtige Börsenplätze weltweit	Tokio, London, Hongkong, Shanghai

„Wall Street“ in New York

AUFGABEN

1. a) Erläutere die beiden möglichen Erklärungen für den Begriff Börse.
   b) Recherchiere weitere Erklärungsansätze im Internet.
2. „Die Börse ist ein Handelsplatz von Wertpapieren, Devisen und Waren.“ (S. 98, Z. 1)
   a) Erkläre den Begriff Devisen.
   b) Nenne zwei Beispiele für an der Börse gehandelte Wertpapiere.
   c) Beschreibe, welche Waren an der Börse gehandelt werden. Recherchiere hierzu gegebenenfalls im Internet.
3. a) Erläutere, was man unter „der Börse als Handelsplatz“ versteht.
   b) Beschreibe die Besonderheiten beim Aufeinandertreffen von Käufer und Verkäufer an der Börse.
4. a) Erkläre, nach welchen Kriterien man Börsen unterscheiden kann.
   b) Beschreibe die verschiedenen Arten von Börsen.
5. Recherchiere im Internet die aktuellen Top 10 der weltweiten Börsen und in welchen Ländern diese liegen.

Einen Zeitungsartikel auswerten

Aus Zeitungsartikeln kannst du viele Informationen gewinnen. Gehe bei der Auswertung wie folgt vor:

1. Informiere dich über den Text:
- Wer ist der Autor?
- Wo wurde der Artikel veröffentlicht?
- Wann ist der Artikel erschienen?
- Was ist das Thema des Artikels (Überschrift, ggf. Vorspann)?

2. Lies dir den Text aufmerksam und mehrmals durch:
- Markiere dir die wichtigsten Informationen.
- Kennzeichne unbekannte Begriffe und schlage sie nach.

3. Werte den Text aus:
- Fasse die wichtigsten Aussagen zusammen.
- Stelle ggf. Widersprüche, Unklarheiten und offene Fragen heraus.

Als Tulpen für einen der krassesten Börsencrashs sorgten

Es braucht keine Kryptowährung wie den Bitcoin, um eine Finanzblase heraufzubeschwören. Im 17. Jahrhundert waren es in den Niederlanden Tulpen, die einen irren Boom auslösen. Bis es zum Knall kam.

Tulpen und Holland – das gehört heute fest für uns zusammen. Rund 80 Prozent der Tulpen, die wir heute in die Vase stellen, stammen aus den Niederlanden. Doch vor rund 380 Jahren sorgte die Blume für einen Börsen- und anschließend auch Wirtschaftscrash. Die Tulpe war Auslöser dafür, dass das einfache Volk genauso wie reiche Adelige vom großen Geld träumen konnten – und sich am Ende finanziell ruinierten. [...]

Tulpen für die Reichen und Mächtigen

Zunächst war die Tulpe – wie so vieles in der damaligen Zeit – den Reichen und Mächtigen vorbehalten. Wahrscheinlich brachte ein Diplomat die Blume aus Konstantinopel mit nach Wien. Zumindest avancierte die langstielige Blume schnell zu einem beliebten Souvenir aus der Türkei nach Europa. Dass sich ausgerechnet die Niederlande zum Hotspot für den Tulpenhandel entwickelten, lag zum einen an der Kultivierung der Pflanze. Botaniker züchteten schnell besondere Sorten – und begannen diese zu tauschen und zu handeln. Die Biologie der Tulpe verstärkte den aufkommenden Hype. Denn aus einer Muttertulpenzwiebel erwachsen zwei bis drei neue Tulpenzwiebeln. Und nach wenigen Jahren geht die Pflanze ein. Um neue Tulpen auf den Markt zu bringen, dauerte es hingegen Jahre.
Und so lockten die Tulpen auch Diebe und Gauner an, die Blumen und Zwiebeln klauten. Auch das trieb den Preis für eine Zwiebel.

Hendrik Gerritz Pot stellte in diesem satirischen Bild von Floras Narrenwagen den Irrsinn und die Lasterhaftigkeit der Tulpenmanie dar. Das Bild entstand um 1640.

Aus Tulpen wurden Tulpen-Future

Schnell kletterte der Preis nach oben. Nach heutigem Wert konnte man in den 1630er-Jahren 25.000 Euro zahlen – für eine Blumenzwiebel. Die heute ausgestorbene Tulpe „Semper Augustus" war sogar zeitweise eine Million Euro wert.

Irgendwann ging es nicht mehr um die Blumen, sondern um die Rechte daran. Optionsscheine kamen auf, der Markt brauchte Zwischenhändler, da nun nicht mehr eine Blumenzwiebel zwischen Verkäufer und Käufer weitergereicht wurde. Sie blieben in der Erde stecken – man kaufte nur noch ein Versprechen auf etwas, das physisch noch gar nicht existierte. Der Markt blähte sich auf, die Hoffnung, vom großen Tulpenboom zu profitieren, trieb sämtliche Bevölkerungsschichten zur Investition.

Hypotheken und Kredite

Das Problem: Die Tulpen waren da schon vom sogenannten Tulip Breaking oder Breeding Virus befallen. Die kranken Blumen schafften es noch ein, zwei Mal zur Blütenpracht – dann war Schluss. Doch das wussten die Investoren nicht. Sie investierten, weil es alle taten, weil alle vom Boom profitieren wollten. Auch das einfache Volk. Sie nahmen Hypotheken auf ihre Häuser, Werkstätten und Läden auf. Sie liehen sich Geld und steckten die Summen ins Tulpen-Business. Und dann kam das Jahr 1637.

Die Blase platzte recht unspektakulär. Bis dahin lief das Geschäft nur noch deshalb, weil sich immer ein Dümmerer gefunden hatte, der noch dringend einsteigen wollte. Aber plötzlich kam der Tag, an dem einer der Tulpen-Future-Händler niemanden mehr fand, der die irren Preise zahlen wollte – so lautet zumindest eine der Geschichten zum großen Crash. Die Blase platzte, der Preis erodierte. Alle wollten ihre Optionen auf zukünftige Blumen loswerden. Auch der Staat griff durch und beschränkte den Höchstpreis der Tulpenzwiebel und annullierte alle Spekulationsvereinbarungen. [...] Weite Teile der Bevölkerung verloren ihr Hab und Gut. [...] Doch der Tulpencrash ließ die Wirtschaft nicht vollkommen einbrechen. Das lag auch an den Kolonien und dem internationalen Handel der Niederlande.

Aus: Katharina Grimm, Als Tulpen für einen der krassesten Börsencrashs sorgten, in: https://www.stern.de/wirtschaft/news/tulpen-in-den-niederlanden--als-blumen-fuer-einen-crash-sorgten-7828942.html, Hamburg, 17.9.2019 (Zugriff: 14.1.2020)

Stillleben mit der berühmten Tulpe „Semper Augustus"

AUFGABEN

1. Werte den vorliegenden Zeitungsartikel mithilfe der *Methode* aus.
2. a) Recherchiere in der Tageszeitung der letzten Woche nach Berichten über die Börse. Solltet ihr keine Tageszeitung zu Hause haben, nutze die Internetauftritte verschiedener Nachrichtenportale.
   b) Werte deinen Bericht/deine Berichte mithilfe der obigen *Methode* aus.
   c) Präsentiere deine Ergebnisse mithilfe der *Methode* auf S. 155.

5.2 Kursbildung

Clarissa hat sich in letzter Zeit viel mit dem Thema Aktien auseinandergesetzt und möchte nun gerne in Aktien der Smile-AG investieren. Vorher hat sie sich gut informiert, z. B. darüber, was das Unternehmen macht und wie sich das Unternehmen sowie der Wert einer Smile-AG-Aktie in den letzten Jahren entwickelt haben. Nach einer Beratung bei ihrer Bank denkt sie, dass die Smile-Aktien eine gute Wahl sind.

Sie weiß bereits, dass sie nun bei ihrer Bank einen **Kaufauftrag** abgeben muss. Dazu gibt es verschiedene **Orderzusätze**:

bei Kaufaufträgen	
Limit	Der Käufer legt einen Kurs fest, den er höchstens bereit ist zu bezahlen.
„billigst"	Der Käufer bezahlt jeden Kurs.
bei Verkaufsaufträgen	
Limit	Der Verkäufer legt einen Kurs fest, den er mindestens erzielen möchte.
„bestens"	Der Verkäufer verkauft zu jedem Kurs.

Da der aktuelle Kurs einer Smile-Aktie bei 25 Euro liegt, hat sich Clarissa entschieden, bei ihrer Bank eine Order über 20 Smile-Aktien mit einem Limit von 25 Euro in Auftrag zu geben.

Im **Orderbuch** bei der Börse liegen nun folgende Aufträge von verschiedenen Anlegern vor (vereinfachtes Beispiel):

Order von Clarissa:
20 Stück zum Limit von 25 Euro

Kaufaufträge		Verkaufsaufträge	
Anzahl	**Limit**	**Anzahl**	**Limit**
10	„billigst"	15	„bestens"
40	24 Euro	25	24 Euro
20	**25 Euro**	**25**	**25 Euro**
20	26 Euro	20	27 Euro

Die Aufgabe des Börsenmaklers ist es nun, den Kurs festzulegen, bei dem der **größtmögliche Umsatz** erzielt wird.

festgelegter Kurs: 25 Euro
größtmöglicher Umsatz: 50 Stück

Kurs	Käufe	Verkäufe	Umsatz
24 Euro	90 (10 + 40 + 20 + 20)	40 (15 + 25)	40
25 Euro	**50 (10 + 20 + 20)**	**65 (15 + 25 + 25)**	**50**
26 Euro	30 (10 + 20)	65 (15 + 25 + 25)	30
27 Euro	10	85 (15 + 25 + 25 + 20)	10

Der **Kurs** der Smile-Aktie wird auf **25 Euro** festgelegt.

Erklärung: Bei einem Kurs von 25 Euro werden die Kaufangebote der folgenden Anleger umgesetzt: 10 Stück „billigst", 20 Stück Limit 25 Euro (von Clarissa) und 20 Stück Limit 26 Euro. Ebenso werden folgende Verkaufsangebote abgewickelt: 15 Stück „bestens", 25 Stück Limit 24 Euro und 25 Stück Limit 25 Euro. Folglich würden 50 Stück gekauft und 65 Stück verkauft werden. Damit können 50 Stück umgesetzt werden. Dies ist mehr als bei allen anderen Kursen. Clarissa ist somit nun Eigentümerin von 20 Smile-Aktien.

In der Realität sind natürlich sehr viel mehr Aufträge im Orderbuch verzeichnet. Außerdem kommen immer wieder neue dazu. Deshalb ist es kein Wunder, dass die **Börsenkurse ständig schwanken**. Schon morgen könnte der Kurs der Smile-Aktie bei 27 Euro liegen, vielleicht aber auch nur bei 23 Euro.

Grundsätzlich gilt hier der gleiche Mechanismus, den du bereits aus der Jahrgangsstufe 8 zur Preisbildung am Markt kennst: Möchten **mehr** Menschen Smile-Aktien **verkaufen** als kaufen, so wird der Kurs **sinken**. Möchten hingegen **mehr** Menschen diese **kaufen** als verkaufen, so wird der Kurs **steigen**.

Warum Anleger nun mehr Smile-Aktien kaufen oder verkaufen möchten, kann ganz vielfältige Gründe haben. Hier einige **Beispiele:**

- Geht es der Smile AG sehr gut und zeigt sie eine positive Entwicklung, werden vermutlich mehr Anleger in Smile-Aktien investieren.
- Werden die Zinsen bei den Banken gesenkt, sind diese Geldanlagemöglichkeiten nicht mehr so interessant und die Anleger legen ihr Geld lieber in Aktien oder Fonds an.
- Entwickelt sich die gesamte Wirtschaft positiv, kann dies ebenfalls zu steigenden Kursen führen.
- Ebenso können weltweite Ereignisse, z. B. Unwetterkatastrophen oder Konflikte, zu einem Sinken der Kurse führen.

M1 Kursverlauf der Kryptowährung Bitcoin

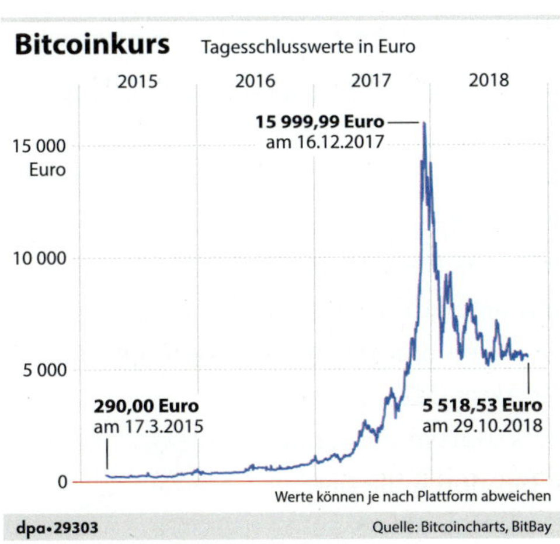

In der Grafik links kannst du deutlich das Auf und Ab des Kursverlaufs der Kryptowährung **Bitcoin** in den letzten Jahren sehen.

Eine **Kryptowährung** ist eine digitale Währung. Sie existiert im Gegensatz zur klassischen Währung nur digital. Hinter Kryptowährungen stehen weder Staaten noch Zentralbanken.

Wie für so vieles gibt es an der Börse auch für den Kursverlauf eigene Begrifflichkeiten. So spricht man von **Hausse** (frz.: Anstieg), wenn die Kurse über einen **längeren Zeitraum ansteigen**. Als Symbol hierfür steht der **Bulle**. **Fallen** die Kurse dagegen über einen **längeren Zeitraum**, so spricht man von **Baisse** (frz.: Rückgang). Hierfür ist der **Bär** das Symbol.

Von einem **Crash** spricht man, wenn die Kurse **plötzlich und dramatisch innerhalb von kurzer Zeit fallen**. Einer der wohl bedeutendsten Börsencrashs war der sogenannte „Schwarze Freitag" 1929 in New York. Ihm folgte eine Weltwirtschaftskrise.

Bulle und Bär vor der Börse in Frankfurt am Main

M2 Blümeli-Aktien

Kiara ist an Blümeli-Aktien sehr interessiert und ordert 100 Stück „billigst". Saki ist skeptisch und ordert zunächst 20 Stück zu einem Limit von 112 Euro. Timur gibt seiner Bank die Order: 60 Stück Limit 114 Euro. Bruno verkauft 70 Blümeli-Aktien zu einem Limit von 113 Euro. Anitas und Elliots Verkaufsangebote lauten: 50 Stück Limit 115 Euro und 80 Stück Limit 112 Euro. 20 Stück werden von Erna „bestens" angeboten.

M3 Einer der ersten Crashs

Im 17. Jahrhundert sorgten ___①___ für einen der Ur-Crashs. Gerade bei den Reichen war diese Blumen ein beliebtes Souvenir aus der ___②___. Die Begeisterung der Menschen sorgte für ein ___③___ der Preise. Gehandelt wurden dann nur noch die ___④___ für die Blumen. Dabei versuchten alle Bevölkerungsschichten, mit einzusteigen, und nahmen sogar ___⑤___ auf. Leider wurden die Blumen ___⑥___ und irgendwann fand sich niemand mehr, der die Preise zahlen wollte. Die ___⑦___ platzte und der Preis ___⑧___, da alle ihre Rechte auf Blumen loswerden wollten.

AUFGABEN

1. *Partnervortrag:* Erläutert die verschiedenen Orderzusätze (S. 102) anhand konkreter Beispiele.
2. a) Beschreibe den Kursverlauf von Bitcoins (M1). Nutze die Fachbegriffe.
   b) Recherchiere den weiteren Verlauf des Kurses bis heute.
3. Erläutere die Gründe für schwankende Börsenkurse.
4. Beschreibe jeweils zwei Gegebenheiten, die vermutlich zu einem vermehrten Kauf von Aktien bzw. zu einem verringerten Kauf führen.
5. Ermittle den Kurs der Blümeli-Aktie (M2).
6. Erkläre die Börsenbegriffe Hausse, Baisse und Crash. Stelle dabei einen Zusammenhang mit den Tieren Bär und Bulle her.
7. Ergänze M3 in deinem Heft mithilfe des Textes auf S. 100/101.

Ein Planspiel durchführen

Ein Planspiel ist eine **Simulation**, in der die **Realität vereinfacht dargestellt** wird. In einem Planspiel übernehmt ihr **verschiedene Rollen** und müsst **Entscheidungen treffen**. Es finden meist **mehrere Runden** statt. Im Anschluss an jede Runde werden die Entscheidungen **ausgewertet**. Wichtig ist auch eine **Reflexion** am Ende des Spiels.

Möglicher Ablauf eines Planspiels:
1. Vorbereitung: Ihr werdet mit der Spielsituation sowie den Rollen konfrontiert und erhaltet alle notwendigen Informationen.
2. Spielphasen: In mehreren Runden wird das Planspiel durchgeführt. Nach jeder Runde findet eine kurze Auswertung statt.
3. Reflexionsphase: Die Ergebnisse, der Spielverlauf und alternative Handlungsmöglichkeiten werden besprochen.

Vereinfachtes Planspiel: Börsenhandel Easy
Ihr seid Akteure an der Börse: Es gibt Käufer, Verkäufer und Börsenmakler. Gehandelt wird die Easy-Aktie, die zuletzt einen Kurs von 1 Euro hatte.

1. Vorbereitung
- Teilt die Klasse in drei gleich große Gruppen ein.
- Rollenverteilung: Je Gruppe gibt es zwei Börsenmakler. Der Rest teilt sich für die erste Runde gleichmäßig in Käufer und Verkäufer auf.
  - Die Börsenmakler ermitteln am Ende der Runden den jeweiligen Kurs.
  - Die Käufer haben zu Beginn ein Budget von 100 Euro zur Verfügung.
  - Die Verkäufer besitzen am Anfang 100 Easy-Aktien.

2. Spielphasen
- **Runde 1:** Jeder Käufer gibt ein Kaufangebot ab, dieses notiert er auf einem Zettel und gibt es verdeckt den Maklern. Die Verkäufer geben wiederum geheim ein Verkaufsangebot an die Makler. Anschließend ermitteln diese den aktuellen Kurs (siehe S. 102/103) und teilen den Anlegern mit, wer nun wie viele Aktien erhält bzw. wer wie viele verkauft hat (siehe Hinweise rechts). Die Anleger notieren sich auf einem Extrazettel, wie viel Geld und wie viele Easy-Aktien sie jetzt besitzen.
- **Runde 2:** Alle, die nun Easy-Aktien besitzen, können verkaufen, alle mit Geld können kaufen. Wenn du die Wahl hast, entscheide dich, ob du kaufen oder verkaufen möchtest. Ansonsten verläuft die Runde wie Runde 1 und wird anschließend noch einmal wiederholt (Runde 3).

3. Reflexionsphase
- **Wertet euer Konto und Depot aus:** Wie viel Geld und Easy-Aktien besitzt du? Entscheidet, wer eurer Meinung nach am besten dasteht. Diskutiert außerdem darüber, nach welchen Überlegungen ihr eure Entscheidungen getroffen habt. Wie war die Situation für die Makler?
- **Tauscht euch** mit den anderen Gruppen in der gesamten Klasse **aus**.

Beim Planspiel Börsenhandel Easy handelt ihr z. B. als Börsenmakler.

INFO

Hinweis für Börsenmakler
Verwendet zum Ermitteln der Kurse die beiden Tabellen auf S. 102 und geht dann nach diesen Regeln vor:

Es werden zum aktuellen Kurs mehr Aktien gekauft als verkauft, d. h., nicht alle können kaufen.
1. Zuerst erhalten alle Käufer mit „billigst".
2. Anschließend erhalten die Käufer, die ein höheres Limit abgegeben haben, zuerst (z. B. zuerst alle mit Limit 2 Euro, dann Limit 1,50 Euro ...).
3. Haben mehrere Käufer das gleiche Limit und reicht dieses nicht für alle, entscheidet das Los, wer kaufen darf.

Es werden zum aktuellen Kurs mehr Aktien verkauft als gekauft, d. h., nicht alle können verkaufen.
1. Zuerst erhalten alle Verkäufer mit „bestens".
2. Anschließend erhalten die Verkäufer, die ein niedrigeres Limit abgegeben haben, zuerst (z. B. zuerst alle mit Limit 1 Euro, dann Limit 1,20 Euro ...).
3. Haben mehrere Verkäufer das gleiche Limit und reicht dieses nicht für alle, entscheidet das Los, wer verkaufen darf.

5.3 Aktienindices

Außer vom Bullen und Bären hört man im Zusammenhang mit der Börse oft noch von einem „Dachs“. Für was steht nun dieses Tier?

Der DAX hat nichts mit einem Tier zu tun und wird auch ganz anders geschrieben. **DAX** steht für **D**eutscher **A**ktieninde**x**.

Ein Aktienindex fasst **mehrere Aktien** von Unternehmen nach bestimmten Kriterien zusammen. So gibt es z. B. Aktienindices, die nur Aktien bestimmter Branchen enthalten. Dadurch erhält man einen schnelleren Überblick über den Kursverlauf mehrerer Aktien dieser Branche, und Trends an den Märkten können leichter beobachtet werden. Der Stand eines Aktienindex ist ein **Durchschnittswert der Kurswerte der einzelnen Aktien**. Diese werden **nach festgelegten Kriterien gewichtet**.

Der **DAX** umfasst die **30 umsatzstärksten börsennotierten Unternehmen** (sogenannte „Blue Chips“) und ist der wichtigste Aktienindex in Deutschland. Er wurde 1988 ins Leben gerufen. Regelmäßig wird die Zusammensetzung der Unternehmen im DAX überprüft. Bei der Einführung wurde der damalige Stand von 1987 (willkürlich) auf 1.000 Punkte festgelegt. Liegt der DAX z. B. bei 2.000 Punkten, so bedeutet das, dass sich der Wert des DAX seit 1987 verdoppelt hat.

M1 **Der DAX in Punkten**

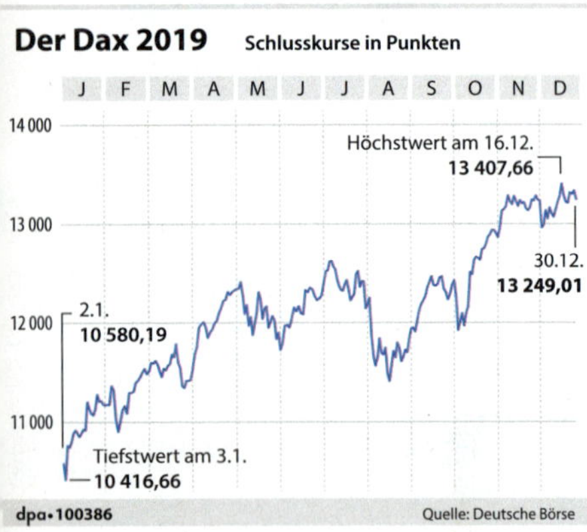

M2 **Weitere deutsche Aktienindices**

Die Dax-Familie

Ein Aktienindex gibt die Entwicklung von ausgewählten Aktienkursen wieder und bildet so die Entwicklung auf einem bestimmten (Teil-)Markt des Börsengeschehens ab.

	DAX **Deutscher Aktienindex**	MDAX **Mid-Cap-Dax**	SDAX **Small-Cap-Dax**	TecDAX **Technologie-Dax**
Zusammensetzung	Die 30 größten deutschen Aktiengesellschaften ⇨	Die darauffolgenden 60 Unternehmen ⇨	Die darauffolgenden 70 Unternehmen	Die 30 größten Technologieunternehmen
seit	1. Juli 1988	19. Januar 1996	21. Juni 1999	24. März 2003
Basisjahr	Ende 1987 = 1000	Ende 1987 = 1000	Ende 1987 = 1000	Ende 1997 = 1000
Stand Ende 2019	13 249 Punkte	28 313 Punkte	12 512 Punkte	3015 Punkte
Veränderung gegenüber Ende 2018	+ 25,5 %	+ 31,2 %	+ 31,6 %	+ 23,0 %

Quelle: Deutsche Börse Stand Anfang 2020 © Globus 13751

Der Dow Jones Industrial Average, oder kurz „Dow Jones“, ist einer der bekanntesten Aktienindices weltweit. Er beinhaltet die 30 größten Unternehmen der USA. Ins Leben gerufen wurde er von den Gründern des „Wall Street Journals“ Charles Dow und Edward Jones.

Auswahl weiterer Aktienindices weltweit

NASDAQ Composite	alle an der NASDAQ gehandelten Wertpapiere
Standard & Poor 500	die 500 größten börsennotierten Unternehmen der USA
CAC 40	die 40 führenden AGs in Frankreich
Nikkei 225	die 225 größten Unternehmen Japans
HangSeng	wichtiger Aktienindex an der Hongkonger Börse
EuroSTOXX 50	die 50 größten börsennotierten Unternehmen der Eurozone

INFO

NASDAQ
steht für National Association of Securities Dealers Automated Quotation System und ist eine amerikanische Computerbörse.

Aktienindices als Wirtschaftsbarometer

Durch einen Aktienindex erhält man einen guten Überblick über die wirtschaftliche Lage, da er viele Unternehmen vereint. Steigt z. B. der TecDAX kontinuierlich an, so kann man darauf schließen, dass es der Technologiebranche in Deutschland gut geht.

Wirtschaftliche und politische Ereignisse beeinflussen sowohl positiv als auch negativ die Aktienkurse und spiegeln sich folglich in den Aktienindices wieder. So führten Geschehnisse wie Terroranschläge (z. B. der 11. September 2001), Kriege (z. B. der Irak-Krieg 1990), die Bankenkrise (2008) und die Schuldenkrise (2011) zum Fall der Aktienkurse. Wie im Schaubild M3 zu sehen ist, sorgte der Tsunami 2011 in Japan für einen Fall der Kurse und damit zu einem Absinken von Aktienindices weltweit.

Positive Entwicklungen, wie z. B. neue Technologien, die zur Erschließung neuer Märkte führen, können die Kurse steigen lassen. Leider kann ein solcher Aufschwung aber auch schnell wieder in einer Talfahrt enden. In den 1990er-Jahren kamen vielversprechende technologische Entwicklungen (Internet, Handy etc.) auf den Markt. Eine regelrechte weltweite Euphorie für die New-Economy-Branche brach aus und trieb die Kurse nach oben. Doch viele Anleger investierten viel Geld vor allem in junge Unternehmen, die hinter den Erwartungen zurückblieben. Zweifel kamen auf und Mitte 2000 stürzten die Kurse ab.

M3 Tsunami in Japan

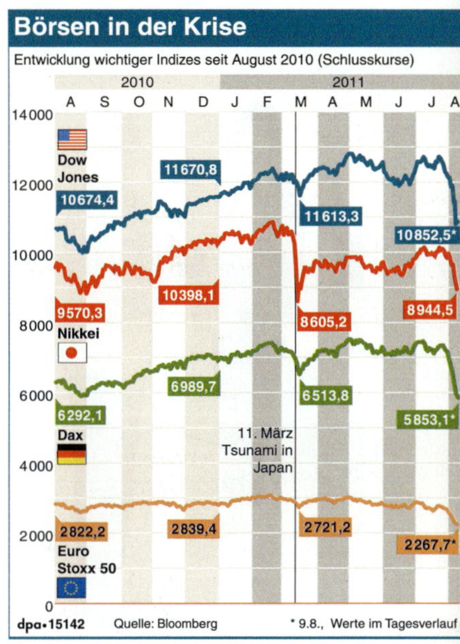

AUFGABEN

1. Beschreibe den Verlauf des DAX 2019 (M1). Gehe ein auf die Bedeutung des Standes am 30.12. in Bezug auf die Entstehungszeit des DAX.
2. Unterscheide die Aktienindices der „DAX-Familie". Nutze dafür auch M2.
3. Recherchiere zwei weitere Aktienindices weltweit.
4. Analysiere das Schaubild M3.
   a) Begründe den stärkeren Kurseinfall des Nikkei-Index im Vergleich zu den anderen Aktienindices.
   b) Überschlage, um wie viel Prozent der Nikkei-Index gefallen ist.
5. Recherchiere die Kursverläufe des DAX und Dow Jones zur Zeit des Anschlags am 11. Septembers 2001 und beschreibe diese.
6. Recherchiere weitere einschneidende Ereignisse und ihre Auswirkungen auf den DAX oder Dow Jones und stelle diese in Form eines Liniendiagrammes (siehe M3) grafisch dar.

Ausbildung in der Bank

Du möchtest eine Ausbildung als Bankkauffrau/Bankkaufmann bei einer örtlichen Bank machen.

1 Um dir darüber klar zu werden, bei welcher Bank du gerne eine Ausbildung absolvieren möchtest, verschaffst du dir zunächst einen Überblick.

a) Erstelle ein Mindmap (S. 92) zum Aufbau des Bankensystems.

b) Erläutere kurz das Wesen der verschiedenen Arten von Banken.

2 *Partnervortrag:* Nach einer erfolgreichen Bewerbung hast du einen Ausbildungsplatz bekommen und machst dich an deinem ersten Tag fertig. Deine kleine Schwester fragt dich neugierig, wohin du so schick gekleidet gehst. Als du es ihr gesagt hast, fragt sie weiter: „Was machen Banken?" Erklärt ihr die Rolle der Banken im Wirtschaftskreislauf in Bezug auf die privaten Haushalte.

3 In der Bank angekommen wirst du in der ersten Woche beim Bankschalter eingesetzt und bist dort Frau Pillhofer zugeteilt. Sie lässt dich auch ein paar Kundenanliegen selbst bearbeiten.

a) Frau Aren hat ein Onlinekonto und überlegt sich, eine Girocard dazuzubestellen. Schildere Frau Aren die Funktionen einer Girocard sowie ihre Funktionsweise.

b) Herr Schmunzel möchte den Mitgliedschaftsbeitrag für sein Fitnessstudio in Höhe von 40 Euro überweisen. Er findet es sehr mühselig, jeden Monat das Überweisungsformular auszufüllen. Erkläre Herrn Schmunzel die möglichen Alternativen.

c) Fälschlicherweise wurde vor zwei Wochen von Herrn Winni wieder der Beitrag für ein Zeitungsabo abgebucht, obwohl er dieses fristgerecht zum letzten Monat gekündigt hatte. Begründe, ob Herr Winni sein Geld zurückholen kann.

d) Timon möchte sich Mobile Payment einrichten lassen. Seine Freundin Carla ist skeptisch, da sie sich damit noch überhaupt nicht auskennt. Erläutere Carla alles Wichtige zu Mobile Payment. Gehe dabei auf die Vorteile, aber auch die Gefahren von modernen Medien ein.

4 In der nächsten Woche schaust du Frau Cash über die Schulter. Sie ist Beraterin und berät insbesondere Kunden, die einen Kredit benötigen. Frau Cash möchte testen, wie viel du bereits über das Kreditwesen weist, und bittet dich, die folgenden Fragen bzw. Aufgaben zu beantworten.

a) Gib an, wie die Kreditgeschäfte der Bank noch genannt werden.

b) Erkläre die Begriffe Tilgung und Zinsen.

c) Erläutere die Voraussetzungen für eine Kreditvergabe.

d) Charakterisiere zwei Arten von Krediten und Kreditsicherheiten.

5 *Lerntempoduett:* Deine dritte Woche verbringst du mit Herrn Kehler. Er ist Berater für Geldanlagen. Den Kunden erklärt Herr Kehler, dass du eine Ausbildung machst, und sie sind einverstanden, dass du eine kleine Beratung übernimmst. Formuliert jeweils eine Geldanlageempfehlung. Begründet diese auch mithilfe des Magischen Dreiecks der Geldanlage und charakterisiert kurz die jeweilige Anlage.

a) Herr Özlü sucht nach einer Gelegenheit, regelmäßig Geld für seine Tochter einzubezahlen. Diese soll ebenfalls die Möglichkeit haben, jederzeit Einzahlungen und Abhebungen vornehmen zu können.

b) Frau Meer hat kürzlich eine Bonuszahlung erhalten. Da sie das Geld im Moment nicht benötigt, sucht sie nach einer Anlagemöglichkeit, die möglichst viel Rendite abwirft.

c) Familienvater Yuri möchte ab der Geburt seiner jüngsten Töchter für diese regelmäßig Geld einzahlen. Dieses soll sie zum 18. Geburtstag bekommen. Ihm ist wichtig, dass das Geld relativ sicher angelegt ist. Er möchte allerdings auch eine gewisse Rendite erhalten.

6 Am Nachmittag hat Herr Kehler noch zwei weitere Kundentermine, bei denen du ihn unterstützen darfst.

a) Frau Timer, 30 Jahre alt, hat einen Brief über den aktuellen Stand ihrer gesetzlichen Rente erhalten. Sie ist erstaunt, wie wenig es vermutlich sein wird. Zudem macht sie sich Sorgen, dass ihr Geld im Alter nicht reichen wird. Beruhige Frau Timer, indem du ihr die Gründe erklärst, die zu dem niedrigen Rentenniveau führten, und anschließend drei Möglichkeiten zur privaten Altersvorsorge darstellst.

b) *Partnerabfrage:* Herr Esröb ist sehr interessiert an Aktien und der Börse. Herr Kehler bittet dich, dich gemeinsam mit der anderen Auszubildenden Monika auf das Thema Börse vorzubereiten.

c) Herr Esröb ist begeistert von deinem Fachwissen und bittet dich, ihm zu erklären, wie Aktienkurse zustande kommen und aus welchen Gründen sich diese jeden Tag verändern.

WEBCODE

WES-116646-261
Film: Einfach erklärt:
Die Euro-Krise

7 In Woche vier darfst du noch einmal zu Herrn Kehler, da es dir dort besonders gut gefallen hat. Weil dich das Thema Börse sehr interessiert, hat er dir eine Infografik mitgebracht und stellt dir hierzu die folgenden Fragen.

a) Definiere die drei dargestellten Aktienindices.

b) Erkläre die Bedeutung des Punktestands am 01.01.2008 beim DAX.

c) Beschreibe die Kursverläufe.

d) Recherchiere die Ereignisse, die ab 2008 zu diesen Kursverläufen geführt haben.

e) Für sinkende Kurse gibt es in der Börsensprache zwei Fachbegriffe. Erkläre genauer, wann diese jeweils verwendet werden.

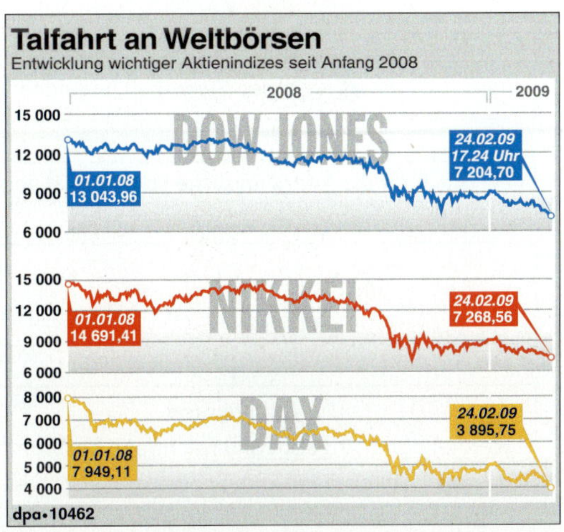

Banken
sind Teil des Wirtschaftskreislaufs und nehmen eine Vermittlerposition zwischen den privaten Haushalten und Unternehmen ein.

Aufbau des Bankensystems

Universalbanken
bieten zahlreiche Bankdienstleistungen an. Sie werden in Privatbanken, öffentlich-rechtliche Banken und Genossenschaftsbanken unterteilt.

Spezialbanken
bieten nur eine oder wenige spezielle Dienstleistungen an. Beispiele sind Bausparkassen oder Bürgschaftsbanken.

Bankgeschäfte

Dienstleistungsgeschäfte
Dazu gehören Beratung, Depotgeschäfte und der bargeldlose Zahlungsverkehr (z. B. Kreditkarte, Überweisung).

Aktivgeschäfte
sind Kreditgeschäfte, z. B. Dispositionskredit, Realkredit, Ratenkredit, Avalkredit.

Passivgeschäfte
sind Einlagengeschäfte, z. B. Sichteinlagen, Termineinlagen, Spareinlagen.

Bankgeschäfte mit **modernen Medien**, wie **Mobile Payment** und **Onlinebanking**, bieten Chancen (z. B. flexibles und schnelles Bezahlen), aber auch Gefahren (z. B. Datensicherheit).

Kreditsicherheiten
dienen zur Absicherungen von Krediten, falls sich der Kreditnehmer z. B. überschuldet. Beispiele sind Bürgschaft, Sicherungsabtretung oder Grundschuld.

Wertpapiere
sind Urkunden, an die ein bestimmtes Recht gebunden ist. Sie werden zur Geldanlage genutzt.

Gläubigerpapiere
Der Anleger wird zum Gläubiger, z. B. Schuldverschreibungen, Anleihen.

Teilhaberpapiere
Der Anleger wird zum Miteigentümer, z. B. Aktien, Fonds.

Das Magische Dreieck der Geldanlage
umfasst die Anlagekriterien Sicherheit, Liquidität und Rentabilität. Sie können niemals alle gleichzeitig voll erfüllt werden.

Auch für die **Altersvorsorge** sollte privat vorgesorgt werden, da die gesetzliche Rente oft nicht ausreichend ist.

Börse
ist ein Handelsplatz für Wertpapiere, Devisen und Waren.

Aktienkurse
werden durch Angebot und Nachfrage bestimmt und auch durch diese zum Schwanken gebracht.

Aktienindices
fassen mehrere Aktien zusammen und bewegen sich mit der gesamtwirtschaftlichen Entwicklung, z. B. DAX.

III Soziale Marktwirtschaft

In diesem Kapitel lernst du, ...

- Deutschlands Weg zur Sozialen Marktwirtschaft nachzuvollziehen und so die Voraussetzungen und Ziele dieser Wirtschaftsordnung zu erkennen.
- verschiedene Wirtschaftsordnungen voneinander abzugrenzen.
- die freiheitlichen und sozialen Bausteine der Sozialen Marktwirtschaft zu beurteilen und dabei die Bedeutung nachhaltigen Wirtschaftens sowie der sozialen Sicherung herauszustellen.
- verschiedene Formen wirtschaftlicher Machtbildung zu analysieren und zu erkennen, dass der Staat in der Sozialen Marktwirtschaft eine wichtige Aufgabe als Wächter über das wirtschaftliche Geschehen innehat.

1 Entwicklung der Sozialen Marktwirtschaft

1.1 Die Ausgangslage

M1 Ein Land in Schutt und Asche – Deutschland nach dem 2. Weltkrieg

zerstörtes Dresden 1945

Frauen beim Trümmerklopfen

3,5 Millionen Kriegstote

60 % der Bevölkerung stark unterernährt

10 Millionen Flüchtlinge und Vertriebene

50 % der Kapazität der deutschen Wirtschaft zerstört

50 % der Wohnfläche zerstört

Lebensmittelkarte

Die Fotos und Schlagzeilen oben stellen die dramatische Ausgangssituation Nachkriegsdeutschlands dar.
Aufgrund der Zerstörungen gab es zudem nur geringe Vorräte an Nahrungsmitteln und sonstigen Waren. Damit diese für eine größere Anzahl von Menschen reichten, wurden sie rationiert. Nur wer eine entsprechende Lebensmittelkarte (Bild links) oder einen Bezugsschein vorweisen konnte, erhielt das Produkt.
Es herrschte Hunger vor, denn mit einer Lebensmittelkarte erhielt man gerade einmal Nahrungsmittel mit 1.200 bis 1.500 Kalorien.
Viele konnten ihr Überleben daher nur mit Tauschgeschäften sichern: Städter fuhren aufs Land und tauschten dort Hausrat, Kleidung oder Wertgegenstände gegen Butter, Speck oder Kartoffeln. Der Tauschhandel blühte.
Geld wurde als Tauschmittel nicht mehr eingesetzt, denn die Reichsmark hatte ihren Wert verloren. Für einen erfolgreichen Tausch zählten nur noch Lebensmittelkarten oder interessante Waren wie Zigaretten.
Dennoch war die deutsche Bevölkerung in den Nachkriegsjahren arbeitswillig und größtenteils arbeitsfähig. Sie wollten ihr Land wiederaufbauen und eine Perspektive bekommen.

INFO

Internationale Ruhrbehörde
Diese Behörde kontrollierte gemäß dem Ruhrstatut vom 28.4.1949 die Produktion von Kohle, Koks und Stahl im Ruhrgebiet, um eine Wiederaufrüstung Deutschlands zu verhindern. Sie bestand zunächst aus Vertretern der Westalliierten und der Beneluxstaaten, Ende November 1949 trat auch Westdeutschland bei. 1952 wurde die Behörde aufgelöst und stattdessen die „Europäische Gemeinschaft für Kohle und Stahl" (Montanunion) gegründet.

Der **Wiederaufbau Deutschlands** nach dem Zweiten Weltkrieg war schwer, zumal es bald zu Konflikten unter den vier Siegermächten – den USA, Großbritannien, Frankreich und der Sowjetunion – kam. Sie hatten das deutsche Territorium nach Kriegsende in **vier Besatzungszonen** aufgeteilt.

Als jedoch die **Sowjetunion** 1945 begann, in ihrem Gebiet eine Verstaatlichung der Industrie durchzuführen, beschlossen die **drei Westmächte**, die von ihnen kontrollierten Teile Deutschlands wiederaufzubauen.

Hierfür setzten sie folgende **Maßnahmen** um:

- keine wirtschaftliche Zerschlagung Westdeutschlands,
- Schaffung eines „Vereinigten Wirtschaftsgebietes" im Jahr 1947,
- Finanzhilfen aus den USA für den Kauf nötiger Güter zum Wiederaufbau (Marshall-Plan),
- Einführung einer neuen Währung (Deutsche Mark, DM) im Jahr 1948 (Die bisherige Reichsmark wurde durch diese Währungsreform für wertlos erklärt und die Bewohner der drei Westzonen erhielten die neue Währung: zunächst 40 DM für jeden Bewohner, dann nochmals 20 DM.),
- Aufhebung gesetzter Preisvorschriften.

Erste Erfolge konnten mithilfe dieser Maßnahmen rasch verzeichnet werden. Westdeutschland erholte sich langsam wieder.

AUFGABEN

1. Schildere die Bedingungen im Nachkriegsdeutschland (M1).
2. *Partnerabfrage:* Begründet den Wiederaufbau Westdeutschlands aus Sicht der drei westlichen Siegermächte.

Plakat zu einer Ausstellung im Haus der Geschichte der Bundesrepublik Deutschland

1.2 Wirtschaftsordnungen im Vergleich

Als **Wirtschaftsordnung** bezeichnet man alle Rahmenbedingungen, die der Staat für Unternehmen (Produzenten) und Haushalte (Konsumenten) schafft. Dabei müssen stets vier Grundfragen geklärt werden:

Eine Wirtschaftsordnung regelt

- Für wen wird produziert?
- Was soll produziert werden?
- Wie soll es produziert werden?
- Welche Menge wird produziert?

Generell besteht bei der Beantwortung dieser Fragen die Möglichkeit, dass entweder der Staat für alles zuständig ist und die Produktion sowie die Verteilung steuert (**staatliche Wirtschaftslenkung**) oder dass Angebot und Nachfrage sich auf dem Markt selbst regulieren (**Freie Marktwirtschaft**).

M1 Staatliche Wirtschaftslenkung (Planwirtschaft) im Überblick

Bei der Planwirtschaft oder Zentralverwaltungswirtschaft, wie sie auch genannt wird, werden alle Vorgänge, die die Wirtschaft betreffen, zentral von der Regierung gesteuert. [...] Die sogenannte Planstelle muss schätzen, wie viele Waren oder Dienstleistungen die Bevölkerung verbrauchen wird. Alle Waren und Dienstleistungen, Preise und Löhne werden dann in einem Gesamtplan [der z. B. fünf Jahre gültig ist] festgelegt. [...] [Dafür ist es notwendig], dass die Güter, Rohstoffe und Unternehmen dem Staat gehören.

Aus: Tanja Lindauer/Co-Autorin: Britta Pawlak, Lexikon: Planwirtschaft, in: https://www.helles-koepfchen.de/artikel/3141.html, Mainz, 26.11.2011 (Zugriff: 21.4.2020)

INFO

Beispiele für Planwirtschaften:
Kuba, Nordkorea

M2 Freie Marktwirtschaft im Überblick

Im Gegensatz zur Planwirtschaft [...] haben in einer freien Marktwirtschaft die Haushalte und die Unternehmen das Zepter in der Hand. Die Betriebe allein entscheiden, mit wie vielen Leuten sie welche Waren oder Dienstleistungen wie und wo produzieren und zu welchem Preis sie diese anbieten. Die Haushalte [...] wiederum entscheiden, wo und für wen sie arbeiten und wofür sie ihre Einkommen ausgeben. Der „Ort“, an dem sich Unternehmen und Haushalte treffen, ist der Markt. [...] [Allerdings führte diese Wirtschaftsordnung in vergangenen Zeiten dazu,] dass große Teile der Bevölkerung in sozialem Elend lebten.

Aus: Institut der deutschen Wirtschaft Köln Medien GmbH (Hrsg.), Wirtschaft und Schule, Arbeitsblatt „Soziale Marktwirtschaft“, in: https://www.wirtschaftundschule.de/unterrichtsmaterialien/staat-und-wirtschaftspolitik/arbeitsblaetter/soziale-marktwirtschaft-wirtschaftsordnung/, Köln, 28.8.2018, S. 2 (Zugriff: 21.4.2020)

INFO

Beispiele für Freie Marktwirtschaften:
Hongkong, Singapur, USA

Den grundlegenden **Marktmechanismus**, das Wechselspiel von **Angebot und Nachfrage**, hast du bereits in der Jahrgangsstufe 8 behandelt.

WEBCODE

WES-116646-311
Film: Einfach erklärt:
Das Marktmodell

Für Westdeutschland setzte sich mit Unterstützung der Westalliierten schließlich das Konzept der **Sozialen Marktwirtschaft** durch, als dessen „Väter“ insbesondere **Alfred Müller-Armack** und **Ludwig Erhard** gelten.

M3 Soziale Marktwirtschaft im Überblick

Deutschlands Wirtschaftsordnung ist die Soziale Marktwirtschaft. Sie wurde aus der Freien Marktwirtschaft entwickelt. Damit keine zu großen sozialen Ungerechtigkeiten entstehen, greift der Staat durch bestimmte Regeln in die Freie Marktwirtschaft ein. [...] Zum Beispiel gibt es Gesetze zum Kündigungsschutz, die verbieten, dass ein Arbeitnehmer von einem Tag auf den anderen entlassen wird. [...] Auch sorgt der Staat dafür, dass bei gefährlichen Arbeiten die Arbeitnehmer [...] geschützt werden. Kurz, die Freiheit der Marktwirtschaft wird da eingeschränkt, wo sie unsozial ist, wo sie nur den Starken dient und den weniger Starken schadet. Das Privateigentum wird geschützt, aber wer Eigentum hat, hat auch Verantwortung dafür, wie er damit umgeht.

Aus: Gerd Schneider/Christiane Toyka-Seid, Soziale Marktwirtschaft, in: Bundeszentrale für politische Bildung (Hrsg.), HanisauLand, https://www.hanisauland.de/lexikon/s/soziale_marktwirtschaft.html, Bonn (Zugriff: 5.4.2020)

In der Sozialen Marktwirtschaft sollten die **Vorteile der Freien Marktwirtschaft** erhalten bleiben und zugleich die negativen Aspekte durch eine **soziale Komponente** reduziert werden. Alfred Müller-Armack formulierte die **Grundidee der Sozialen Marktwirtschaft** wie folgt:

„Sinn der Sozialen Marktwirtschaft ist es, das Prinzip der Freiheit auf dem Markte mit dem des sozialen Ausgleichs zu verbinden.“

(Zitat aus: Alfred Müller-Armack, Soziale Marktwirtschaft, in: Handwörterbuch der Sozialwissenschaften, Stuttgart: Gustav Fischer Verlag, 1956, S. 390)

Durch die Soziale Marktwirtschaft sollte das **Ziel „Wohlstand für alle“** erreicht werden.

M4 Ziele der Sozialen Marktwirtschaft

Soziale Marktwirtschaft
↓
Ziel: „Wohlstand für alle“
durch
- freie wirtschaftliche Entfaltung
- soziale Sicherheit und Gerechtigkeit

↓

Grundsatz:
„So viel Markt wie möglich, so viel Staat wie nötig.“
(Karl Schiller, 1966–1972 Bundeswirtschaftsminister)

Zwei „Väter“ der Sozialen Marktwirtschaft

Prof. Dr. Alfred Müller-Armack (1901–1978) war Wirtschaftswissenschaftler und u. a. 1958–1963 Staatssekretär im Bundeswirtschaftsministerium.

Prof. Dr. Ludwig Erhard (1897–1977) war u. a. 1945/46 bayerischer Wirtschaftsminister, 1949–1963 Bundeswirtschaftsminister und 1963–1966 Bundeskanzler.

WEBCODE
WES-116646-312
Film: Einfach erklärt: Der Staat in der Sozialen Marktwirtschaft

M5 Armut wächst weltweit

„Zeltstadt"

Menschenschlange vor einer Armenspeisung

M6 Beispiele: Leben in unterschiedlichen Wirtschaftsordnungen

Beispiel 1: Mike sitzt mit seinen drei Geschwistern am Mittagstisch, als sein Vater erzählt: „Ich wurde mit sofortiger Wirkung entlassen, weil die Aufträge im Unternehmen eingebrochen sind. Es wurden 50 Prozent der Arbeitnehmer freigestellt. Daher müssen wir uns in nächster Zeit finanziell stark einschränken. Unser Erspartes reicht ungefähr für sechs Monate. In dieser Zeit muss ich unbedingt einen neuen Job finden, sonst müssen wir aus der Wohnung, und wir haben keine Verwandten, die wir um Hilfe bitten können. Lasst uns fest zusammenhalten, dann werden wir auch diese Krise überstehen!"

Beispiel 2: Alma fällt in der Schule die Treppe hinunter und bricht sich den Fuß. Die Gemeindeunfallversicherung übernimmt die Kosten.

Beispiel 3: Magdalena möchte sich eine Uhr kaufen. Allerdings kann sie nur zwischen zwei Modellen auswählen, und es wird auch die nächsten zwei Jahre nur diese beiden Modelle zu kaufen geben.

Beispiel 4: Herr Arend erhält gegenwärtig Arbeitslosengeld I. Dieses beträgt in der Regel 60 Prozent des ehemaligen Nettoentgelts. Weil Herr Arend mehrere Kinder hat, erhöht sich das Arbeitslosengeld auf 67 Prozent. Falls er nach einem Jahr keine neue Stelle findet, würde er Arbeitslosengeld II als Grundsicherung für erwerbsfähige Arbeitslose beziehen. Hilfebedürftige, die nicht mehr erwerbsfähig sind, bekommen stattdessen Sozialhilfe. Beides dient zur Sicherung des Lebensunterhalts und eines menschenwürdigen Existenzminimums.

M7 Wie die Soziale Marktwirtschaft funktioniert

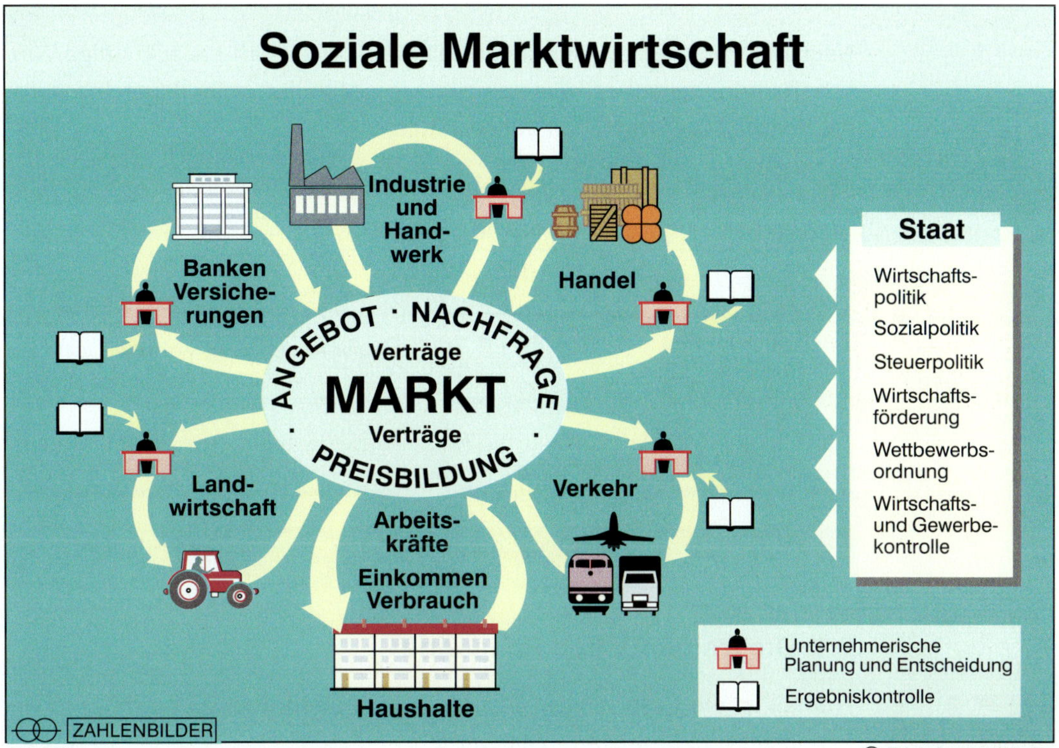

200 250

AUFGABEN

1. Beschreibe die Grundidee und Ziele der Sozialen Marktwirtschaft (M4).
2. Erkläre folgende Aussage des ehemaligen Bundeswirtschaftsministers Karl Schiller: „So viel Markt wie möglich, so viel Staat wie nötig." (M4)
3. Beschreibe die beiden Fotos in M5. Begründe, in welcher Wirtschaftsordnung derartige Situationen vermehrt vorkommen können.
4. *Lerntempoduett:* Ordnet den vier Beispielen in M6 die jeweilige Wirtschaftsordnung zu (M1, M2 oder M3 auf S. 114/115). Begründet eure Entscheidung.
5. a) Recherchiere im Internet, wie hoch das Arbeitslosengeld II („Hartz-IV-Satz") gegenwärtig für Alleinerziehende mit einem Kind ist.
   b) Beurteile die Höhe des Arbeitslosengeldes II.
6. Analysiere die Infografik M7 im Hinblick auf die Rolle des Staates und des jeweiligen Unternehmens.
7. Art. 20 Abs. 1 GG lautet:
   „Die Bundesrepublik Deutschland ist ein demokratischer und **sozialer** Bundesstaat."
   Erkläre die Bedeutung dieses Artikels.
8. „Zeiten hoher Arbeitslosigkeit stellen eine Herausforderung für den Staat dar." Erläutere diese Aussage.

WEBCODE

WES-116646-313
Informationen zum Arbeitslosengeld II auf der Homepage des Bundesministeriums für Arbeit und Soziales

2 Bausteine der Sozialen Marktwirtschaft

Nach der Entscheidung für die Soziale Marktwirtschaft als zukünftige Wirtschaftsordnung galt es, diese umzusetzen. Mithilfe zweier Bausteine wurde die Soziale Marktwirtschaft ausgestaltet:

wirtschaftliche Freiheit	Markt und freier Marktzugang	Chancengleichheit	
Privateigentum an Produktionsmitteln	Wettbewerb	soziale Sicherung: Sozialversicherung	soziale Sicherung: Grundsicherung und Sozialhilfe
freiheitliche Bausteine		**soziale Bausteine**	
Soziale Marktwirtschaft			

2.1 Die freiheitlichen Bausteine

Konsumentin beim Produktvergleich

Freiheit ist ein Grundpfeiler unserer Wirtschaftsordnung und muss in vier Bereichen vom Staat garantiert werden.

Wirtschaftliche Freiheit

Für das Funktionieren eines Marktes ist es wichtig, dass jeder Marktteilnehmer in seiner **wirtschaftlichen Tätigkeit** und in seinen **Entscheidungen frei** ist. Es gibt keine Einschränkung oder Bestrafungen, wenn jemand anders reagiert, als es erwartet wird.

Entscheidungsfreiheit

Haushalte (Konsumenten)

- Wie wird das Einkommen verwendet?
- Welche Güter werden gekauft?
- Wo werden die Güter gekauft?
- Passt der Preis oder wird verhandelt?
- Was wird in der Freizeit unternommen?

Unternehmen (Produzenten)

- Wird ein Unternehmen gegründet?
- Welche Güter werden produziert?
- Wo werden die Güter produziert?
- Wie werden die Güter produziert?
- Wie viele Arbeitnehmer werden eingestellt?
- Werden Arbeitnehmer ausgebildet oder nicht?
- Welcher Preis ergibt sich?

Selbstverständlich ist es möglich, z. B. mithilfe von **Werbung**, Einfluss auf die Entscheidungen zu nehmen: Denn mit einer gezielten Werbung kann der Konsument neben Informationen zum Produkt auch einen gewissen Kaufanreiz erhalten.

INFO

Erinnere dich z. B. an das Thema **Marketingstrategien** aus der Jahrgangsstufe 8.

Privateigentum an Produktionsmitteln
Sobald einer Person ein Gegenstand gehört, passt sie auf diesen in der Regel besser auf. Diese Feststellung trifft auch auf den produzierenden Bereich zu: In der Marktwirtschaft kann ein Unternehmer frei entscheiden und selbstständig planen, wie er seine Mittel einsetzt. Jeder Unternehmer wird dabei darauf achten, dass seine gekauften **Produktionsmittel** (Maschinen, Fahrzeuge usw.) **effektiv eingesetzt** und dass sie außerdem **pfleglich behandelt** werden. Folglich ist garantiertes Privateigentum für die (Soziale) Marktwirtschaft sehr wichtig.

Unternehmerin vor ihren Produktionsmitteln

Markt und freier Marktzugang
Im **Grundgesetz** ist in **Artikel 9** festgelegt, dass alle das Recht haben, Vereine und Gesellschaften zu gründen (siehe S. 60). Demnach kann auch jeder – wenn er die nötigen Voraussetzungen erfüllt – ein Unternehmen gründen.

Die dort produzierten Güter und Dienstleistungen werden von den Unternehmen auf dem Markt angeboten und von den Haushalten nachgefragt. Es gibt **keine Beschränkungen für einen Markteintritt**. Allerdings können auch jederzeit Unternehmen aufgrund von sinkender Nachfrage ihre Position am Markt verlieren bzw. den Markt verlassen müssen.

Wettbewerb
Neben der wirtschaftlichen Freiheit, dem Privateigentum an Produktionsmitteln und dem freien Marktzugang ist ein funktionierender Wettbewerb für die Marktwirtschaft unabdingbar. Denn ein Hauptziel eines jeden Unternehmens ist es, möglichst viel **Gewinn zu erzielen**. Dazu ist es nötig, möglichst viele Kunden von den eigenen Produkten zu überzeugen. Eine **Konkurrenzsituation** zu Anbietern gleicher oder ähnlicher Produkte entsteht.

Die Unternehmen können sich nur mit den **erlaubten Mitteln des Wettbewerbs** (Preis, Serviceleistungen oder **Konditionen**, siehe S. 121–123) von anderen Unternehmen absetzen. Eine **Beschränkung des Wettbewerbs**, z. B. durch Preisabsprachen, **ist verboten** (siehe Kapitel III.3, S. 134–139).

INFO

Konditionen
hier: Lieferungs-, Zahlungsbedingungen

AUFGABEN

1. Jeder Konsument ist generell frei in seinen Entscheidungen. Nenne zwei Beispiele, in denen ein Konsument in seiner freien Entscheidung in der Realität eingeschränkt ist.
2. Beurteile die Bedeutung des Marktzugangs in der Marktwirtschaft.
3. *Marktplatz:* Reflektiert, was passieren würde, wenn das Privateigentum nicht mehr garantiert wäre.

Lernen an Stationen

M1 Eine Bäckerei in der Krise

Gegenwärtig ist die Lage kritisch für die Bäckerei Himmel, denn im örtlichen Supermarkt hat eine Backstation aufgemacht. Warum 0,40 – 0,75 Euro für eine Semmel bezahlen, wenn man Semmeln für gerade mal 0,20 Euro kaufen kann? Die Kundschaft wandert der Bäckerei Himmel in Scharen ab. Fritz Himmel ist kurz vorm Aufgeben, denn mit den Dumping-Preisen der Konkurrenz kann er nicht mithalten. Es muss gehandelt werden!

Ihr werdet euch auf den nächsten Seiten mit dem Problem „steigender Konkurrenz" der Bäckerei Himmel auseinandersetzen. Dafür wurde das Thema in fünf Stationen unterteilt. So könnt ihr jeweils selbst entscheiden, in welcher Abfolge ihr die verschiedenen Bereiche des Themas untersuchen möchtet.

Zunächst solltet ihr euch alle Stationen durchlesen, damit ihr einen Überblick über die gesamte Problemstellung erhaltet. Wichtig ist, dass die Station fünf zum Schluss bearbeitet wird, weil sie eine Zusammenfassung darstellt.

Grundsätzlich muss jeder alle Stationen durchlaufen. Ihr bestimmt aber selbst, mit welcher Station ihr beginnt. Erstellt zu jedem einzelnen Aufgabenkomplex eine Lösung. Eure Lehrkraft wird im Vorfeld erklären, ob ihr die Aufgaben alleine, in einem Tandem oder in einer kleinen Gruppe lösen sollt.

Wenn ihr eine Station gelöst habt, könnt ihr die nächste Station bearbeiten. Nach drei bis vier Unterrichtsstunden solltet ihr alle fünf Stationen selbstständig und in eurem eigenen Tempo durchlaufen haben. Eure Lehrkraft steht euch als Berater/-in zur Verfügung.

Mithilfe der Station fünf sollt ihr selbst kontrollieren, ob ihr den Themenkomplex verstanden habt.

Station 1: Der Preis

„Was sind die Kunden bereit, für die Ware zu zahlen?"

„Wie hoch sind die Kosten im Betrieb?"

„Welchen Preis verlangt die Konkurrenz?"

Diese Fragen stellen sich alle Unternehmen. Sie versuchen, durch Marktforschung, die Analyse der eigenen Kosten und der Konkurrenzsituation einen realistischen Preis für ihr Produkt zu finden. Um sich dabei gegenüber der Konkurrenz abzusetzen, wenden Unternehmen u. a. folgende Strategien an:

a) Änderung des Sortiments oder der Qualität
Durch bewusste Änderung des Sortiments (z. B. Erweiterung der Produktpalette) oder durch Verbesserung der Qualität der bisherigen Produkte können Verbraucher dazu bewegt werden, höhere Preise zu bezahlen. Auch Trend- oder Bioprodukte werden von vielen Verbrauchern geschätzt.

b) Generierung einer eigenen Marke
Durch die Schaffung einer eigenen Marke mit guter Qualität kann es gelingen, qualitätsbewusste Menschen, die gerne auf Markenprodukte zurückgreifen, zum Kauf zu bewegen.

c) Gewährung von Sonderkonditionen (Preisvorteile)
Attraktive Sonderkonditionen werden von Geschäften bewusst angeboten: Ihr seid wahrscheinlich mit dem Werbeslogan „Kaufe drei, zahle zwei" oder dem Prinzip der „Happy Hour" vertraut. Bei der „Happy Hour" erfolgt z. B. eine Preisreduzierung auf das gesamte Sortiment eine halbe Stunde vor der Geschäftsschließung am Abend.

Derartige Sonderkonditionen können sich auch auf die Preise in unterschiedlichen Gebieten beziehen: So waren Re-Importe bei Fahrzeugen aus dem EU-Ausland oft kostengünstiger, als das gleiche Fahrzeug im Inland gekostet hätte.

d) Gewährung von räumlichen Preisvorteilen
Händler verkaufen teilweise neben dem Geschäft auch in Verkaufswagen. Dadurch bedienen sie Kunden, denen der Weg ins Geschäft zu weit ist. Allerdings wird in solchen Verkaufswagen meist ein höherer Preis verlangt.

M2 Weitere Beispiele für Preisstrategien

- Kundenkarte
- Rabattkarte
- Gutscheine
- SuperSparPreis
- Hauptsaison/ Nebensaison
- Preiserhöhung zu Weihnachten
- Vorverkauf
- Frühbucherrabatt
- Schlussverkauf

AUFGABEN

1. Ordne den Beispielen im Text auf dieser Seite und in M2 zu, ob es sich jeweils um eine zeitliche, räumliche oder sachliche Preisdifferenzierung handelt.
2. a) Stelle in einer Mindmap (*Methode* auf S. 92) konkrete Aktivitäten im Bereich Preis dar, die du Herrn Himmel (M1) empfehlen würdest.
   b) Reflektiere die Risiken, die in den von dir vorgeschlagenen Aktivitäten aus Aufgabe 2 a stecken könnten.
3. Gestalte ein Plakat zum Thema Preis.

Station 2: Der Service

Die Kundenzufriedenheit ist entscheidend für das Bestehen eines Unternehmens. Aus diesem Grund sollten Unternehmen die Stellschraube „Service" genau analysieren.

Denn wenn

- sich die Kunden nicht gut behandelt fühlen,
- ihre Anliegen nicht in einer angemessenen Zeit gelöst werden,
- auf ihr Anliegen überhaupt nicht oder verspätet reagiert wird,

wandern sie zur Konkurrenz ab. Es gilt in der Regel: Unternehmen mit einem guten bis überdurchschnittlichen Kundenservice werden bevorzugt.

Falls ein Unternehmen schlecht erreichbar ist, die Lösung der Anliegen verzögert, die Reparaturen mangelhaft sind usw., verliert es Kunden und schädigt seinen Ruf. Deshalb ist dieser Bereich oft entscheidend für die Kundenbindung.

AUFGABEN

1. Nenne drei Gründe, warum der Bereich Service von den Unternehmen sehr gewissenhaft bedient werden sollte.
2. a) Entwickle fünf Maßnahmen, die Fritz Himmel (M1) im Bereich Service umsetzen könnte.
   b) Schätze die Erfolgsaussichten dieser Maßnahmen ein.
3. Manche Leute sprechen von einer „Servicewüste Deutschland".
   a) Schildere einen realen Fall aus deiner Vergangenheit, bei dem du mit Problemen im Servicebereich konfrontiert warst.
   b) Entwickle Vorschläge, welche Vorgehensweise du dir von den Unternehmen gewünscht hättest.
4. Beurteile folgendes Zitat von Henry Ford:
   „Wenn das Produkt nicht hält, was es verspricht, und dem Kunden keinen echten Servicevorteil bietet, ist es für den Hersteller besser, das Produkt nicht einzuführen. Sonst macht er damit die schlechteste Art von Werbung – einen unzufriedenen Kunden."

Station 3: Die Konditionen

„Wer mit fairen Partnern um jeden Preis um jeden Preis feilscht, riskiert um jeden Preis faire Partner.“ *KarlHeinz Karius (Autor)*

„Im Einkauf liegt der Gewinn.“
alte Kaufmannsweisheit

„Handeln“ beim Einkauf wird immer üblicher. Ziel ist es, Waren möglichst kostengünstig zu erwerben. Dies wird auch dadurch erleichtert, dass sich auf Vergleichsportalen die Preise anderer Anbieter schnell abfragen lassen. Auch unter Geschäftspartnern sind Preisverhandlungen gängig. Vor Bestellungen wird meist ein Angebot angefordert, das die Preise und Konditionen (Bedingungen) auflistet. Diese entscheiden einerseits, zu welchem Preis die Produkte später angeboten werden können, und andererseits über die Höhe des eigenen Gewinns, der für die Stabilität eines Unternehmens wichtig ist. Deshalb prüfen Unternehmen die Konditionen sehr genau:

a) Rabattstaffel
Bei einer höheren Bestellmenge wird ein Preisnachlass gewährt.

INFO

Beispiel für Rabattstaffel
Preis bei Lieferung von

50 Stück:	300,00 €
1.000 Stück:	4.000,00 €
5.000 Stück:	12.500,00 €
...	

b) Lieferungsbedingungen
Bei der Lieferung „frei Haus“ übernimmt der Verkäufer die Verpackungs- und Versandkosten. Der Kunde erhält dadurch einen Preisvorteil. Bei der Lieferung „ab Werk“ ist der Käufer für die Abholung der Ware zuständig. Er muss alle Kosten dafür tragen. Im Internet wird inzwischen oft eine Mischung aus diesen beiden Varianten verwendet, z. B.: „Ab einem Einkaufswert von 75 Euro erfolgt eine versandfreie Lieferung, darunter fallen 8 Euro an.“

c) Zahlungsbedingungen
Auch die Zahlungsbedingungen können sich stark unterscheiden:

Zahlungsbedingung	Folge
Zahlung erfolgt durch Vorkasse.	Der Käufer muss den Preis noch vor Erhalt der Ware bezahlen.
Zahlung erfolgt per Rechnung: „nach Erhalt rein netto“.	Nach dem Erhalt der Ware muss der vollständige Rechnungsbetrag beglichen werden.
Zahlung erfolgt per Rechnung: „Zahlungsziel 30 Tage, bei Zahlung innerhalb von 8 Tagen 2 % Skonto“.	Nach dem Erhalt der Ware muss die Rechnung bezahlt werden. Wenn innerhalb von 8 Tagen bezahlt wird, kann 2 % vom Rechnungsbetrag abgezogen werden. Danach ist der vollständige Rechnungsbetrag zu zahlen.

AUFGABEN

1. Lieferungs- und Zahlungsbedingungen sind für Großkunden äußerst interessant. Begründe dies.
2. Entwickle Vorschläge für Konditionen, die die Bäckerei Himmel (M1) den Kunden anbieten könnte.
3. Du möchtest ein ganz bestimmtes Tablet kaufen. Beim örtlichen Händler kannst du dieses gleich mitnehmen und erhältst einen Vor-Ort-Service. Im Internet ist es günstiger, aber du musst die Lieferung bezahlen und der Anbieter sitzt in Großbritannien. Begründe, wo du das Tablet kaufst.
4. Sepp Winter hat im Internet ein Auto für 5.000 Euro gekauft und gleich per Vorkasse bezahlt. Reflektiere die Risiken, die hier bestehen könnten.

Station 4: Nachhaltigkeit

WEBCODE

WES-116646-321
Film: Einfach erklärt:
Nachhaltigkeit

Unser Ökosystem wird durch unser Handeln täglich strapaziert und geschädigt. Allerdings erfolgt immer mehr ein Umdenken bei den Verbraucherinnen und Verbrauchern. Dieser Wandel erfasst auch die Unternehmen: Nachhaltigkeit wird zunehmend als Ziel gesetzt.

Die Nachhaltigkeit in Unternehmen setzt bereits beim Einkauf ein. Denn durch die Anlieferung von regionalen Händlern reduziert sich der Transportweg und weniger Abgase fallen an.

Auch die Herstellung der Produkte rückt ins Visier: Werden Schadstoffe eingesetzt? Können die Abfallprodukte einer weiteren Verwendung zugeführt werden? Kann Abfall vermieden werden? Ist die Verwendung von Plastik nötig oder können andere Verpackungsmaterialien verwendet werden? Wie sind die Arbeitsbedingungen? Erfolgt eine ordentliche Bezahlung?

Das Erreichen des Ziels der Nachhaltigkeit bedingt oft weitreichende Änderungen im Unternehmen: So muss teilweise die Produktauswahl umgestellt werden. Andere Lieferanten rücken ins Visier (z. B. Fair-Trade-Händler), der Preis muss angepasst und die Servicemitarbeiter müssen geschult werden. Ebenso wichtig sind die Verbesserung des Betriebsklimas und die Unterstützung der Mitarbeiter (sozialer Gedanke).

AUFGABEN

1. Begründe, dass Nachhaltigkeit für Unternehmen ein wichtiges Stellrädchen sein sollte.
2. Auch Bäcker Fritz Himmel (M1) liegt die Nachhaltigkeit sehr am Herzen. Er erklärt dazu: „Umweltschutz ist Menschenschutz.“
   Bewerte diese Aussage.
3. Der soziale Gedanke ist in jedem Unternehmen unterschiedlich stark ausgeprägt. Nenne Gründe, die für eine soziale Ausprägung im Unternehmen sprechen, und Gründe, die dagegen sprechen könnten.
4. Erstelle eine Mindmap (*Methode* auf S. 92) mit Vorschlägen, wie du Nachhaltigkeit in einem Unternehmen deiner Wahl umsetzen würdest.

Station 5: Entwicklung einer Strategie

Im Beispiel M1 auf S. 120 hast du die Bäckerei Himmel und ihr Problem mit der steigenden Konkurrenz kennengelernt. Du sollst die Bäckerei nun in dieser schwierigen Zeit beraten, damit sie trotz Konkurrenz zukünftig gut bestehen kann.

Für die Bearbeitung dieser Station ist es somit nötig, dass du dich in die Situation eines Unternehmensberaters versetzt, der ein derartiges Unternehmen betreut und versucht, es wieder „auf die Erfolgsspur" zu bekommen.

AUFGABEN

1. Stelle das Ziel heraus, das du für die Bäckerei Himmel (M1) setzt.
2. Beschreibe genau das Umfeld, das vor deinem Eingreifen vorlag. Stelle dabei Chancen und Risiken in einer Pro-Kontra-Liste (*Methode* auf S. 93) gegenüber.
3. Analysiere die Stärken und Schwächen der Bäckerei Himmel.
4. a) Entwickle strategische Maßnahmen, die du aufgrund des Umfeldes sowie der Stärken und Schwächen ergreifen würdest.
   b) Stelle diese Maßnahmen in einer Mindmap (*Methode* auf S. 92) dar.
5. Für die Gewinnung von möglichen Kapitalgebern ist eine durchdachte Präsentation nötig. Erstelle mithilfe der *Methode* auf S. 155 eine Präsentation für die Bäckerei Himmel (analog oder digital).
6. Die Mitarbeiter sind entscheidend für den zukünftigen Erfolg der Bäckerei Himmel. Konkretisiere die Maßnahmen, die du für diesen Bereich ergreifen würdest.
7. Ein entscheidender Vorteil könnte für die Bäckerei Himmel die Nachhaltigkeit sein. Entwickle Maßnahmen, die du im Bereich Nachhaltigkeit bei der Bäckerei Himmel umsetzen würdest.

2.2 Die sozialen Bausteine

Chancengleichheit

M1 Was ist gerecht?

Alle Menschen sollen für ihre Entwicklung die gleichen Chancen erhalten. Menschen sind jedoch unterschiedlich und werden dies immer bleiben. Dennoch ist jedem die Möglichkeit einzuräumen, sich **unabhängig von Geschlecht, sozialer Herkunft, Alter, Aussehen, Behinderung oder Glauben** zu entwickeln. Dies ist auch in der **Bayerischen Verfassung** verankert:

Auszüge aus der Bayerischen Verfassung

Art. 3

(2) [...] [Der Staat] fördert und sichert gleichwertige Lebensverhältnisse und Arbeitsbedingungen in ganz Bayern, in Stadt und Land.

Art. 128

(1) Jeder Bewohner Bayerns hat Anspruch darauf, eine seinen erkennbaren Fähigkeiten und seiner inneren Berufung entsprechende Ausbildung zu erhalten.

(2) Begabten ist der Besuch von Schulen und Hochschulen, nötigenfalls aus öffentlichen Mitteln, zu ermöglichen.

Zur Verwirklichung der Chancengleichheit ergreift der **Staat zahlreiche Maßnahmen**, z. B.:

- Ausbau der Infrastruktur (vor allem auf dem Land),
- Pendlerpauschale (siehe auch S. 41, Werbungskosten, Punkt „Fahrten"),
- Ausbau von Kita-Plätzen,
- verbindliches Kindergartenjahr,
- Leistungen für Jugendliche im Rahmen des Pakets Bildung und Teilhabe,

- öffentliche (kostenlose) Schulen,
- Berufsberatung,
- öffentliche (kostenlose) Hochschulen und Universitäten,
- Leistungen nach dem Bundesausbildungsförderungsgesetz (BAföG),
- Inklusion,
- Unterstützungsleistungen (wie Landeserziehungsgeld, Betreuungsgeld, Erziehungsberatung),
- Umschulungen,
- Erwachsenenbildung,
- Kindergeld,
- Mütterrente,
- Elterngeld.

M2 Ein Gespräch

AUFGABEN

1. Analysiere die Zeichnung M1.
2. *Marktplatz:* „Jeder soll gleiche Chancen erhalten."
   Beurteilt, warum dieser Anspruch oft schwierig umzusetzen ist.
3. Die Bundes- bzw. Länderregierungen finanzieren viele Projekte, um Chancengleichheit zu erreichen.
   a) Wähle vier Maßnahmen aus der Aufzählung auf dieser Doppelseite aus und erläutere, wie dadurch Chancengleichheit erreicht werden soll.
   b) Schätze ein, ob das nach deiner Ansicht mit diesen Maßnahmen gelingen kann.
4. Stelle einen Zusammenhang der Zeichnung M2 mit der Chancengleichheit her.
5. Von dem Publizisten Robert Jungk stammt folgendes Zitat:
   „Jeder Einzelne muss die Möglichkeit haben, das in ihm steckende schöpferische Potenzial zu entwickeln."
   Erkläre, was er damit meint.

WEBCODE

WES-116646-322
Film: Einfach erklärt:
Sozialversicherungen

Soziale Sicherung

Deutschland ist laut **Artikel 20 Absatz 1 Grundgesetz** ein **sozialer Staat**. Allerdings sind im Grundgesetz keine Regelungen getroffen worden, was konkret in diesem Bereich umgesetzt werden soll. Aus diesem Grund ist es Aufgabe der Politik, den sozialen Gedanken auszugestalten. Folgende Elemente werden dabei als besonders wichtig angesehen:

- Die Bürgerinnen und Bürgern sollen **gegen Lebensrisiken abgesichert**, also kranken-, pflege-, renten-, arbeitslosen- und unfallversichert sein.
- Das **Existenzminimum** soll stets gesichert sein.

a) **Sozialversicherung**

Beispiel 1: Lena bricht sich beim Volleyballspielen im Sportunterricht den Finger. Sie wird anschließend ins Krankenhaus gefahren.

Beispiel 2: Frau John wird nach 20 Jahren betriebsbedingt gekündigt.

Beispiel 3: Nach einem Autounfall lag Herr Abadi drei Wochen auf der Intensivstation. Jetzt besucht er eine Rehabilitationsmaßnahme.

Es kann schnell passieren, dass ein **Unglücksfall** uns persönlich trifft. Meist gehen damit **hohe Kosten** einher. Diese könnten viele Bürgerinnen und Bürger nicht „aus eigener Tasche" bezahlen. Um alle gegen Lebensrisiken abzusichern, wurden daher seit dem Ende des 19. Jahrhunderts verschiedene **verpflichtende Sozialversicherungen** eingeführt:

Versicherung	Einführungsjahr
Krankenversicherung	1883
Unfallversicherung	1884
Rentenversicherung	1889
Arbeitslosenversicherung	1927
Pflegeversicherung	1995

Die Sozialversicherungen basieren auf dem **Solidarprinzip**: Der wirtschaftlich Stärkere wird finanziell mehr belastet, um den wirtschaftlich Schwachen zu entlasten bzw. zu unterstützen. So leisten alle Arbeitnehmer monatlich ihren Beitrag für die Sozialversicherungen, dessen Höhe vom Lohn abhängt. Zusätzlich übernimmt der Arbeitgeber noch mal etwa den gleichen Anteil (siehe S. 39). Im Bedarfsfall erhalten dann alle die gleichen Leistungen aus den Sozialversicherungen. Jeder Einzelne trägt also nach seinen Möglichkeiten zur Gemeinschaft bei und wird durch diese unterstützt, gemäß dem Motto **„Einer für alle, alle für einen"**.

Einzahlungen und Auszahlungen in der Sozialversicherung

gegenwärtige Einzahlung (gesetzlich vorgeschrieben) →  → **gegenwärtige Auszahlung** (durch Rechtsanspruch)

Beiträge sind nach Leistungsfähigkeit gestaffelt

Auszahlung aufgrund von Krankheit, Arbeitsunfällen, Arbeitslosigkeit, Erwerbsunfähigkeit, Alter und Pflegebedürftigkeit

Allerdings hat sich in den letzten Jahren vor allem aufgrund des **demografischen Wandels** die **Belastung der Sozialversicherungen** erhöht: Immer weniger Einzahler stehen immer mehr Leistungsempfängern gegenüber (siehe auch S. 96). Um dies abzufedern, wurden teilweise Beitragssätze angepasst, und der Staat unterstützt das Sozialsystem beträchtlich (siehe M3). Immer wieder kommt jedoch auch die Diskussion auf, ob das Sozialversicherungssystem von der Solidargemeinschaft überhaupt so aufrechterhalten werden kann.

WEBCODE

WES-116646-323
Film: Einfach erklärt:
Demografischer Wandel

M3 Ausgaben des Bundes für die soziale Sicherung

 141 135

AUFGABEN

1. Recherchiere Gründe, warum die einzelnen Sozialversicherungen in dieser Reihenfolge eingeführt worden sind.
2. Erläutere den Sinn jeder einzelnen Sozialversicherung.
3. Erkläre die Bedeutung von Solidarität in der Sozialen Marktwirtschaft.
4. „Jeder zweite Euro für Soziales“: Erkläre diese Aussage mithilfe von M3.
5. *Fishbowl:* Recherchiert im Internet Lösungsansätze, die gegenwärtig im Hinblick auf die „Krise“ der Sozialversicherungen thematisiert werden. Diskutiert diese im Klassenverband.

b) Grundsicherung und Sozialhilfe

M4 Wie soll es weitergehen?

Franz (25 Jahre) wurde aufgrund einer Erkrankung berufs- und erwerbsunfähig. Er weiß gegenwärtig nicht, wie es weitergehen soll.

Durch die Sozialversicherungen sind wir gegen die meisten Lebensrisiken versichert (siehe S. 128/129). Trotzdem kann es passieren, dass eine **Notlage** eintritt, in der diese Versicherungen nicht greifen bzw. ausreichen. Wenn dies geschieht, erhält man **Unterstützung vom Staat**, um ein **menschenwürdiges Leben** zu führen. Voraussetzung ist, dass die Person nachgewiesenermaßen **hilfsbedürftig** ist, also weder die eigenen finanziellen Mittel (Einkommen, Vermögen) genügen, noch z. B. Angehörige unterstützen können. Zudem wird geprüft, ob eine **Erwerbsfähigkeit** gegeben ist.

Leistungen zur Bestreitung des Lebensunterhalts bei Hilfebedürftigkeit, wenn ...

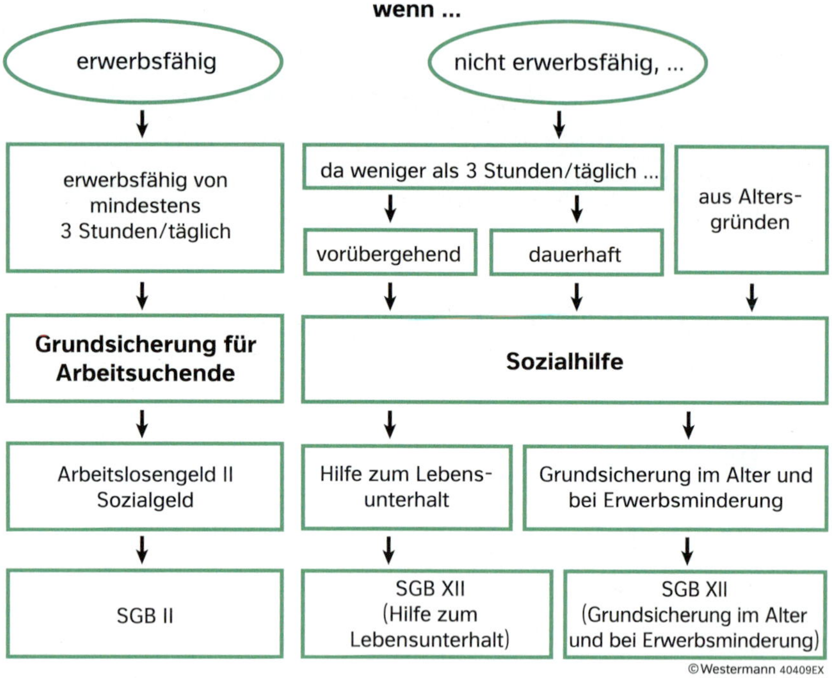

Quelle: Bundesministerium für Arbeit und Soziales, Referat Information, Monitoring, Bürgerservice, Bibliothek (Hrsg.), Sozialhilfe und Grundsicherung im Alter und bei Erwerbsminderung, Bonn, Stand: Juni 2018, S. 14

Falls eine **Erwerbsfähigkeit** vorliegt, gelten die Betroffenen als **arbeitsuchend** und erhalten die **Grundsicherung** in Form von **Arbeitslosengeld II** („Hartz IV"). Zusätzlich trägt die Arbeitsagentur in einem bestimmten Rahmen Miete sowie Heizkosten und der Staat die Beiträge zur Kranken-, Renten- und Pflegeversicherung. Leben im Haushalt außerdem nicht erwerbsfähige Personen, wie z. B. Kinder unter 15 Jahren, erhalten diese **Sozialgeld**.

INFO

Arbeitslosengeld I
wird aus der Arbeitslosenversicherung finanziert und richtet sich nach dem Durchschnittsgehalt des letzten Jahres (60 % des Nettoentgelts bzw. 67 %, falls Kinder vorhanden sind).

Arbeitslosengeld II
wird aus Steuergeldern finanziert und sichert ein Existenzminimum nach einem vorgegebenen Regelsatz.

Erwerbsfähigkeit
liegt vor, wenn jemand regelmäßig mindestens drei Stunden täglich arbeiten kann. Zudem muss die Person mindestens 15 Jahre alt sein und darf das Regelalter der gesetzlichen Rentenversicherung noch nicht erreicht haben.

Wer nicht **erwerbsfähig** ist, erhält **Sozialhilfe**. Diese ist eine Art „Auffangnetz“ und soll die Betroffenen vor Armut und sozialer Ausgrenzung schützen.

§1 SGB XII Aufgabe der Sozialhilfe

(1) Aufgabe der Sozialhilfe ist es, den Leistungsberechtigten die Führung eines Lebens zu ermöglichen, das der Würde des Menschen entspricht.

Je nach Dauer der Erwerbsunfähigkeit werden zwei Formen der Sozialhilfe unterschieden: Besteht die Aussicht, dass die Person wieder erwerbsfähig wird, erhält sie **Hilfe zum Lebensunterhalt**. Besteht diese Aussicht nicht, bekommt sie die **Grundsicherung im Alter und bei Erwerbsminderung**.

Ziel der Grundsicherung und Sozialhilfe ist eine **lebenswerte Gesellschaft**, in der alle am gesellschaftlichen Reichtum teilhaben können.

M5 Immer mehr alte Menschen brauchen Hilfe vom Staat

Immer mehr Rentner können von ihrer Rente nicht leben und sind auf Sozialhilfe angewiesen. Gleiches gilt für Menschen mit einer Erwerbsminderung. Das zeigen Zahlen des Statistischen Bundesamts.
So ist die Zahl der Rentner und Erwerbsgeminderten, die Grundsicherung bezogen haben, im Dezember 2018 auf knapp 1,08 Millionen gestiegen. Das waren 1,9 Prozent mehr als im Jahr davor. Erwerbsminderungen machen 48 Prozent aus, Altersarmut 52 Prozent: Rund 560.000 Menschen jenseits der 65 sind aus finanziellen Gründen ein Fall für die Sozialhilfe – das sind 150.000 mehr als vor zehn Jahren. In Berlin betrifft das knapp 44.000 Bürger.
Trotz des Anstiegs sind nach Meinung von Experten tatsächlich noch viel mehr Menschen von Altersarmut betroffen. „40 bis 50 Prozent der Bedürftigen verzichten auf staatliche Sozialleistungen“, heißt es beim Sozialverband VdK.

Nach: Heike Jahberg, Immer mehr Rentner leben von Sozialhilfe, in: https://www.tagesspiegel.de/politik/armut-im-alter-immer-mehr-rentner-leben-von-sozialhilfe/24178122.html, Berlin, 3.4.2019 (Zugriff: 7.1.2020) (verändert)

AUFGABEN

1. Erstelle eine Mindmap (*Methode* auf S. 92) zum Thema Sozialhilfe.
2. Erläutere, welche Leistungen Franz (M4) erhalten kann.
3. Recherchiere im Internet nach der aktuellen Höhe der Sozialhilfe.
4. Begründe, dass immer mehr Rentner auf Sozialhilfe angewiesen sind (M5).
5. *Kugellager:* Diskutiert, warum Sozialhilfe für viele Menschen nötig ist, und entwickelt Ideen, wie man einige aus diesem Bereich holen könnte.

c) Herausforderungen des Sozialsystems

M6 Beispiele zur sozialen Sicherung

Fallbeispiel 1: Luisa, 20 Jahre, wurde arbeitslos. Zuvor hat sie zwei Jahre bei ihrem Lehrbetrieb gearbeitet und dadurch Ansprüche für die Arbeitslosenversicherung erworben. Daher erhält sie zurzeit Arbeitslosengeld I, das allerdings in zwei Monaten ausläuft. Nun will Luisa Arbeitslosengeld II beantragen. Denn sie sieht gegenwärtig nicht ein, wieder zu arbeiten. Sie möchte sich lieber mit Freunden treffen. Arbeiten strengt nur an und es ist doch toll, Geld so zu erhalten.

Fallbeispiel 2: Verena, 35 Jahre alt, arbeitet täglich acht Stunden als Reinigungskraft. Sie erhält den Mindestlohn von 9,35 Euro (Stand: 2020) und kommt damit kaum über die Runden. Verena empfindet es als äußerst ungerecht, dass es Menschen gibt, die arbeiten könnten, aber nicht wollen. Sie sieht sich als Finanzier dieser Menschen.

Fallbeispiel 3: Juliane, 32 Jahre, wird ganz mulmig, wenn sie die Bevölkerungspyramiden Deutschlands im Zeitverlauf anschaut (siehe M8). Sie fürchtet, dass es auf Dauer nicht funktionieren kann, wenn immer weniger Einzahler immer mehr Menschen finanzieren müssen.

Fallbeispiel 4: Roland, 40 Jahre, findet es nicht gut, dass der Staat so viel Geld für das Sozialversicherungssystem ausgibt. Er ist dafür, dass jeder für sich selbst vorsorgt und später im Alter diese Geldanlage für seinen Lebensunterhalt nutzt (private Vorsorge).

Fallbeispiel 5: Goran, 28 Jahre, muss als Alleinstehender höhere Beiträge zu den Sozialversicherungen zahlen. Er ärgert sich darüber, dass er davon später nicht profitiert. Zudem fragt er sich, wie er zusätzlich noch privat für sich vorsorgen soll. Er möchte irgendwann auch eine Familie gründen und sieht sich finanziell zu stark belastet.

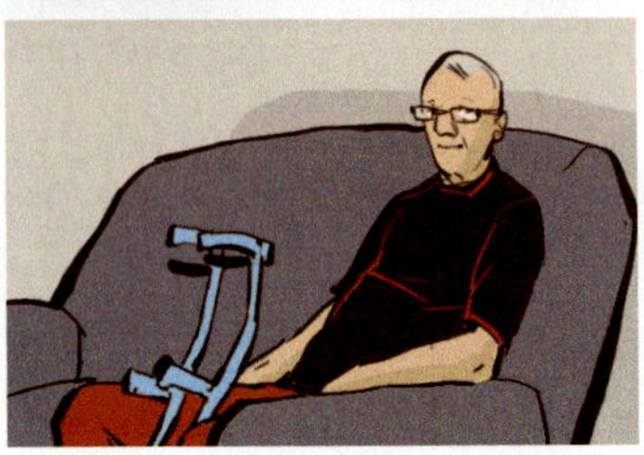

Fallbeispiel 6: Richard, 58 Jahre, wurde durch einen Unfall erwerbsunfähig. Er kann keiner Beschäftigung mehr nachgehen, obwohl er bisher immer gerne gearbeitet hat. Er ist dankbar, dass ihn das soziale Netz in seiner jetzigen Lage auffängt.

M7 Ausgaben für die Sozialversicherung

Betrugen die öffentlichen Sozialausgaben im Jahr 1980 im Durchschnitt noch 16,6 Prozent des Bruttoinlandsproduktes (BIP), so waren es im Jahr 2000 schon 20,0 Prozent und im Jahr 2016 24,0 Prozent.* Für Deutschland waren es 21,8 Prozent, 25,4 Prozent und 25,3 Prozent. Sozialausgaben machen bei Weitem den größten Haushaltsposten aus und dominieren die Budgets westlicher Industriestaaten.

* bezogen auf die 19 Industrieländer, für die die OECD die Daten erfasst

Aus: Niklas Potrafke, Unsere hohen Sozialausgaben sind zum Problem geworden, in: https://www.welt.de/debatte/kommentare/article181726162/Sozialtransfers-Hohe-Ausgaben-binden-zu-viele-Mittel-fuer-die-Zukunft.html, Berlin, 2.10.2018 (Zugriff: 7.1.2020)

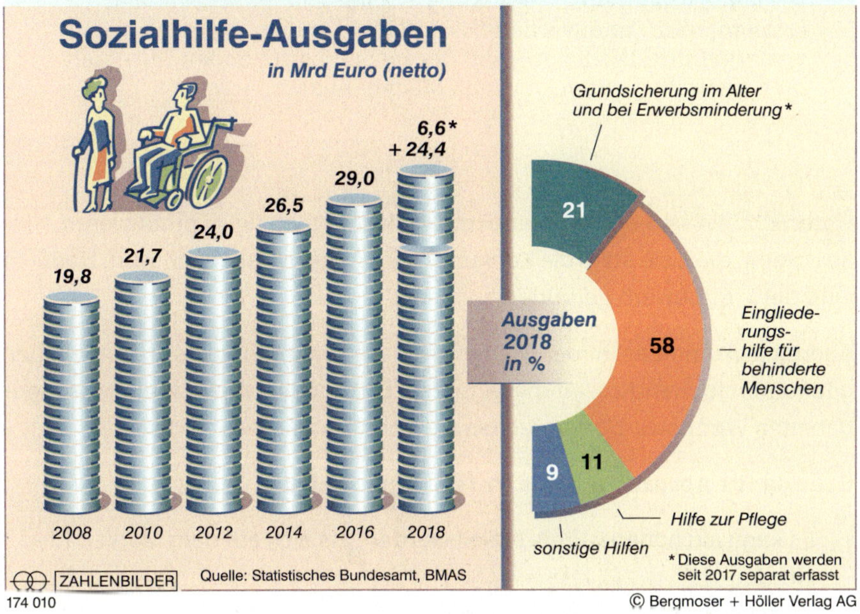

M8 Bevölkerungspyramiden in Deutschland

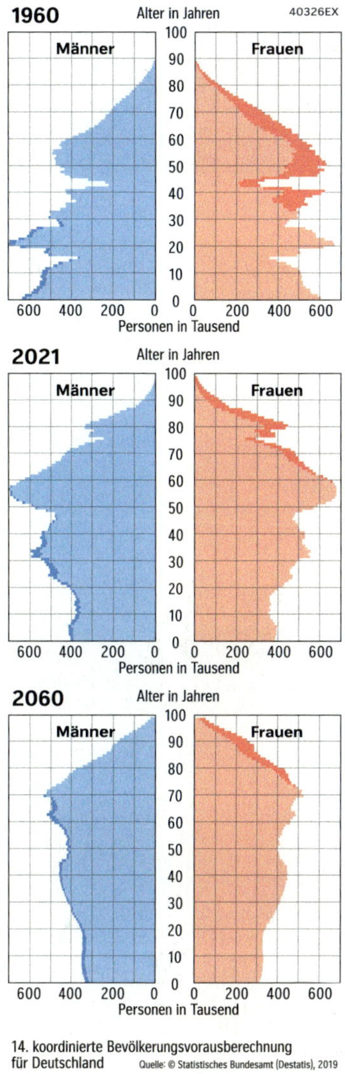

AUFGABEN

1. Erstelle mithilfe der Fallbeispiele in M6 eine Pro-Kontra-Liste (*Methode* auf S. 93) zu den Vor- und Nachteilen der sozialen Sicherung.
2. a) Werte die Entwicklung der öffentlichen Sozialausgaben aus (M7).
   b) Schätze ein, was das für die Zukunft bedeutet.
3. Erkläre, dass die Entwicklung der Bevölkerung in Deutschland (M8) zu einer Steigerung der Einzelbelastung jedes Arbeitnehmers führt.
4. Suche dich in der Bevölkerungspyramide von 2021 und 2060 (M8). Reflektiere, welches Problem du auf dich zukommen siehst und wie du diesem begegnen könntest.
5. Stelle dir vor, dass du entscheiden kannst, wie es mit der sozialen Sicherung in Deutschland weitergeht: Begründe, welche Maßnahmen du ergreifen würdest, um das System möglichst aufrechtzuerhalten.

WEBCODE

WES-116646-331
Film: Einfach erklärt:
Wettbewerb und Kartelle

3 Beschränkungen des Wettbewerbs

3.1 Bildung wirtschaftlicher Macht

Süßwarenhersteller sprechen Preise ab!

Elf Süßwarenhersteller mussten insgesamt rund 60 Millionen Euro Bußgeld zahlen. Sie hatten die Preise für Schokoladentafeln und Schokoriegel abgesprochen. Dadurch kam es zu Preiserhöhungen von bis zu 25 Prozent.

Fusion der Kaufhausketten?

Was schon länger ein Gerücht war, ist jetzt tatsächlich eingetreten. Die beiden Kaufhausketten X und Y schließen sich zusammen („fusionieren") und werden zukünftig unter dem neuen Namen Z weitergeführt. Die Belegschaft der beiden bestehenden Unternehmen befürchtet einen enormen Stellenabbau.

Unternehmen sind bestrebt, effektiv und kostengünstig zu produzieren. Hinzu kommt, dass sie stets die Konkurrenz im Auge behalten müssen. Dadurch wird der Wettbewerb garantiert.

Allerdings kommt es immer wieder vor, dass Unternehmen sich absprechen oder unter der Hand zusammenarbeiten. Durch den reduzierten bzw. ausgehebelten Wettbewerb versprechen sie sich verschiedene Vorteile.

Gründe für Absprachen aus Unternehmenssicht

- Es kann ein höherer Preis erzielt werden, als sich auf dem Markt bilden würde.
- Wirtschaftlich angeschlagene Betriebe können auf dem Markt bestehen bleiben, obwohl sie nicht konkurrenzfähig sind.
- Innovationen müssen nicht verfolgt werden, weil sich das eigene Produkt nicht von dem der Konkurrenz abheben muss. Es entstehen somit keine Entwicklungskosten.

Durch derartige Unternehmenszusammenschlüsse kann der freiheitliche und soziale Charakter der Sozialen Marktwirtschaft gefährdet werden.

Es können u. a. folgende **Arten der Zusammenarbeit bzw. des Zusammenschlusses** von Unternehmen unterschieden werden:

Kartelle	Konzerne	Fusionen

Kartelle

Bei einem Kartell arbeiten Unternehmen der **gleichen Branche**, also mit dem gleichen Produktsortiment, zusammen, um so einen Vorteil zu erzielen. Auf diese Weise reduzieren sie den gegenseitigen Wettbewerb. Die **Unternehmen** bleiben hierbei **rechtlich selbstständig** und **unabhängig**.

Von Kartoffeln bis hin zur Waschmaschine: Verschiedene Kartelle entdeckt!

In den vergangenen Jahren mussten zahlreiche Verbraucher zu viel für ihre Produkte bezahlen, weil sich die Hersteller schlichtweg absprachen.

So beschlossen z. B. zwei Großunternehmen, ihre Kalkulation untereinander offenzulegen und anzupassen. Dadurch forderten sie von ihren Kunden stets den gleichen Preis **(Preiskartell)**.

Zwei andere Unternehmen wiederum sahen es als vorteilhaft für sich an, wenn sie sich nicht mehr gegenseitig Konkurrenz machen. Deshalb teilten sie ihr Absatzgebiet einfach auf und beherrschten dieses Gebiet **(Gebietskartell)**.

Für andere Unternehmen war eine Absprache bezüglich ihrer Konditionen interessant: Durch einheitliche Lieferungs- und Zahlungsbedingungen wurde die Unterscheidbarkeit reduziert und damit die Wahlfreiheit der Kunden eingeschränkt **(Konditionenkartell)**.

Positiv hervorzuheben waren allerdings die **Rationalisierungskartelle**: Durch die Zusammenarbeit in den Bereichen Finanzierung, Einkauf, Produktion und Absatz konnten Kosten vermieden werden und so günstigere Preise erzielt werden.

Millionenstrafen für Wurstfabrikanten!

Bierbrauer zu Bußgeld verdonnert!

Zuckerhersteller haben sich abgesprochen!

M1 Teures Tanken

Zeichnung: Schwarwel

INFO

Im Bereich des Ölmarktes ist die **OPEC** aktiv. Diese Organisation Erdöl exportierender Länder ist ein Kartell, das 1960 entstanden ist und u. a. die Förderquoten von Erdöl in seinen Mitgliedstaaten festlegt.

AUFGABEN

1. Erkläre, warum Unternehmen Absprachen vornehmen.
2. Recherchiere mithilfe des Webcodes Kartellprozesse der letzten Jahre.
3. *Marktplatz:* Beurteilt, warum Unternehmen trotz der Aussicht auf eine Bestrafung zu verbotenen Absprachen greifen.
4. Stelle mögliche Nachteile von Kartellen dar.
5. Recherchiere zur Preisbildung an Tankstellen und erkläre M1. Berücksichtige dabei auch die Rolle der OPEC (Info).
6. *Think-Pair-Share:* Ihr seid Chefs einer Firma für Handyzubehör. Ihr plant mit eurem größten Konkurrenten ein Rationalisierungskartell.
   a) Reflektiert, welche Vorteile ihr in welchen Unternehmensbereichen durch diese Aktion erzielen könnt.
   b) Begründet, dass ihr einem derartigen Kartell positiv gegenübersteht.
7. Erstelle mithilfe der *Methode* auf S. 155 eine Präsentation zum Thema Kartelle.

WEBCODE

WES-116646-332
Über Kartelle und Prozesse gegen diese informiert das Bundeskartellamt auf seiner Homepage.

Konzerne

Viele Marken mit zahlreichen Produkten

Die Auswahl in unseren Supermärkten spricht für sich: Die Regale sind voll und es ist oft schwer, sich zu entscheiden. Welches Produkt von welcher Marke soll es denn sein?

Wir denken, dass es hier zahlreiche Unterschiede gibt. Aber bei genauerer Überprüfung wird ersichtlich, dass die Produkte meist nur von ein paar Großkonzernen hergestellt und vermarktet werden. Sie haben Tochterfirmen mit eigenen Marken und suggerieren dem Verbraucher eine breite Auswahl. Sie beherrschen auf diese Weise den Markt.

Konzerne sind **Zusammenschlüsse von rechtlich selbstständigen Unternehmen**. Diese sind aber meist wirtschaftlich voneinander **abhängig** und besitzen eine **einheitliche Leitung** – das sogenannte **Mutterunternehmen** bzw. die **Muttergesellschaft**. Von dieser werden die Tochterunternehmen bzw. Tochtergesellschaften verwaltet und beherrscht.

Durch die Bildung von Konzernen gelingt es z. B., **Unternehmen aus verschiedenen Produktionsstufen miteinander zu verbinden**. Dadurch können die benötigten Rohstoffe im Konzern selbst erzeugt und verwendet werden. Abhängigkeiten von anderen Unternehmen werden reduziert. Dadurch kann der Weg zum Endprodukt für die Verbraucher transparent gemacht werden.

Zusätzlich werden von Konzernen oft gleiche oder ähnliche Produkte bewusst produziert. Durch die **Existenz verschiedener konzerneigener „Marken“** kann eine größere Käuferschicht angesprochen werden. Es können z. B. Kunden sowohl im Niedrigpreissegment durch die Marke XY oder im Hochpreissegment durch die andere konzerneigene Marke MY angesprochen werden. Dadurch gelingt es, den Marktanteil zu erhöhen.

AUFGABEN

1. *Partnervortrag:* Erklärt den Begriff Konzern.
2. Beschreibe die Vorteile, wenn ein Unternehmen zu einem Konzern gehört.
3. Recherchiere im Internet nach Deutschlands größten Konzernen.
4. Wähle zwei Konzerne aus der Lebensmittelbranche aus und recherchiere die Marken, die unter dem Konzerndach vermarktet werden.
5. Begründe, dass Konzerne oft die einzelnen Marken erhalten.
6. Diskutiert mögliche Auswirkungen von Konzernen für die Verbraucherinnen und Verbraucher.

Fusionen

Perfekter Deal!

Zwei große Automobilkonzerne wollen sich zusammenschließen und zu einem Großunternehmen werden. Dadurch möchten sie ihre Marktmacht erhöhen. Aufgrund der Kräftebündelung erwarten sie Synergien von mehreren Milliarden Euro. Durch den Zusammenschluss entsteht ein Großkonzern von über 500.000 Mitarbeitern weltweit.

Der Grund für diese Vereinigung ist sicherlich der enorme Druck, der auf den Autobauern lastet. Die Forschung im Bereich autonomes Fahren und Elektromobilität ist kostenintensiv und durch die Entwicklung neuer gemeinsamer Modelle wird erwartet, dass der Marktanteil wieder steigt. Auf diese Weise könnten etliche Arbeitsplätze gesichert werden.

INFO

Synergie
gegenseitiger Nutzen bzw. positive Effekte (z. B. höhere Gesamtleistung) durch einen Zusammenschluss oder eine Zusammenarbeit

Eine Fusion ist der **Zusammenschluss mehrerer Unternehmen**. Aber im Gegensatz zu einem Konzern verlieren sie ihre rechtliche und wirtschaftliche Selbstständigkeit. Ein **neues Unternehmen entsteht** aus den bisherigen Unternehmen.

Somit stellen Kartelle, Konzerne und Fusionen sehr unterschiedliche Formen der **Zusammenarbeit (Kartelle)** bzw. des **Zusammenschlusses (Konzerne, Fusionen)** von Unternehmen dar.

Kartell – Konzern – Fusion: ein Überblick

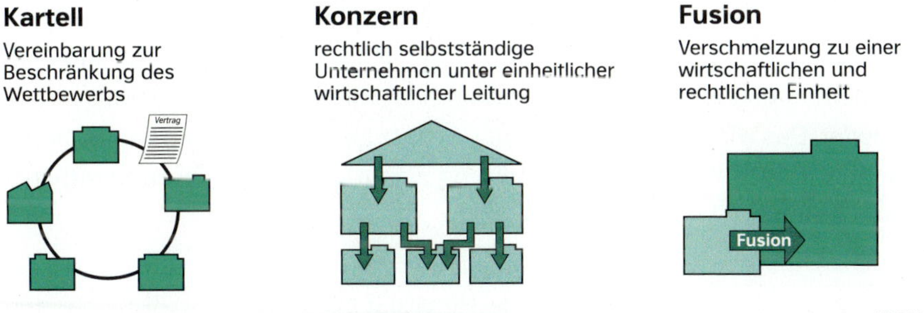

Quelle: © Bergmoser + Höller Verlag AG, Zahlenbilder 210 110 (Auszug) 40325EX

AUFGABEN

1. *Partnervortrag:* Erklärt den Begriff Fusion.
2. Zwei Konzerne können fusionieren. Erläutere, was hier genau passiert.
3. Erstelle eine Pro-Kontra-Liste (*Methode* auf S. 93) zu den Vor- und Nachteilen einer Fusion.
4. Stelle die Interessen von Unternehmen dar, die ein Kartell, einen Konzern oder eine Fusion anstreben.
5. Stelle in einem Erklärvideo (*Methode* auf S. 29) Gemeinsamkeiten und Unterschiede von Kartellen, Konzernen und Fusionen gegenüber.

3.2 Schutz des Wettbewerbs und des Verbrauchers

M1 Unternehmenszusammenschlüsse seit 1991

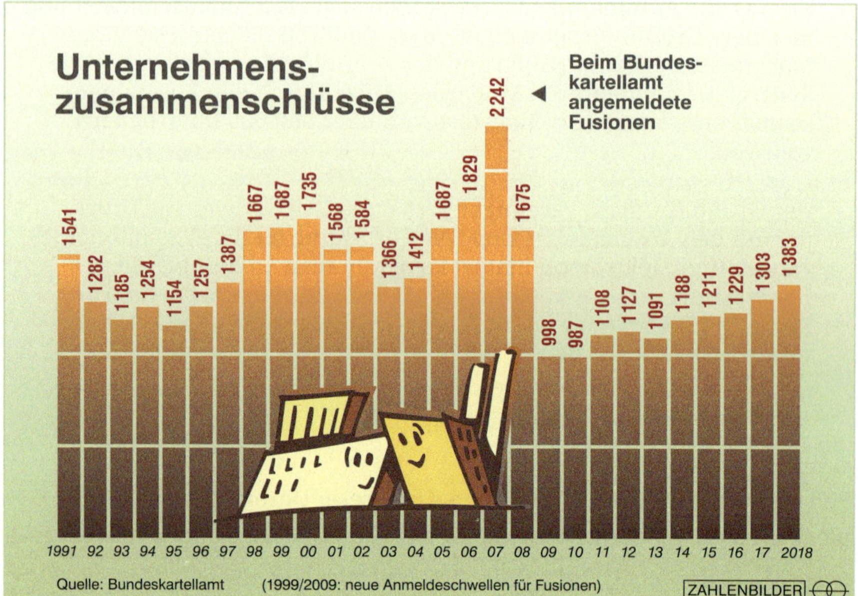

© Bergmoser + Höller Verlag AG 227 003

Es gibt zahlreiche Fälle im Jahr, in denen Unternehmen versuchen, durch eine Zusammenarbeit bzw. Preisabsprachen den Wettbewerb zu beeinträchtigen. Gerade durch Fusionen kann ein Unternehmen eine enorme **Marktmacht** erreichen. Dadurch besteht die Gefahr, dass der Wettbewerb völlig zum Erliegen kommt.

Um dies zu verhindern, hat der Staat zahlreiche Gesetze und Verordnungen zur Sicherstellung des Wettbewerbs und der wirtschaftlichen Freiheit verabschiedet. Das wichtigste Gesetz ist das **Gesetz gegen Wettbewerbsbeschränkungen (GWB)**. Über seine Einhaltung wacht das Bundeskartellamt. Das Kartellamt hat folgende Möglichkeiten:

Bundeskartellamt

- löst Verträge, die zur Entstehung einer Marktmacht führen, wieder auf
- untersagt den Missbrauch einer marktbeherrschenden Stellung
- verhängt Geldbußen, wenn gegen das Gesetz verstoßen wird

Fusionen sind prinzipiell erlaubt, müssen aber **bei umsatzstarken Unternehmen angemeldet** und vom Bundeskartellamt **geprüft** werden. **Kartelle** sind hingegen grundsätzlich **verboten**. Jedoch gibt es **Ausnahmen**, wenn durch die Absprache Vorteile für den Wettbewerb erzielt werden. Nachfolgende Kartelle werden in der Regel vom Bundeskartellamt akzeptiert bzw. genehmigt.

WEBCODE

WES-116646-333
Hier findest du das Gesetz gegen Wettbewerbsbeschränkungen im Internet.

WES-116646-334
Homepage des Bundeskartellamts

Anmeldepflichtige Kartelle

Überleben durch Zusammenarbeit!

Zwei Großbäckereien passen ihre Lieferungs- und Zahlungsbedingungen einander an und bilden ein Konditionenkartell. Sie melden dies beim Kartellamt an.

Bundeskartellamt in Bonn

Anmeldepflichtige Kartelle sind **grundsätzlich erlaubt**. Allerdings werden sie **vom Bundeskartellamt überwacht**, damit es zu keinem Missbrauch der Marktstellung kommt. Hierunter fallen z. B. die Konditionenkartelle, die Rabattkartelle und die Normen- und Typenkartelle.

Genehmigungspflichtige Kartelle

Zusammenarbeit – volkswirtschaftlicher Vorteil?

Mehrere Fahrradhersteller schließen sich zu einem Kartell zusammen, um Kosteneinsparungen zu erreichen. Zukünftig werden sie Zubehör gemeinsam einkaufen, um die Kostenvorteile an die Konsumenten weiterzuleiten. Sie melden dies beim Kartellamt an.

Bei genehmigungspflichtigen Kartellen, wie z. B. dem Rationalisierungskartell, reicht eine reine Anmeldung beim Kartellamt nicht aus. Dieses muss zuerst **überprüfen**, ob es durch die Zusammenarbeit zu einer **marktbeherrschenden Stellung mit Nachteilen für die Konsumenten** kommt. Falls durch die Zusammenarbeit Kosteneinsparungen entstehen, die an die Verbraucher weitergeleitet werden, wird das Kartellamt den Zusammenschluss befürworten. Erst dann darf die Zusammenarbeit erfolgen.

Das **Kartellamt verbietet jedoch eine Zusammenarbeit** von Unternehmen, wenn

- dadurch eine marktbeherrschende Stellung entsteht, denn mit einem hohen Marktanteil kann ein Unternehmen den Preis am Markt diktieren,
- Unternehmen den Einzelhändlern den Preis ihrer Produkte vorgeben, denn ein derartiges Vorgehen setzt den Marktmechanismus außer Kraft.

In diesen Fällen wäre immer der Konsument der Geschädigte. Durch die Kontrolle des Kartellamts werden solche negativen Folgen reduziert.

INFO

Mit der **marktbeherrschenden Stellung** von Unternehmen hast du dich bereits in der Jahrgangsstufe 8 befasst. Man bezeichnet eine solche Stellung auch als Monopol.

AUFGABEN

1. Beurteile die Bedeutung des Bundeskartellamtes. Gehe dabei auf die Möglichkeiten ein, den Wettbewerb und den Verbraucher zu schützen.
2. Erkläre, in welchen Fällen das Bundeskartellamt eine Zusammenarbeit verbietet.
3. Recherchiere den Grund für die vielen Fusionen im Jahr 2007 (M1).

Überlebensszenario

Eure Klassenfahrt soll dieses Mal in wärmere Gefilde führen. Deshalb wurde ein Kleinflugzeug für euch alle gechartert. Mitten über dem Meer stottert der Motor des Flugzeuges. Der Pilot kann gerade noch auf einer Insel eine Notlandung durchführen. Dabei geht allerdings die komplette Maschine zu Bruch. Etwas angeschlagen klettert ihr aus der Maschine.

Bevor die Maschine Feuer fängt, können von einigen eurer Mitschüler noch folgende Gegenstände geborgen werden:

Ausstattung

Franziska	kann 50 Wurstkonserven retten
Ben	hat 3 Messer eingesteckt
Ömer	nimmt 5 Feuerzeuge mit
Tom	geht nie ohne seinen Verbandskasten
Fritz	hat eine Axt aus dem Flieger mitgenommen
Anna-Lena	hat im Flieger 2 Kochtöpfe gefunden

Allerdings passieren, kaum dass ihr euch auf der Insel orientiert habt, mehrere Dinge, die eure Lage verändern:

Vorkommnisse

- Affen stehlen 30 Wurstkonserven.
- Anna-Lena tauscht einen Kochtopf gegen den Verbandskasten.
- Franziska möchte gerne Obst essen.
- Ben verstaucht sich den Fuß und kann nicht mehr arbeiten und nicht mehr jagen.
- Auf der Insel entdeckt ihr ein großes Süßwasserreservoir.
- Fische können leicht gefangen werden.

Euer Auftrag

Ihr solltet erst einzeln überlegen und dann gemeinsam als Klasse diskutieren, was ihr tun müsst, um auf eurer Insel „Wohlstand für alle“ zu erreichen.

1 Fritz möchte auf der Insel die Planwirtschaft einführen. Gestalte ein Plakat, auf dem du darstellst, wie er vorgehen wird.

2 Franziska ist damit nicht einverstanden und sucht Verbündete, um die Freie Marktwirtschaft einzuführen. Entwickle Ideen, wie sie ihre Mitschüler von dieser Wirtschaftsordnung überzeugen könnte. Erstelle hierfür eine Mindmap (*Methode* auf S. 92).

3 Ben ist von Franziskas Idee nicht begeistert. Begründe, warum er gegenwärtig mehr zur Planwirtschaft tendiert.

4 Anna-Lena möchte keine Aufspaltung der Klasse. Deshalb bittet sie Franziska, zu überlegen, ob die Soziale Marktwirtschaft ein Kompromiss wäre. Erläutere die Vorteile der Sozialen Marktwirtschaft für die Gruppe.

5 Franziska hat aufgrund des Diebstahls der Affen nur noch 20 Wurstkonserven. Sie wünscht sich aber eine Banane. Erkläre, wie Tom, der ein Dutzend Bananen von einer Palme gepflückt hat, in der Marktwirtschaft mit Franziska verhandeln wird.

6 Die vier Jungs tun sich zusammen: Fritz jagt, Ben spendiert ein Messer, Ömer liefert das Feuer und Tom kocht. Dadurch können sie sich gut ernähren. Allerdings möchten sie mit den Mädels nicht teilen. Begründe, wie sie ihre Überproduktion stattdessen abbauen werden.

7 Da Bens verstauchter Fuß immer schlimmer wird, benötigt er eine Bandage. Schätze ein, wie er nun sein Verhalten aus Aufgabe 6 ändern wird.

8 Franziska baut mit Anna-Lena um das große Süßwasserreservoir einen Zaun. Sie angeln zahlreiche Fische, die sie nun tauschen wollen. Ebenso wollen sie für das einzige Trinkwasser auf der Insel Gegenleistungen sehen. Beschreibe die vorherrschende Marktform.

9 Erkläre, dass es eine wirtschaftliche Machtbildung in der Planwirtschaft nicht geben kann.

10 Beurteile die Wirtschaftsordnungen Planwirtschaft, Freie Marktwirtschaft und Soziale Marktwirtschaft auf der einsamen Insel.

11 Begründe, warum Privateigentum und Konkurrenz eine wichtige Grundlage für die (Soziale) Marktwirtschaft sind.

Wirtschaftsordnung
Rahmenbedingungen, die der Staat für Unternehmen und Haushalte schafft, dabei Klärung von vier Fragen:

1. **Für wen** wird produziert?
2. **Was** wird produziert?
3. **Wie** wird es produziert?
4. **Wie viel** wird produziert?

Lösungsmöglichkeiten

Planwirtschaft
Staat bestimmt alleine, was in welcher Menge produziert wird

Freie Marktwirtschaft
Angebot und Nachfrage bestimmen den Preis, dadurch Regulierung von Produktauswahl und -menge

kein Privateigentum an Produktionsmitteln, sondern Verstaatlichung

Privateigentum an Produktionsmitteln, zugleich ungehindertes starkes Eigeninteresse und Egoismus, da keine staatliche Regulierung

Soziale Marktwirtschaft
Angebot und Nachfrage bestimmen den Preis. Es herrscht ein **freier Markt**.
Allerdings wacht der Staat über dem Marktgeschehen und gestaltet dieses durch **Regelungen und Gesetze**.
Der Einzelne wird dadurch geschützt (**soziale Komponente**).

Ziel
„Wohlstand für alle"

freiheitliche Elemente
- wirtschaftliche Freiheit
- Privateigentum
- freier Markt und Marktzugang
- Wettbewerb

soziale Elemente
- Chancengleichheit
- soziale (Ab-)Sicherung

Aber: Eigeninteresse führt zu **Bildung von wirtschaftlicher Macht** und **Aushebelung des Wettbewerbs** durch:
Kartelle
Konzerne
Fusionen

Gesetz gegen Wettbewerbsbeschränkungen (GWB)
Staat verhindert die Entstehung einer Marktmacht, d. h. einer marktbeherrschenden Stellung, oder die Aushebelung des Wettbewerbs

IV Partnerschaft und Erbfall

In diesem Kapitel lernst du, ...

- mithilfe von Gesetzestexten Fälle zum Familien- und Erbrecht zu lösen.
- die Bedeutung der Schutzbedürftigkeit von Ehe und Familie durch das Grundgesetz und die Bayerische Verfassung zu analysieren.
- Voraussetzungen (Ehefähigkeit, Eheverbote) und Rechtsfolgen einer Ehe zu konkretisieren.
- die Entwicklung weiterer Lebensgemeinschaften mit ihren Rechten und Pflichten darzustellen.
- die rechtliche Stellung der Erben gemäß der gesetzlichen Erbfolge anhand von Fallbeispielen zu bestimmen.
- Testament und Erbvertrag als Möglichkeiten, von der gesetzlichen Erbfolge abzuweichen, zu charakterisieren sowie die Grenzen aufzuzeigen.

1 Der Schutz von Ehe und Familie

M1 Eine Einladung

Ja, wir trauen uns!

Zu unserer Hochzeit am 17.6.20xx möchten wir euch recht herzlich einladen:
Die Trauung beginnt um 13:30 Uhr im Standesamt Erlangen.

Mirjam Neuer & Heiner Alt

Durch ihr Versprechen, den anderen heiraten zu wollen, sind Mirjam Neuer und Heiner Alt **verlobt**. Die wenigsten Paare sind sich dessen bewusst, dass sie dadurch eine **rechtlich relevante Handlung** vollzogen haben. Verlobte haben z. B. als Zeugen ein Zeugnisverweigerungsrecht in einem Gerichtsprozess. Eine Verlobung kann jedoch – im Gegensatz zur Ehe – unkompliziert auch wieder gelöst werden. Aufgrund der Verlobung ist man zudem nicht zur späteren Eingehung der Ehe rechtlich verpflichtet. Erst mit der **Eheschließung** geht man weiterreichende **rechtliche Verpflichtungen ein**.

1.1 Rechtliche Grundlagen

M2 Schutz der Familie

Zeichnung: Ernst Hürlimann

Das Gesetz gewährt **Ehe und Familien** einen **besonderen Schutz**. Traditionell ist die Familie der Ort, an dem Kinder erzogen werden und aufwachsen. Die Sicherung der Nachkommen ist ein wichtiger Pfeiler für die staatliche Gemeinschaft. Nur so kann sie weiter existieren und sich entwickeln. Deshalb nennt man die Familie auch „Keimzelle der Gesellschaft".

Art. 6 Grundgesetz (GG)

(1) Ehe und Familie stehen unter dem besonderen Schutze der staatlichen Ordnung.

Art. 124 Bayerische Verfassung (BV)

(1) Ehe und Familie sind die natürliche und sittliche Grundlage der menschlichen Gemeinschaft und stehen unter dem besonderen Schutz des Staates.

Weitere wichtige Regelungen, die den verfassungsmäßigen Schutz von Art. 6 GG und Art. 124 BV konkret ausgestalten, finden sich im BGB im vierten Teil (Familienrecht), aber auch im Sozial- und Steuerrecht wieder.

Die gesetzlichen Grundlagen schaffen eine gemeinsame Ausgangsbasis. Die Familie selbst muss durch ihr Zusammenleben und ihre Liebe in gegenseitiger Achtung die Verantwortung für alle Familienmitglieder tragen.

1.2 Ehe und Familie im Wandel

WEBCODE

WES-116646-411
Film: Einfach erklärt: Gleichberechtigung

Im Laufe der Jahrhunderte unterlagen Familie und Ehe einem starken **Wandel**. Früher war die Ehe ein Privileg für diejenigen, die ihre Familien ernähren konnten. Außerdem wurden Ehen zur Vermehrung des Familienvermögens arrangiert. **„Zweckehen"** oder **„standesgemäße Eheschließungen"** spielen in der heutigen Zeit weitestgehend keine Rolle mehr. Sie sind mit unserem grundgesetzlichen Werteverständnis von **Freiheit** und der **Gleichberechtigung der Geschlechter** nicht mehr vereinbar.

Aber nicht nur die Rolle der Ehe und der Familie hat sich in den Jahren gewandelt, sondern auch die Art, wie die Familien zusammenleben. Früher war z. B. das sogenannte Alleinverdiener-Modell vorherrschend, d. h., ein Ehepartner – in der Regel der Mann – verdiente den Lebensunterhalt und die Frau kümmerte sich um Familie und Haushalt. Durch die Veränderung der gesellschaftlichen Rolle der Frauen ist heute das **Doppelverdiener-Modell** deutlich häufiger anzutreffen. **Alleinerziehende Elternteile** und **Patchwork-Familien** prägen heute ebenfalls das familiäre Zusammenleben.

Die „Ehe für alle" schließt auch das Adoptionsrecht ein.

Auch **gleichgeschlechtliche Paare** wurden vom Gesetzgeber zunehmend anerkannt. Lange Zeit durften sie nicht heiraten. Seit 2001 gab es zwar die **„eingetragene Lebenspartnerschaft"**, sie war der Ehe jedoch nicht gleichgestellt. Am 30. Juni 2017 hat der Deutsche Bundestag das Gesetz für die „Ehe für alle" verabschiedet, das zum 1. Oktober 2017 in Kraft trat. Damit wurde die gleichgeschlechtliche Ehe im Gesetz verankert. Bereits eingetragene Lebenspartnerschaften können in eine Ehe umgewandelt werden.

INFO

Im Laufe der Jahre wurde die **eingetragene Lebenspartnerschaft** der Ehe fast gleichgestellt. Man konnte sich allerdings nicht scheiden lassen, sondern die Partnerschaft wurde aufgehoben. Der bedeutsamste Unterschied bestand jedoch darin, dass man gemeinsam als Paar kein fremdes Kind adoptieren durfte. Lediglich eine Stiefkindadoption war möglich, d. h., nur das Kind des Lebenspartners durfte vom anderen Partner adoptiert werden.

§ 1353 BGB Eheliche Lebensgemeinschaft

(1) Die Ehe wird von zwei Personen verschiedenen oder gleichen Geschlechts auf Lebenszeit geschlossen. Die Ehegatten sind einander zur ehelichen Lebensgemeinschaft verpflichtet; sie tragen füreinander Verantwortung.

Doch welche Rechte und Pflichten genau bestehen in einer ehelichen Lebensgemeinschaft? Was hat sich in den letzten Jahren bzw. Jahrzehnten geändert? Und: Ist die Ehe heute überhaupt noch zeitgemäß?

AUFGABEN

1. „Mirjam Neuer und Heiner Alt (M1) haben sich mit der Verlobung ein Versprechen gegeben, an das sie gebunden sind."
   Beurteile diese Aussage.
2. Analysiere M2 und fasse die Aussage der Zeichnung in eigene Worte.
3. Begründe mithilfe von rechtlichen Bestimmungen, dass Ehe und Familie besonders geschützt sind, und nenne Beispiele.
4. *Marktplatz:* Diskutiert, ob der besondere Schutz der Ehe heute noch zeitgemäß ist.

WEBCODE

WES-116646-421
Film: Einfach erklärt:
Stufen der Mündigkeit

2 Voraussetzungen einer Ehe

2.1 Ehefähigkeit

§ 1303 BGB Ehemündigkeit

Eine Ehe darf nicht vor Eintritt der Volljährigkeit eingegangen werden. Mit einer Person, die das 16. Lebensjahr nicht vollendet hat, kann eine Ehe nicht wirksam eingegangen werden.

Dies bedeutet, dass die beiden Verlobten **mindestens 18 Jahre alt** sein müssen, um eine wirksame Ehe einzugehen. Außerdem kann nach § 1304 BGB eine Person, die **geschäftsunfähig** ist, keine Ehe eingehen.

Früher durfte ein Ehepartner zwischen 16 und 18 Jahren alt sein, wenn das Familiengericht ihm die Erlaubnis zur Heirat gab. Im Jahr 2017 hat der Gesetzgeber die Anforderungen an die **Ehemündigkeit** deutlich verschärft, um die sogenannten **Kinderehen**, die **nach ausländischem Recht** geschlossen wurden, zu bekämpfen. Hatte einer der Ehegatten bei der Heirat das 16. Lebensjahr noch nicht vollendet, ist die Ehe nun automatisch unwirksam. War einer der Partner bereits 16 Jahre alt, soll diese Ehe in der Regel gerichtlich aufgehoben werden. In Ausnahmefällen sowie, wenn beide mittlerweile volljährig sind und die Ehe aufrechterhalten wollen, kann diese weiter bestehen.

INFO

Aufgebot
Bis 1998 musste man ein sogenanntes Aufgebot bestellen. Das war die Eheanmeldung beim Standesamt. Dabei wurde die beabsichtigte Eheschließung öffentlich bekannt gegeben.
Im Zeitalter der Mobilität und der Digitalisierung wird die Veröffentlichung nicht mehr als notwendig gesehen.

2.2 Eheverbote

Das Standesamt, bei dem das **Aufgebot** bestellt wurde, muss überprüfen, ob die beabsichtigte Ehe gegen ein Eheverbot verstößt.

- Es darf nicht bereits eine gültige Ehe oder Lebenspartnerschaft bestehen.
- Eine Ehe zwischen Verwandten in gerader Linie sowie zwischen Geschwistern oder Halbgeschwistern darf nicht geschlossen werden (§ 1307 BGB).

Verwandtschaft			Schwägerschaft	
gerade Linie	Seitenlinie			
Kinder	Nichte	Neffe	Schwiegerkind	
	Schwester	Bruder	Schwager	Schwägerin
	Cousine	Cousin		
Eltern	Tante	Onkel	Schwiegereltern	
Großeltern	Großtante	Großonkel		
Urgroßeltern	Urgroßonkel	Urgroßtante		

Die **Schwägerschaft** ist keine Verwandtschaft. Die **Adoption** führt dagegen zu den gleichen Rechtsfolgen wie die Blutsverwandtschaft. Geschwister dürfen also auch dann nicht heiraten, wenn ein Geschwisterkind adoptiert wurde. Die verwandtschaftlichen Beziehungen spielen auch im Erbrecht eine wichtige Rolle (siehe Kapitel IV.5.1, S. 156–159).

2.3 Die standesamtliche, kirchliche oder freie Trauung

Die **rechtlich relevante Trauung** ist die **Eheschließung vor dem Standesbeamten**. Zuständig ist in der Regel das Standesamt, an dem einer oder beide Partner mit Haupt- oder Nebenwohnsitz gemeldet sind.

Für die standesamtliche Trauung sind folgende **Unterlagen** notwendig:

- ✓ gültiger Personalausweis oder Reisepass,
- ✓ beglaubigte Abschrift aus dem Geburtsregister des Standesamtes, in dem man geboren wurde (nicht älter als 6 Monate),
- ✓ Heirats- und Scheidungsurkunden aus früheren Ehen oder Sterbeurkunde bei Tod des früheren Ehepartners,
- ✓ aktuelle, maximal 6 Monate alte erweiterte Meldebescheinigung,
- ✓ Ehefähigkeitszeugnis, falls ein Partner nicht die deutsche Staatsbürgerschaft hat.

Für Sonderfälle, z. B. wenn die Ehe im Ausland geschlossen wird, gibt es noch weitere Auflagen, die man am besten vorher beim Standesamt erfragt.

Nach einer standesamtlichen Trauung gibt es die Möglichkeit, sich kirchlich oder frei trauen zu lassen. Die **kirchliche Trauung** ist Ausdruck religiöser Überzeugung, unterliegt nicht den Regelungen des BGB und hat zivilrechtlich keine Bedeutung. In der katholischen Kirche führt eine Scheidung zum Eheverbot, wenn die Ehe nicht nach dem Kirchenrecht geschieden wurde. In der evangelischen Kirche kann dagegen ein Geschiedener erneut kirchlich heiraten. Bei einer **freien Trauung** bestimmt man einen festlichen Rahmen und engagiert in der Regel einen Trauredner, der das Eheversprechen abnimmt.

M1 Wer darf wen heiraten?

Sarah ist mit Patrick verheiratet. Patricks Bruder Jonas hat sich in Sarahs Schwester Silvia verliebt. Sarah und Silvia haben noch eine Adoptivschwester Carola.

AUFGABEN

1. Gib die Voraussetzungen an, die für die Ehefähigkeit erfüllt sein müssen.
2. *Lerntempoduett:* Überprüft, ob folgende Eheschließungen in M1 möglich wären:
   a) Jonas und Silvia,
   b) Silvia und Carola,
   c) Silvia und Patrick nach Scheidung von Sarah.

3 Rechtsfolgen einer Ehe

Vor der standesamtlichen Hochzeit müssen Mirjam Neuer und Heiner Alt (S. 144, M1) einige grundlegende Entscheidungen treffen. Durch die Eheschließung übernehmen sie gegenseitige **Rechte und Pflichten**. Beide Partner sollten sich gleichberechtigt gegenüberstehen und mit Respekt begegnen.

Rechtsfolgen der Ehe

- Wirkung auf beide Ehepartner
  - eheliche Lebensgemeinschaft (siehe S. 145)
  - Haushaltsführung und Familienunterhalt
- Wirkung nach außen
  - Familienname
  - Geschäfte zur angemessenen Deckung des Familienunterhalts

3.1 Der Familienname (Ehename)

Eine der nach außen am deutlichsten sichtbaren Entscheidungen der Eheschließung ist für Mirjam und Heiner die Festlegung eines Ehenamens. Die rechtliche Grundlage hierfür findet sich wieder in § 1355 BGB.

Die Ehegatten sollen demnach einen gemeinsamen Ehenamen bestimmen, der der Name eines Ehepartners sein muss. Andernfalls behalten sie ihre Namen auch nach der Heirat. Der Ehename kann jederzeit nach der Eheschließung beim Standesamt noch festgelegt werden. Wenn die Ehepartner sich auf einen Ehenamen einigen, kann der Partner, dessen Name nicht gewählt wurde, seinen Geburtsnamen bzw. den zu diesem Zeitpunkt geführten Namen vor oder hinter den Ehenamen stellen. Besteht der Name eines Ehegatten bereits aus mehreren Namen, so muss man sich für einen davon entscheiden. Für Mirjam Neuer und Heiner Alt gibt es somit verschiedene Möglichkeiten:

	Ehename Neuer	Ehename Alt	kein Ehename
Mirjam Neuer	M. Neuer	M. Alt M. Alt-Neuer M. Neuer-Alt	M. Neuer
Heiner Alt	H. Neuer H. Alt-Neuer H. Neuer-Alt	H. Alt	H. Alt
Kind	Neuer	Alt	Neuer oder Alt (Entscheidung der Eltern zwingend)

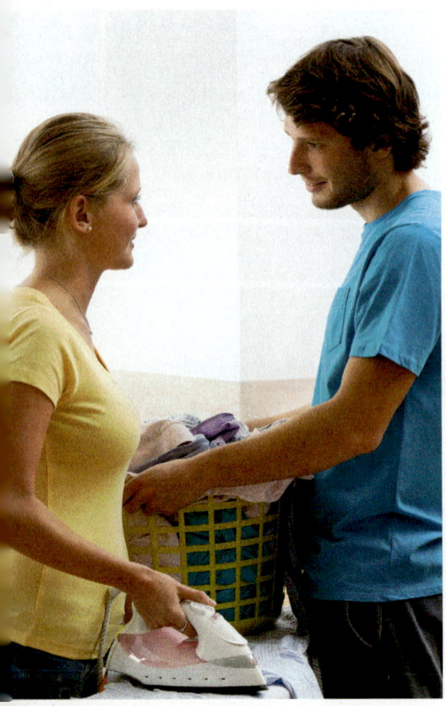

3.2 Die eheliche Unterhaltspflicht

Die Ehe sollte auf dem **Grundsatz der Gleichberechtigung** basieren. Beide Partner sollen sicherstellen, dass sie durch ihre Arbeit oder ihr Vermögen für den Unterhalt der Familie sorgen können. Die Führung des Haushalts gilt als gleichberechtigter Beitrag zur Erbringung des Familienunterhalts.

Da das Alleinverdiener-Modell immer mehr durch das **Doppelverdiener-Modell** abgelöst wird, bei dem die Ehepartner zusammen das Familieneinkommen erwirtschaften, verändert sich zunehmend auch die Rollenverteilung in der Familie.

3.3 Die Schlüsselgewalt

Die Schlüsselgewalt ist ein familienrechtlicher Begriff, der seinen Ursprung im Mittelalter hat. Damals trugen verheiratete Frauen einen Schlüsselbund als sichtbares Zeichen ihres Rechtes, den Haushalt zu führen. Dieses Recht ist nun in § 1357 BGB verankert und betrifft beide Ehepartner.

§ 1357 BGB Geschäfte zur Deckung des Lebensbedarfs

(1) Jeder Ehegatte ist berechtigt, Geschäfte zur angemessenen Deckung des Lebensbedarfs der Familie mit Wirkung auch für den anderen Ehegatten zu besorgen. [...]

Geschäfte zur Deckung des Lebensbedarfs einer Familie sind z. B. der Kauf von Lebens- und Genussmitteln, von Kleidung für die Familie, von Haushaltsgeräten, aber auch der Abschluss von Strom- und Wasserverträgen.

Der Paragraf besagt, dass **beide Ehepartner stellvertretend für den jeweils anderen** die täglichen Geschäfte erledigen dürfen und beide aus diesen Geschäften haften. Der Gläubiger darf also den Ehepartner, der den Vertrag gar nicht abgeschlossen hat, zur Zahlung auffordern.

M1 Wer muss nach der Scheidung die Rechnung bezahlen?

Ludwig Hofmann hat einen Stromliefervertrag abgeschlossen. Das Ehepaar Hofmann trennt sich. Nach dem Auszug seiner Frau lebt Ludwig Hofmann weiter in der ursprünglich gemeinsamen Wohnung. Der Stromliefervertrag läuft ebenfalls weiter. Herr Hofmann stellt ein Jahr nach der Trennung die Zahlungen an den Stromlieferanten ein. Der Stromlieferant kündigt den Stromliefervertrag und fordert Frau Hofmann zur Zahlung der offenen Stromrechnungen auf.

AUFGABEN

1. Natascha Miller und Karl Förster möchten heiraten. Bestimme für beide Ehepartner alle möglichen Namensvarianten.
2. „Beide Ehepartner sind gleichberechtigt." Erläutere diese Aussage.
3. Begründe, ob der Lieferant im Recht ist (M1).
4. *Galeriegang:* Gestaltet ein Plakat zum Thema „Rechtsfolgen der Ehe".

M1 Eheschließungen und Ehescheidungen

Jahr	Eheschließungen
1960	689.028
1970	575.233
1980	496.603
1990	516.388
2000	418.550
2010	382.047
2018	449.466

Jahr	Ehescheidungen
1960	48.873
1970	76.520
1980	96.222
1990	122.869
2000	194.408
2010	187.027
2018	148.066

© Statistisches Bundesamt (Destatis), Wiesbaden 2019, Stand: 16.10.2019

3.4 Eheaufhebung

Eine Ehe kann auch aufgehoben werden. Anders als bei einer Scheidung wird die Ehe hierbei für von Anfang an unwirksam erklärt. Ein Beispiel ist die Aufhebung einer **Scheinehe**. Sie wird z. B. geschlossen, um einem ausländischen Ehepartner eine Aufenthaltsgenehmigung in Deutschland zu verschaffen.

3.5 Ehescheidung

Eine standesamtlich geschlossene Ehe kann durch eine Scheidung aufgelöst werden. Dafür muss ein **Trennungsjahr** eingehalten werden. Das Trennungsjahr ist vorgeschrieben, damit sich die Ehepartner wirklich sicher sind, dass ihre Ehe gescheitert ist. Bei einer Scheidung wird deutlich, welche gegenseitigen Rechte und Pflichten während der Ehe entstanden sind (siehe M2).

Bei der Scheidung kommt es zum sogenannten **Versorgungsausgleich**. In der Ehezeit haben die Ehepartner Rentenansprüche in unterschiedlicher Höhe erworben. Dies wird durch den Versorgungsausgleich berücksichtigt. Auf Antrag führt das Gericht auch einen **Zugewinnausgleich** durch. Dabei werden die unterschiedlichen Vermögenszuwächse in der Ehezeit ausgeglichen.

Der **Kindesunterhalt** sowie das **Sorge- und Umgangsrecht** für die Kinder können geregelt werden, sobald die Ehepartner gemeinsame Kinder hatten. Wird kein Antrag dazu gestellt, bleibt es beim gemeinsamen Sorgerecht der Eltern. Darüber hinaus können **nacheheliche Unterhaltspflichten** sowohl zugunsten eines Ehepartners als auch zugunsten der gemeinsamen Kinder bestehen. Auch der **gemeinsame Hausrat** muss auseinandergesetzt werden.

M2 Gedanken nach dem Scheitern der Ehe

Die Kinder kommen zu mir!

Meine Oma hat mir 20.000 Euro vererbt. Davon bekommst du nichts.

Du hast viel mehr Geld auf dem Konto als ich. Das ist ungerecht!

Für die Kinder zahlst du!

Was wird aus dem Haus und wer soll jetzt die Schulden bezahlen?

Wovon soll ich denn im Alter leben, ich habe die Kinder erzogen und den Haushalt geführt. Bekomme ich jetzt Rente?

AUFGABEN

1. Unterscheide Eheaufhebung und Ehescheidung.
2. *Stühletausch:* Beschreibt die Entwicklung der Eheschließungen und Ehescheidungen und nennt mögliche Gründe für diesen Verlauf (M1).
3. Nenne Gründe, die dazu führen können, dass sich ein Ehepartner/Ehepaar nach dem Scheitern der Ehe solche Gedanken macht (M2).

3.6 Das eheliche Güterrecht

Mit der Hochzeit müssen sich die Ehepartner über vieles einigen. Unter anderem gehört auch dazu,

- wem das in die Ehe eingebrachte Vermögen gehört,
- wem das während der Ehe erworbene Vermögen gehören soll,
- wer über das Vermögen verfügen darf und
- wie das Vermögen im Fall einer Scheidung aufzuteilen ist.

Das BGB regelt diese Fragen in unterschiedlichen Güterständen.

Treffen die Ehepartner hinsichtlich ihres Güterstandes bei der Hochzeit keine Entscheidung, so gilt der **gesetzliche Güterstand**, die **Zugewinngemeinschaft**.

Abweichend davon können die Ehepartner zum Beispiel den Güterstand der **Gütergemeinschaft** oder der **Gütertrennung** wählen. Hierfür ist ein Vertragsschluss vor dem Notar notwendig.

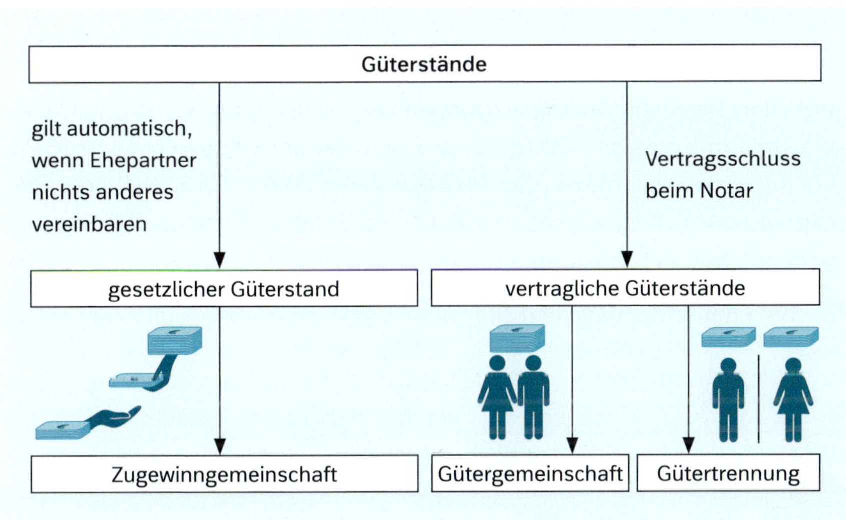

Gesetzlicher Güterstand

Viele Paare gehen davon aus, dass nach der Hochzeit beiden Ehepartnern alles gemeinsam gehört. Dies ist eine verbreitete Fehlvorstellung von der Ehe. Der Großteil der Paare lebt nach der Hochzeit im gesetzlichen Güterstand der Zugewinngemeinschaft, der folgende **rechtliche Merkmale** hat:

- Jeder Ehegatte bleibt **Alleineigentümer** seines Vermögens, das er vor der Ehe und während der Ehe erworben hat. Ein gemeinsames Vermögen der Ehepartner besteht nicht.
- Im Fall der Auflösung der Zugewinngemeinschaft durch Scheidung oder Tod werden die Ehepartner am **Zugewinn** des anderen Ehepartners beteiligt, den dieser **während der Ehe** erlangt hat. Es wird der sogenannte **Zugewinnausgleich** durchgeführt.

Berechnung des Zugewinnausgleichs im Fall einer Scheidung

Beim Zugewinnausgleich wird der Zugewinn ausgeglichen, der während der Ehe entstanden ist. Deswegen fließt nicht das Vermögen in den Zugewinn ein, das jeder Ehepartner in die Ehe eingebracht hat, das sogenannte **Anfangsvermögen**. Um Streitigkeiten bei einer Scheidung zu vermeiden, sollten daher beide Ehepartner das Vermögen, das sie in die Ehe eingebracht haben, zum Zeitpunkt der Hochzeit festhalten – auch wenn das unromantisch klingen mag.

INFO

Seit 2013 kann auch der **Güterstand der „Wahl-Zugewinngemeinschaft“** durch einen Ehevertrag gewählt werden. Er unterscheidet sich vom gesetzlichen Güterstand der Zugewinngemeinschaft u. a. dadurch, dass auch zufällige Wertzuwächse, wie ein Lottogewinn oder Werterhöhungen von Immobilien (ohne dass sie verkauft werden), nicht ausgeglichen werden.

Ebenfalls fließt nicht das Vermögen in den Zugewinn ein, das ein Ehepartner aufgrund einer **Erbschaft oder Schenkung** während der Ehe erhalten hat.

Für jeden Ehepartner wird sein **Zugewinn** getrennt ermittelt. Dabei wird vom Endvermögen jedes Ehepartners sein Anfangsvermögen sowie seine empfangenen Erbschaften und Schenkungen abgezogen.

Schließlich wird die Differenz der beiden Zugewinne ermittelt. Der Ehepartner, der den geringeren Zugewinn erzielt hat, erhält vom anderen Partner die Hälfte dieser Differenz als Zugewinnausgleich.

Beispiel:

Herr Knorr hatte ein Anfangsvermögen von 10.000 Euro, seine Ehefrau ein Anfangsvermögen von 2.000 Euro. Während der Ehe erbte Herr Knorr 15.000 Euro und Frau Knorr bekam von ihrer Großtante 20.000 Euro geschenkt. Zum Zeitpunkt der Scheidung hat Herr Knorr ein Vermögen von 55.000 Euro und Frau Knorr von 118.000 Euro.

Welcher Ehepartner hat einen Zugewinnausgleichsanspruch und wie hoch ist dieser?

	Herr Knorr	Frau Knorr
Anfangsvermögen vor der Eheschließung	10.000 €	2.000 €
Schenkungen und Erbschaften während der Ehe	15.000 €	20.000 €
Endvermögen	55.000 €	118.000 €
Zugewinn während der Ehe (Endvermögen - Anfangsvermögen - Schenkungen/Erbe)	30.000 € ← Frau Knorr hat 66.000 € mehr Zugewinn.	96.000 €
Anspruch auf Zugewinnausgleich	Herr Knorr hat einen Anspruch in Höhe von 33.000 €.	Frau Knorr muss die Hälfte der Differenz an Zugewinn herausgeben.

Zugewinnausgleich beim Tod des Ehepartners

Verstirbt ein Ehepartner, wird der Zugewinnausgleich in der Regel pauschal berechnet, indem der gesetzliche Erbteil des Ehepartners um ¼ erhöht wird. Hierbei ist es unerheblich, ob überhaupt ein Zugewinn angefallen ist.

Grenzen des Alleineigentums in der Zugewinngemeinschaft

Grundsätzlich darf jeder Ehepartner ohne Zustimmung des anderen über sein Eigentum verfügen. Es gibt jedoch zwei Ausnahmen im BGB:

- Ein Ehepartner kann nur wirksam mit Zustimmung des anderen Ehepartners nach § 1365 BGB über (nahezu) sein gesamtes Vermögen verfügen. Dies ist zum Beispiel dann der Fall, wenn einem Ehepartner eine Immobilie alleine gehört und diese Immobilie sein gesamtes Vermögen ausmacht und er das Haus verkaufen möchte.
- Ein Ehepartner benötigt auch beim Verkauf eines Haushaltsgegenstands nach § 1369 BGB die Zustimmung seines Ehepartners. Beispielsweise müsste der andere Ehepartner zustimmen, wenn das einzige Familienauto verkauft werden soll, das beide Ehepartner auch gemeinsam nutzen.

Vertragliche Güterstände

Die **Gütertrennung** wird dann vereinbart, wenn beide Ehepartner vollständig getrennte Vermögen unterhalten wollen. Nach Beendigung der Ehe bestehen keine Ausgleichsansprüche. Jeder Ehepartner behält seinen Vermögenszuwachs, den er in der Ehe erzielt hat, für sich.

Dieser Güterstand wird in der Regel dann gewählt, wenn ein Ehepartner eine **eigene Firma** besitzt. Ansonsten müsste der Unternehmer damit rechnen, dass im Fall einer Scheidung ein Großteil seines Vermögens an den Ehepartner ausgezahlt werden muss. Da das Kapital im Unternehmen gebunden und nicht frei verfügbar ist, wäre er zum Verkauf seiner Firma gezwungen.
Der Güterstand wird auch dann häufig gewählt, wenn einer der Ehepartner bei Eheschließung **überschuldet** ist.

In der **Gütergemeinschaft** wird das Vermögen jedes Ehepartners gemeinschaftliches Vermögen beider Ehepartner. Jeder Partner ist am Vermögenszuwachs des anderen beteiligt. Er haftet aber auch für dessen Schulden.

M1 Zugewinnausgleich bei Scheidung

Das Ehepaar Koslow lässt sich scheiden. Frau Koslow hatte vor der Ehe ein Vermögen von 20.000 Euro. Herr Koslow brachte kein Vermögen in die Ehe ein. Er erhielt während der Ehe eine Erbschaft von 15.000 Euro. Am Ende der Ehe hatte Frau Koslow ein Vermögen von 70.000 Euro und Herr Koslow ein Vermögen von 50.000 Euro.

AUFGABEN

1. *Partnervortrag:* Unterscheidet die drei Güterstände im BGB.
2. Stelle dir vor, du bist der Rechtsanwalt von Herrn Koslow (M1). Berate ihn zu seinen Ansprüchen. Nenne die Frage, die du zuvor stellen solltest.
3. Erläutere, wie ein Ehepaar Streitigkeiten über sein Vermögen vermeiden kann, wenn seine Ehe scheitert.

4 Weitere Lebensgemeinschaften

Andere Formen des Zusammenlebens außer der Ehe, wie nicht eheliche Lebensgemeinschaften mit oder ohne Kinder sowie Alleinerziehende, nehmen in Deutschland immer mehr zu. Beispiele hierfür zeigt die Grafik M1.

M1 Unterschiedliche Lebensformen in Deutschland

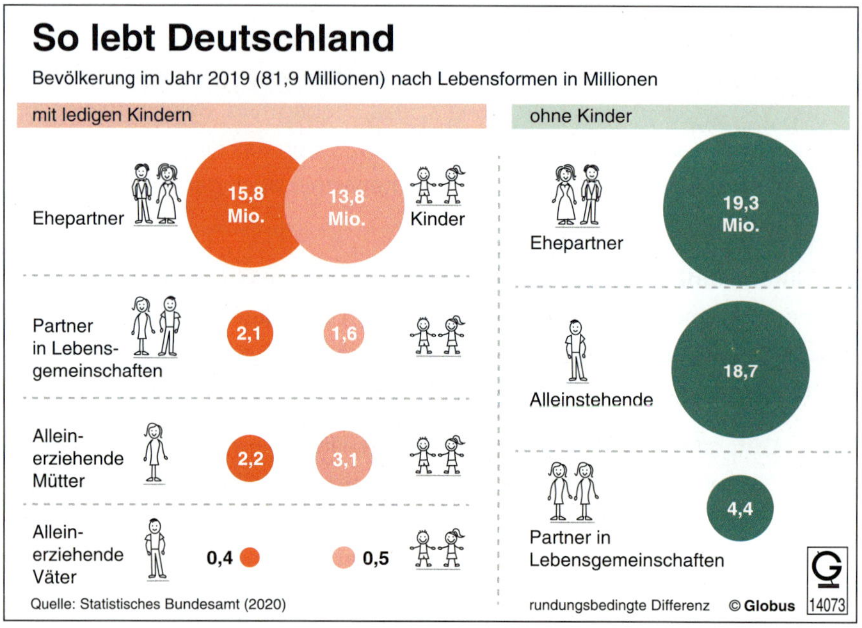

Viele Paare leben heute ohne Trauschein in einer eheähnlichen Beziehung zusammen. Allerdings haben sie noch immer **rechtliche Nachteile**.

- Partner einer nicht ehelichen Lebensgemeinschaft werden steuerrechtlich wie Alleinstehende behandelt. Sie haben also keine Steuervorteile wie Ehepaare, z. B. **„Ehegattensplitting"** (siehe S. 39).
- Es gibt **keinen gesetzlichen Erbanspruch**, wenn der Partner verstirbt.
- **Im Fall einer Trennung** haben kinderlose Paare keinerlei gegenseitige Ansprüche (z. B. auf Unterhalt, Zugewinnausgleich). Hat ein Paar gemeinsame Kinder, können begrenzte Unterhaltsansprüche während der Schwangerschaft und bis zu drei Jahre nach Geburt des Kindes entstehen.

Vor allem wenn gemeinsame Kinder vorhanden sind, kann eine Trennung einer Partnerschaft ohne Trauschein zu Problemen führen. Paare, die ohne Trauschein zusammenleben, können vor dem Notar einen **Partnerschaftsvertrag** abschließen, der Streit im Fall einer Trennung verhindert.

Eine bedeutende rechtliche **Aufwertung der eheähnlichen Lebenspartnerschaft** musste der Gesetzgeber bis März 2020 umsetzen. Zuvor hatte das Bundesverfassungsgericht entschieden, dass es eheähnlichen Lebensgemeinschaften ermöglicht werden muss, dass der eine Lebenspartner die leiblichen Kinder des anderen Lebenspartners adoptieren darf (**Stiefkindadoption**).

INFO

Ehegattensplitting
Haben Ehepartner unterschiedlich hohe Einkünfte, dann zahlen sie zusammen weniger Steuern, als wenn jeder alleine steuerlich veranlagt wird. Der Steuervorteil ist umso größer, je größer die Differenz der Einkünfte ist.

Eine Präsentation halten

In der Schule und möglicherweise auch in deinem Berufsleben wirst du immer wieder in die Situation kommen, eine Präsentation halten zu sollen. Folgende Tipps können dir dabei helfen:

Tipps zur Struktur:

- Beginne mit einer **Einleitung**. Hierauf solltest du sehr viel Mühe verwenden. Sie entscheidet, ob die Zuhörer sich für das Thema interessieren. Suche dir z. B. eine Anekdote, ein Zitat oder eine kurze lebensnahe Geschichte heraus, die zum eigentlichen Thema hinführt.
- Im **Hauptteil** solltest du auf eine gute Gliederung achten (z. B. chronologische Abfolge, thematische Zusammenhänge). Denke immer daran, dass du dich in dem Thema jetzt sehr gut auskennst, die Zuhörer hingegen oft keinerlei Vorkenntnisse besitzen. Versuche also, dich in deine Zuhörer hineinzuversetzen, und überfordere sie nicht.
- Bereite auch das Ende sehr gut vor. Idealerweise leitet dein Ende in eine lebhafte Diskussion über. Hier kannst du zum Beispiel provokante Thesen und Aussagen formulieren, die zur Diskussion animieren.
  Du kannst aber auch die Hauptinhalte deines Vortrags knapp und mit Nachdruck zusammenfassen, damit sie gut in Erinnerung bleiben.

Tipps zur Umsetzung:

- Auch wenn du davor Angst hast: Versuche, deinen Vortrag **frei zu halten**. Mit digitalen Folien oder Karteikarten kannst du dir ein Stichwortgerüst erstellen, das dich durch den Vortrag begleitet.
  Ein freier Vortrag wirkt viel überzeugender. Außerdem kannst du deine Zuhörer dann beobachten und sie in den Vortrag mit einbeziehen.
- Deinen Vortrag solltest du **mehrmals laut alleine für dich vorgetragen** haben. Du kannst die Zeit, die du benötigen wirst, damit besser einschätzen und dein Vortrag wird insgesamt flüssiger.
- Trage **ruhig und ohne jede Hektik** vor. Du musst Pausen nicht vermeiden. Sie geben den Zuhörern Zeit, deinen Ausführungen zu folgen. Häufig lassen gerade Pausen einen Vortrag erst souverän erscheinen.

INFO

Übung gegen die Vortragsangst
Schreibt als Gruppe wahllos Begriffe des Alltags auf Zettel. Alle Gruppenmitglieder ziehen nacheinander einen Zettel. Jeder muss sofort, nachdem er das Stichwort gelesen hat, vor der ganzen Gruppe zu diesem Stichwort zwei Minuten reden.

AUFGABEN

1. a) Analysiere M1 hinsichtlich der Verteilung der Lebensformen.
   b) Vergleiche Rechte und Pflichten von nicht ehelichen und ehelichen Lebensgemeinschaften.
2. Recherchiere, welche Voraussetzungen erfüllt werden müssen, damit ein Stiefkind adoptiert werden kann.
3. a) Recherchiere aktuelle Fragen zur Gleichberechtigung und Partnerschaft und bereite mithilfe der Methode einen Kurzvortrag (5 Minuten) vor.
   b) Diskutiert im Anschluss an die jeweiligen Vorträge, was der Vortragende gut gemacht hat und was er noch verbessern kann.

5 Grundzüge des Erbrechts

M1 Wer erbt bei Herrn Petersen?

Peter Petersen ist mit seiner zweiten Ehefrau Claudia Petersen verheiratet. Sie leben im Güterstand der Zugewinngemeinschaft. Mit Claudia hat er eine gemeinsame Tochter Franziska.
Aus seiner vorangegangenen Ehe hat Herr Petersen einen Sohn, Francesco. Seine Ehefrau Claudia ist erneut schwanger.
Peter Petersen glaubt, dass er kein Testament benötigt, sondern seine jetzige Frau Claudia alles erben würde, wenn er stirbt.
Das wünscht Herr Petersen sich auch so.
Doch hat er mit seiner Annahme recht?

Mit dem Tode geht das Vermögen des Verstorbenen, des sogenannten **Erblassers, automatisch** auf die Erben über.

INFO

Ansprüche
meint hier alle Forderungen, die dem Erblasser zustehen, die aber noch nicht erfüllt wurden.

Alle **Ansprüche**, der **Besitz** und das **Eigentum** des Erblassers sollen nicht mit dem Tod herrenlos werden. Ebenso können die **Verpflichtungen** und **Schulden**, die der Erblasser zu seinem Todeszeitpunkt besaß, nicht einfach mit dem Tod erlöschen. An die Stelle des Erblassers treten mit dem Todeszeitpunkt daher die **Erben**. Sie werden **Eigentümer, Gläubiger und Schuldner**.

Im Erbfall sollte der Erbe den Nachlass sehr gut prüfen, da es auch überschuldete Nachlässe gibt. In diesem Fall kann der Erbe die Erbschaft ausschlagen. Hierfür gelten Fristen, die er nicht versäumen sollte.

Als Nachweis der Erbenstellung kann sich jeder Erbe vom Nachlassgericht, das ein Teil des Amtsgerichts ist, einen **Erbschein** ausstellen lassen.

Wer Erbe wird, kann der Erblasser frei bestimmen. Dies geschieht in der Regel durch ein **Testament**.

Viele möchten sich allerdings mit dem eigenen Tode nicht beschäftigen und verzichten darauf, ein Testament zu erstellen. Dies kann ein Fehler sein. Besteht kein Testament, dann greift die gesetzliche Erbfolge. Nicht immer entspricht aber die gesetzliche Erbfolge dem Wunsch des Erblassers.

5.1 Die gesetzliche Erbfolge

Gesetzliche Erben sind – sofern vorhanden – der **Ehepartner** und die Verwandten des Erblassers. Es erben aber nicht alle Verwandten. Nach der **verwandtschaftlichen Nähe** zum Verstorbenen teilt das BGB die Verwandten in ein **Ordnungssystem** ein.

Das Ordnungsprinzip

Nach dem Ordnungsprinzip sind alle Verwandte einer nachfolgenden Ordnung ausgeschlossen, solange nur ein Erbe der vorhergehenden Ordnung lebt. Hat der Erblasser z. B. Kinder (Erben der 1. Ordnung), erben die Geschwister des Erblassers (Erben der 2. Ordnung) und alle anderen Verwandten des Erblassers nichts. Das Ordnungsprinzip grenzt den Kreis der erbberechtigten Verwandten ein und **verhindert** damit eine **Zersplitterung des Nachlasses**.

Ehepartnererbrecht

Der Ehepartner ist kein Verwandter. Er ist grundsätzlich **immer Erbe**. Die **Höhe seines Erbteils** hängt von zwei Faktoren ab:

- vom ehelichen **Güterstand**: Lebten die Ehepartner in einer Zugewinngemeinschaft, erhält der Ehepartner **zusätzlich** zu seinem Erbanteil einen pauschalen Zugewinnausgleich in Höhe von ¼ (siehe S. 152).
- vom **Ordnungsgrad** des nächsten noch lebenden und damit erbberechtigten Verwandten.

Bestand eine **Zugewinngemeinschaft** und sind Erben der 1. Ordnung (Kinder, Enkel, Urenkel) erbberechtigt, dann erhält der Ehepartner die Hälfte des Erbes und alle Verwandten zusammen die andere Hälfte.

Neben Verwandten der 2. Ordnung bzw. den Großeltern erbt der Ehepartner ¾ des Vermögens des Erblassers, die Verwandten zusammen nur ¼ des Vermögens.

In allen anderen Fällen erbt der Ehepartner in der Zugewinngemeinschaft alles, die entfernteren Verwandten werden durch den Ehepartner vollständig von der Erbfolge ausgeschlossen.

	Welche Verwandten gehören zu der Ordnung?	**Erbanteil aller Verwandten** (wenn eine Ehe im gesetzlichen Güterstand besteht)	**Erbanteil des Ehepartners** (gesetzlicher Güterstand)
1. Ordnung Abkömmlinge des Erblassers	Tochter Sohn Enkel Urenkel	½	¼ Erbanteil + ¼ pauschaler Zugewinnausgleich = ½ insgesamt
2. Ordnung Eltern und Abkömmlinge der Eltern	Mutter Vater Schwester Bruder Halbschwester Halbbruder Nichte Neffe	¼	½ Erbanteil + ¼ pauschaler Zugewinnausgleich = ¾ insgesamt
3. Ordnung Großeltern und deren Abkömmlinge	Großeltern mütterlicherseits Großeltern väterlicherseits	¼	½ Erbanteil + ¼ pauschaler Zugewinnausgleich = ¾ insgesamt
	Tante Onkel Cousine Cousin	0	1
4. Ordnung Urgroßeltern und deren Abkömmlinge	Urgroßeltern mütterlicherseits Urgroßeltern väterlicherseits alle Abkömmlinge der Urgroßeltern	0	1
5. Ordnung	alle sonstigen Verwandten	0	1

Das Stammes- und Repräsentationsprinzip

Die Anwendung des Ordnungsprinzips hat die Anzahl der Verwandten, die als Erben infrage kommen, schon deutlich reduziert. Durch Anwendung des Stammes- und Repäsentationsprinzips wird nun genau festgelegt, welcher Erbe wie viel erhält. Es regelt also die **Erbfolge innerhalb einer Ordnung**.

- **Stammesprinzip:** Jedes Kind eines Erblassers bildet einen eigenen Stamm – es spielt keine Rolle, ob es sich um eheliche oder uneheliche Kinder handelt. Alle Stämme erben zu gleichen Teilen. Lebt zum Zeitpunkt des Erbfalls ein Kind des Erblassers nicht mehr, kommt die nächste Generation zum Zug und die Kinder des **vorverstorbenen** Kindes erben.
- **Repräsentationsprinzip:** Umgekehrt bedeutet dies, dass die Enkel so lange nicht erben, wie das Kind des Erblassers noch lebt. Das lebende Kind des Erblassers ist der **Repräsentant** des Stammes und schließt alle anderen Mitglieder seines Stammes von der Erbfolge aus.

INFO

vorverstorben
vor einer bestimmten anderen Person – hier dem Erblasser – verstorben

Fallbeispiel 1 für einen Erbfall mit Verwandten 1. Ordnung:

Der Erblasser, Herr Justus, hatte drei Kinder, Anton, Berta und Charly. Seine Ehefrau Corinna ist vorverstorben. Anton ist kinderlos. Berta lebt nicht mehr. Von ihr stammen zwei Töchter, Dora und Emilia, ab. Emilia hat auch ein Kind, den Urenkel Gustav. Charly hat einen Sohn, Fritz.

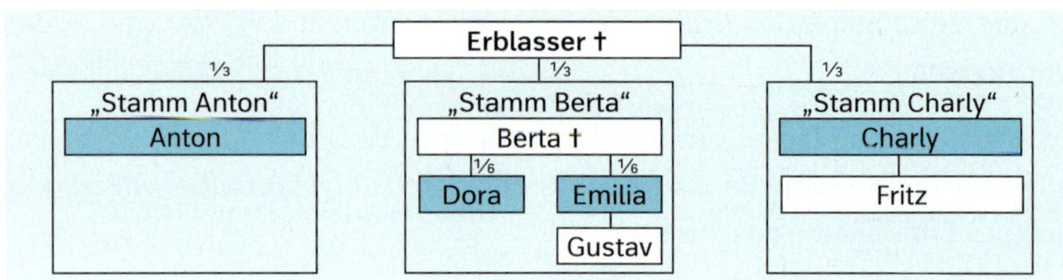

Ergebnis: Es erben Anton und Charly jeweils $1/3$ und Dora und Emilia jeweils $1/6$ des Vermögens des Erblassers.

Fallbeispiel 2 für einen Erbfall mit Verwandten 2. Ordnung:

Frau Schweiger ist verwitwet und kinderlos verstorben. Es leben noch ihre Mutter, die beiden Kinder Frank und Klaus ihrer verstorbenen Schwester Amelie, ihr Bruder Paul und dessen Tochter Astrid sowie ihr Halbbruder väterlicherseits Carsten.

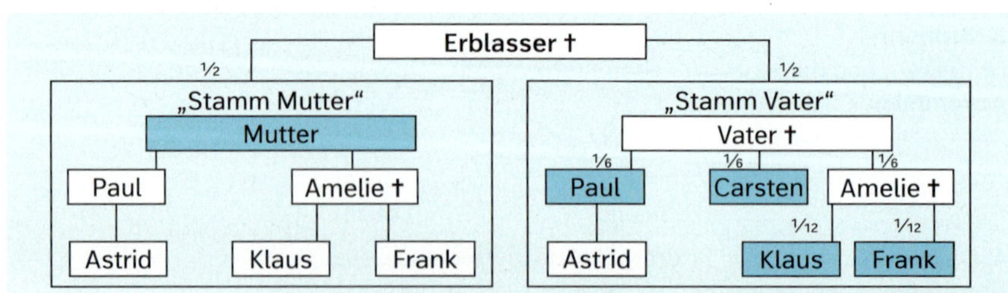

Ergebnis: Es erben die Mutter $1/2$, Paul und Carsten jeweils $1/6$ und Klaus und Frank jeweils $1/12$ des Vermögens des Erblassers.

M2 Wer erbt wie viel?

a) Herr Krause hinterlässt seine Ehefrau Bettina, mit der er in einer Zugewinngemeinschaft lebte, und den gemeinsamen Sohn Paul. Seine uneheliche Tochter Simone ist bereits verstorben. Von ihr hat er seinen Enkel Ron. Herrn Krauses Vermögen beträgt 60.000 Euro.

b) Frau Alonso ist verstorben. Sie hatte einen Freund, mit dem sie seit 25 Jahren unverheiratet zusammenlebte. Es leben außerdem noch ihre Mutter und ihr Bruder. Ihr Vermögen beträgt 200.000 Euro.

c) Der unverheiratete, kinderlose Weltenbummler Louis ist im Himalaya tödlich verunglückt. Es leben noch seine Mutter und seine Großeltern väterlicherseits. Sein Vater ist bereits verstorben. Geschwister hatte Louis nicht. Sein Vermögen beträgt 150.000 Euro.

Methode

Ermitteln der gesetzlichen Erbfolge

1. Erstelle einen Stammbaum des Erblassers mit allen lebenden und vorverstorbenen Verwandten.
2. Kläre, welche die höchstrangigste Ordnung ist, in der der Erblasser Verwandte besitzt. Alle nachrangigen Ordnungen scheiden als Erbe aus.
3. Ermittle nun den Erbanteil des Ehepartners (siehe Tabelle auf S. 157).
4. Ermittle danach den Erbteil, der auf die Verwandten entfällt.
5. Bestimme die erbberechtigten Stämme. Sie erben den Erbanteil der Verwandten zu gleichen Teilen. In der 1. Ordnung bildet jedes Kind einen Stamm. In der 2. Ordnung bilden Mutter und Vater einen eigenen Stamm.
6. Bestimme nun die „Repräsentanten des Stammes". Erbberechtigt ist immer der nächste Verwandte des Stammes. Ist er verstorben, treten seine Kinder zu gleichen Teilen an seine Stelle.

INFO

Hinweis
Wenn der Erblasser nicht verheiratet war, entfallen die Schritte 3 und 4.

AUFGABEN

1. Schildere den Weg zu den Ergebnissen in den Fallbeispielen 1 und 2.
2. Ermittle mithilfe der obigen *Methode* die gesetzlichen Erben von Peter Petersen (S. 156, M1). Beachte auch § 1923 BGB in der Randspalte.
3. In keinem der drei Fälle in M2 existiert ein Testament. Begründe,
   a) wer in den drei Fällen jeweils wie viel erbt.
   b) wer im Fall M2 c wie viel erben würde, wenn Louis vor seiner Abreise geheiratet hätte (gesetzlicher Güterstand).
   c) wer erben würde, wenn Louis einen Bruder Georg – verheiratet (gesetzlicher Güterstand), kinderlos – gehabt hätte und beide auf der Himalayatour tödlich verunglückt wären.

§ 1923 BGB Erbfähigkeit

(2) Wer zur Zeit des Erbfalls noch nicht lebt, aber bereits gezeugt war, gilt als vor dem Erbfall geboren.

5.2 Das Testament

Testament

Ich, Berta May, geborene Karl (geboren am 20.02.1962), setze meinen Ehemann Walter May (geboren am 28.11.1963), meinen Sohn Jan May (geboren 17.03.1985) sowie meinen Enkel Ole May (geboren am 06.11.2015) jeweils zu 1/3 als Erben ein.

Meinen Sohn Robert May (geboren am 25.11.1989) enterbe ich.

Die Erbeinsetzung erfolgt unter der Auflage, dass alle Erben meinen Hund Igi versorgen. Kommen sie dieser Verpflichtung nicht nach, soll das städtische Tierheim e.V. Erbe werden und den Hund versorgen.

Meinen Schmuck vermache ich meiner Freundin Frau Magdalena Kowalski (geboren am 15.06.1961). Meiner Haushaltshilfe Frau Gesine Bischof (geboren am 25.07.1975) vermache ich einen Geldbetrag in Höhe von 10.000 Euro.

Frankfurt, den 13. August 20XX

Berta May

Man kann ein Testament selbst handschriftlich verfassen ...

Niemand ist an die gesetzliche Erbfolge gebunden. Sie kann durch ein Testament verändert bzw. auch völlig umgestaltet werden. Dies nennt man **Testierfreiheit**. Beim Erstellen eines Testaments hat man zwei Möglichkeiten:

Man kann selbst ein Testament verfassen (§ 2247 BGB). Dieses **eigenhändige Testament** ist nur dann wirksam, wenn es **vollständig handschriftlich verfasst** und unterschrieben wurde. Der Gesetzgeber wollte durch diese Formvorschrift das Fälschungsrisiko reduzieren. In dem Testament sollten Zeitpunkt und Ort der Niederschrift angegeben werden. Die Unterschrift sollte den Vor- und Nachnamen des Erblassers enthalten. Will man verhindern, dass das Testament nach dem Tod nicht aufgefunden oder sogar vernichtet wird, kann man es gebührenpflichtig beim Amtsgericht hinterlegen.

... oder es nach Beratung vom Notar erstellen lassen.

Wer sich jedoch vor der Testamentserstellung über die unterschiedlichen Möglichkeiten beraten lassen und sichergehen möchte, dass die Formulierungen auch rechtlich halten, der sollte das Testament durch einen Notar erstellen lassen (**notarielles Testament**).

INFO

Sonderform Ehegattentestament
Ehegatten können ein gemeinsames Testament erstellen, das der eine Ehepartner handschriftlich verfasst und der andere nur mit unterzeichnet.

eigenhändiges Testament
• handschriftlich verfasst
• fehleranfällig
• ggf. gegen Gebühr beim Amtsgericht zu hinterlegen
• leicht durch Erblasser zu verändern

notarielles Testament
• umfasst Beratung des Erblassers
• Erstellung kostet Gebühren
• wird vom Notar beim Amtsgericht hinterlegt
• kann nur durch Notar verändert werden

Der Erblasser kann jede beliebige Person oder Personengruppe zu **Erben bestimmen**. Die Erben erhalten den gesamten Nachlass. Der Erblasser kann einzelne Gegenstände des Nachlasses **vermachen**. Die Erben müssen den

Gegenstand dann dem Vermächtnisnehmer herausgeben. Auch kann der Erblasser den Erben Auflagen machen und sie so zu einem von ihm erwünschten Verhalten zwingen.

Paare sollten vor allem Testamente errichten, wenn sie
- **nicht verheiratet** sind. Ansonsten erhält der Lebenspartner vom Vermögen des Erblassers nichts.
- **keine Kinder** haben. Hier besteht die Gefahr, dass Verwandte der 2. Ordnung Teile des Familienvermögens erhalten.
- **in Patchwork-Familien** zusammenleben. Hier würde die Zufälligkeit der Sterbereihenfolge der Patchwork-Eltern darüber entscheiden, in welchen Teil der Familie das Familienvermögen fließt. Der andere Teil ginge leer aus.
- **minderjährige Kinder** haben. Ohne Testament würden die Kinder ebenfalls Erben. Der überlebende Elternteil darf jedoch bei vielen Rechtsgeschäften, die mit dem Erbe zusammenhängen, seine Kinder nicht alleine vertreten. Er benötigt beispielsweise für die Veräußerung von Erbschaftsgegenständen (z. B. das Familienhaus) zeitaufwendige und komplizierte Genehmigungen des Familiengerichts, das die Genehmigung auch verweigern kann.

5.3 Der Erbvertrag

Neben dem Testament hat man noch eine weitere Möglichkeit, den eigenen Nachlass abweichend von der gesetzlichen Erbfolge zu regeln: den Erbvertrag. Im Gegensatz zum **Testament** als **einseitige Willenserklärung** handelt es sich beim **Erbvertrag** um eine **mehrseitige Willenserklärung**. Eine Änderung des einmal geschlossenen Inhalts des Erbvertrages ist in der Regel nur mit Zustimmung der anderen Vertragspartei möglich. Der Erblasser ist also gebunden. Weil ein Erbvertrag so weitreichende Folgen für den Erblasser hat, die er einseitig auch nicht mehr verändern kann, muss der Erbvertrag auch **zwingend vor dem Notar** geschlossen werden.

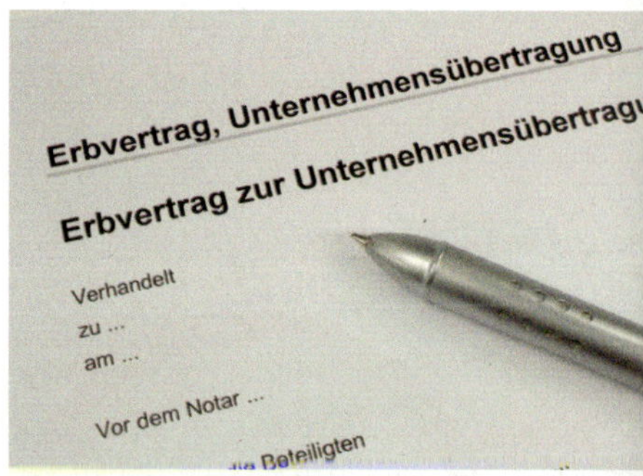

Ein Erbvertrag wird zwischen dem Erblasser und dem/den Erben geschlossen.

Die Form des Erbvertrages wird vor allem dann gewählt, wenn man neben den erbrechtlichen Regelungen noch andere Inhalte im Zusammenhang mit der Erbeinsetzung vereinbaren möchte. Häufig schließen Ehepartner in einem Erbvertrag ehevertragliche Regelungen. Auch Unternehmer haben häufig ihren Nachlass in einem Erbvertrag geregelt.

Testament	Erbvertrag
• erstellt der Erblasser allein (beim Ehegattentestament beide Partner)	• wird von mindestens zwei Vertragspartnern geschlossen
• kann der Erblasser jederzeit widerrufen oder verändern	• kann der Erblasser in der Regel nur zusammen mit den anderen Vertragspartnern verändern
• kann vor dem Notar erstellt werden, ist aber nicht zwingend	• muss durch einen Notar erstellt werden

5.4 Die Grenzen der Testierfreiheit

Der Erblasser ist in seiner Entscheidung, wen er als Erben einsetzen möchte, weitestgehend frei. Das Gesetz setzt dieser Freiheit jedoch auch bestimmte Grenzen.

Testierfähigkeit

Die Testierfähigkeit ist die Fähigkeit, ein rechtsgültiges Testament aufzusetzen. Der Gesetzgeber legt das **Mindestalter** für die Testierfähigkeit auf **16 Jahre** fest. Bis zum 18. Lebensjahr ist allerdings nur ein notarielles Testament möglich, erst mit Erreichen der **Volljährigkeit** ist man **voll testierfähig**.

Die Testierfähigkeit endet bei einer krankhaften **Störung der Geistestätigkeit, bei Geistesschwäche oder Bewusstseinsstörungen**. Dies kann jedoch nicht pauschal beim Vorliegen bestimmter Erkrankungen wie Demenz oder Alzheimer angenommen werden. Jeder Einzelfall liegt anders. Grundsätzlich ist ein an Demenz erkrankter Erblasser weiterhin testierfähig.

Nach dem Tod des Erblassers gibt es manchmal Streit, ob der Erblasser bei Erstellung des Testaments noch testierfähig war. Letztlich entscheidet hierüber das Nachlassgericht, indem es Zeugen über den Gesundheitszustand des Erblassers befragt oder die Krankenakten der Ärzte einsieht.

Erbfähigkeit

Nicht jeder kann als Erbe in einem Testament eingesetzt werden. Erbe können alle **natürlichen Personen** werden, die zum Zeitpunkt des Todes des Erblassers lebten. Eine Besonderheit gilt zugunsten bereits gezeugter, aber noch **ungeborener Kinder**. Sie werden Erben, wenn sie lebend geboren werden (siehe § 1923 BGB auf S. 159). Auch **juristische Personen**, wie z. B. eine Aktiengesellschaft oder GmbH, können Erben werden.

Erbunfähig sind dagegen **Tiere**. Tiere können zwar kein Erbe werden, im Testament können sie aber trotzdem bedacht sein. Möchte der Erblasser erreichen, dass sein Tier nach seinem Tod versorgt wird, kann er eine sogenannte **Auflage** in sein Testament aufnehmen und damit ganz konkret bestimmen, wie sein Tier vom Erben nach seinem Tod zu versorgen ist. Damit der Erbe gegen diese Auflage nicht verstößt, kann der Erblasser zusätzlich einen **Testamentsvollstrecker** bestimmen, der die Einhaltung der Auflage überwacht. Der Erblasser kann sogar eine Strafklausel vorsehen, die zum Verlust des Erbes führt, sollte der Erbe gegen die Auflage verstoßen.

Pflichtteilsanspruch

Der Erblasser kann alle seine Verwandten und auch seinen Ehepartner vom Erbe ausschließen. Eine begrenzte Gruppe von **nahen Angehörigen** sowie der **Ehepartner** sind aber davor **geschützt, völlig leer auszugehen**. Sie haben im Fall der Enterbung einen sogenannten Pflichtteilsanspruch. Diesen kann der Erblasser nicht entziehen. Seine Höhe beträgt die Hälfte des gesetzlichen Erbanspruchs. Die zugehörige Regelung findet sich im BGB.

§ 2303 BGB Pflichtteilsberechtigte; Höhe des Pflichtteils

(1) Ist ein Abkömmling des Erblassers durch Verfügung von Todes wegen von der Erbfolge ausgeschlossen, so kann er von dem Erben den Pflichtteil verlangen. Der Pflichtteil besteht in der Hälfte des Wertes des gesetzlichen Erbteils.

(2) Das gleiche Recht steht den Eltern und dem Ehegatten des Erblassers zu, wenn sie durch Verfügung von Todes wegen von der Erbfolge ausgeschlossen sind. [...]

M1 Gesetzestexte verstehen – § 2303 BGB

Regelung des § 2303 BGB	Was bedeutet die Formulierung im Gesetzestext?
(1) Ist ein Abkömmling des Erblassers	Abkömmlinge des Erblassers sind Kinder, Enkel, Urenkel, Ururenkel usw.
durch Verfügung von Todes wegen	Eine Verfügung von Todes wegen ist das Testament oder der Erbvertrag.
von der Erbfolge ausgeschlossen,	Der Abkömmling hätte nach der gesetzlichen Erbfolge Erbe sein müssen. Um diese Tatbestandsvoraussetzung zu prüfen, muss erst ermittelt werden, ob der Betreffende nach der gesetzlichen Erbfolge erbberechtigt wäre.
so kann er von dem Erben den Pflichtteil verlangen.	Der Pflichtteilsberechtigte ist kein Erbe. Er hat lediglich einen Anspruch gegen den Erben.
(2) Das gleiche Recht steht den Eltern und dem Ehegatten des Erblassers zu,	...
wenn sie durch Verfügung von Todes wegen	...
von der Erbfolge ausgeschlossen sind.	...

Wichtig ist: Als **Pflichtteilsberechtigter** ist man **kein Erbe**. Man hat lediglich einen **Geldanspruch gegen die Erben**. Zahlen diese nicht freiwillig, kann man nur gegen die Gemeinschaft der Erben klagen. Die Stellung des Pflichtteilsberechtigten ist im Verhältnis zur Erbenstellung also schwächer.

M2 Pflichtteilsansprüche

Frau Martin ist verstorben. Sie hinterlässt ihren Ehemann und die beiden gemeinsamen Kinder Susanne und Anette. Ihr erstgeborener Sohn Alexander ist bereits verstorben. Er hatte zwei Kinder, Dietrich und Sigrid. Anette hat ebenfalls ein Kind, Isabell. Frau Martin hatte ein Testament erstellt, in dem sie ihren Ehemann als Alleinerben einsetzte. Frau Martin hinterlässt ein Vermögen in Höhe von 120.000 Euro.

M3 Enterbt

Zeichnung: Andreas Prüstel

M4 Wie werden alle gut versorgt?

Alois Schreier unterhält als pensionierter Tierarzt einen Gnadenhof für drei Pferde, zwei Esel, fünf Ziegen, zehn Katzen und drei Hunde. Sein ältester Sohn ist ebenfalls Tierarzt, sein zweiter Sohn ist passionierter Reiter. Seine Tochter hat eine Pferdehaarallergie. Alois Schreier möchte keines seiner Kinder bevorzugen oder benachteiligen, möchte aber auch, dass seine Tiere gut versorgt sind.

AUFGABEN

1. Begründe, warum es einem Erblasser zu empfehlen ist, den Ort und vor allem das Datum der Erstellung auf dem Testament zu vermerken.
2. *Think-Pair-Share:* Diskutiert die Vor- und Nachteile eines eigenhändigen Testamentes, eines notariellen Testaments und eines Erbvertrags.
3. Stelle den Zweck der gesetzlichen Grenzen der Testierfreiheit heraus.
4. Das kinderlose Ehepaar Schulz verunglückt tödlich bei einem Autounfall. Begründe, warum es unter den Erben zum Streit über den genauen Todeszeitpunkt der beiden Ehepartner kommen könnte.
5. Formuliere § 2303 (2) BGB nach dem Muster von § 2303 (1) in eigenen Worten (M1).
6. Ermittle im Fall M2,
   a) wer in welcher Höhe einen Pflichtteilsanspruch geltend machen kann.
   b) gegen wen der Pflichtteilsanspruch geltend gemacht werden muss.
7. Ermittle den Anteil, den Herr Lusche (M3) vom Vermögen seiner verstorbenen Mutter als Pflichtteil erhält, wenn sein Vater verstorben ist und er
   a) keine Geschwister hat,
   b) noch eine Schwester hätte, die ebenfalls enterbt wurde.
8. Diskutiert, wie Alois Schreier sein Testament gestalten kann (M4).

5.5 Die Erbschaftsteuer

Ein Teil des vererbten Vermögens beansprucht der Staat durch die Erbschaftsteuer. Nicht jeder ist gleich von der Erbschaftsteuer betroffen.

In den Regelungen zur Erbschaftsteuer zeigt sich die besondere Bedeutung, die die Rechtsordnung Ehe und Familie zukommen lässt (S. 144). Der **Ehepartner** und die **Kinder** werden weitgehend von der Erbschaftsteuer verschont. Sie haben **hohe Freibeträge**, d. h. Beträge, die vollständig von der Besteuerung ausgenommen sind. Sind diese Freibeträge ausgeschöpft, gelten für das übrige Erbe **deutlich geringere Steuersätze** als für entferntere Verwandte bzw. Erben, die in keinem Verwandtschaftsverhältnis zum Erblasser stehen.

Die folgende Tabelle zeigt, in welche Steuerklasse der Erbe eingeordnet wird, wie hoch die Freibeträge sind und wie hoch der Steuersatz des Erbes ist, das über den Freibetrag hinausgeht.

	Steuerklasse I				Steuerklasse II	Steuerklasse III
	Ehepartner	Kinder, Enkel, wenn deren Eltern verstorben sind	Enkel, wenn deren Eltern leben	Eltern und Großeltern	Geschwister, Neffen, Nichten, Schwiegerkinder …	alle übrigen
Freibetrag in €	500.000	400.000	200.000	100.000	20.000	20.000
Steuersatz in % bei einem Vermögen über den Freibetrag						
bis 75.000 €	7				15	30
bis 300.000 €	11				20	
bis 600.000 €	15				25	
bis 6.000.000 €	19				30	
bis 13.000.000 €	23				35	50
bis 26.000.000 €	27				40	
über 26.000.000 €	30				43	

M1 Wie viel Erbschaftsteuer muss Herr Rossi zahlen?

Unternehmerin Aurora Rossi hat ein Vermögen in Höhe von 5 Mio. Euro. Sie hat drei Kinder und insgesamt sieben Enkelkinder. Kein Kind ist vorverstorben. Bislang hat sie ihren Ehemann Uwe Rossi testamentarisch als Alleinerben eingesetzt.

AUFGABEN

1. Bestimme, von welchen Faktoren die Höhe der zu zahlenden Erbschaftsteuer abhängt.
2. a) Berechne, wie viel Erbschaftsteuer Uwe Rossi in M1 zahlen muss, wenn alle Kinder auf ihren Pflichtteilsanspruch verzichten.
   b) *Stühletausch:* Beratet Frau Rossi, wie sie erbschaftsteuerlich ihr Testament optimieren kann.

Rechtsberatung gesucht

Charlotte Lederer ist Inhaberin des Schuhlabels Charlotte Shoes. Jahrelang war sie nur mit dem Aufbau des Labels beschäftigt. Nun hat sie auch endlich privat ihr Glück gefunden und ihren Traumpartner kennengelernt. Sven Nachtrab hat nichts mit der Modebranche zu tun. Trotzdem sind sich beide sicher, dass sie für immer zusammenbleiben und daher bald heiraten wollen.

Sven ist allerdings im Moment noch verheiratet. Aus seiner noch bestehenden Ehe hat er eine Tochter, Nazan. Seit der offiziellen Trennung von seiner Noch-Ehefrau sind fünf Monate vergangen. Die beiden waren schon länger nur noch „auf dem Papier“ verheiratet.

Bevor Charlotte und Sven ihr gemeinsames Leben beginnen können, müssen die beiden einige rechtliche Fragen klären – und auch danach tauchen immer wieder Probleme auf, mit denen sie sich beschäftigen müssen.

Stelle dir vor, du arbeitest bei einer Rechtsberatung und sollst den beiden mit deinen Tipps zur Seite stehen.

1 *Placemat:* Charlotte und Sven möchten standesamtlich heiraten. Stellt eine Liste zusammen, welche Unterlagen sie dafür benötigen. Berücksichtigt dabei auch, was Sven und Charlotte noch alles erledigen müssen, bevor sie standesamtlich heiraten können.

2 Sven und Charlotte wünschen sich ein gemeinsames Kind. Charlotte kann jedoch aus gesundheitlichen Gründen keine eigenen Kinder bekommen. Sie möchten deshalb ein Kind adoptieren.

a) Recherchiert in Arbeitsgruppen im Internet, welche Voraussetzungen sie in diesem Fall erfüllen sollten.

b) Stellt eure Ergebnisse in einem kurzen Informationsblatt dar.

c) Erläutert, wie die Situation wäre, wenn Charlottes Cousine Tina mit ihrer Freundin in einer eingetragenen Lebenspartnerschaft leben würde und sie ebenfalls ein Kind adoptieren wollten.

3 Da die beiden ein Kind adoptieren möchten, müssen sie sich vor ihrer Eheschließung klar werden, wie ihr Ehename lauten soll. Die Entscheidung ist für beide sehr schwierig. Charlotte möchte ihren Namen nicht aufgeben, da er in der Modebranche einen großen Bekanntheitsgrad besitzt. Sven hingegen möchte den gleichen Namen tragen wie seine Tochter Nazan, damit er auch nach außen deutlich macht, dass er ihr Vater ist und sie zusammengehören.

a) Bestimme, welche Möglichkeiten Charlotte und Sven bei der Namenswahl besitzen.

b) *Fishbowl:* Diskutiert in der Klasse, für welche Namensvariante sich Sven und Charlotte entscheiden sollten.

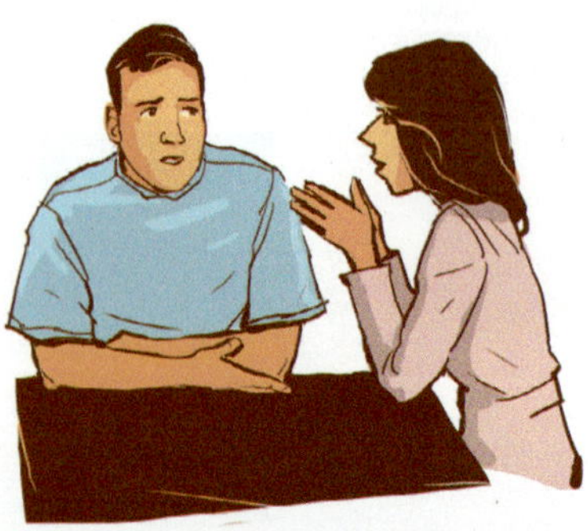

4 Charlotte und Sven haben sich für den Güterstand der Gütertrennung entschieden und inzwischen auch ihren Sohn Samuel erfolgreich adoptiert.

a) Stelle die Vor- und Nachteile, die mit dem gewählten Güterstand verbunden sind, heraus.

b) Ermittle den Anteil, den Sven und Charlotte jeweils erben, wenn der andere Partner verstirbt. Nutze dafür § 1931 Absatz 4 BGB.

§ 1931 BGB Gesetzliches Erbrecht des Ehegatten

(4) Bestand beim Erbfall Gütertrennung und sind als gesetzliche Erben neben dem überlebenden Ehegatten ein oder zwei Kinder des Erblassers berufen, so erben der überlebende Ehegatte und jedes Kind zu gleichen Teilen [...].

c) Ermittle, wie hoch die Erbanteile wären, wenn sich die beiden Eheleute für den Güterstand der Zugewinngemeinschaft entschieden hätten.

5 *Think-Pair-Share:* Svens Patenonkel Bertram möchte sein Testament erstellen. Dabei gehen ihm viele Fragen durch den Kopf, die er mit Sven und Charlotte besprechen möchte.

a) Entwickelt – soweit möglich – erbrechtliche Lösungen, die die beiden vorschlagen könnten, um die Ängste von Svens Patenonkel auszuräumen.

b) Präsentiert mithilfe der *Methode* auf S. 155 mögliche Lösungen.

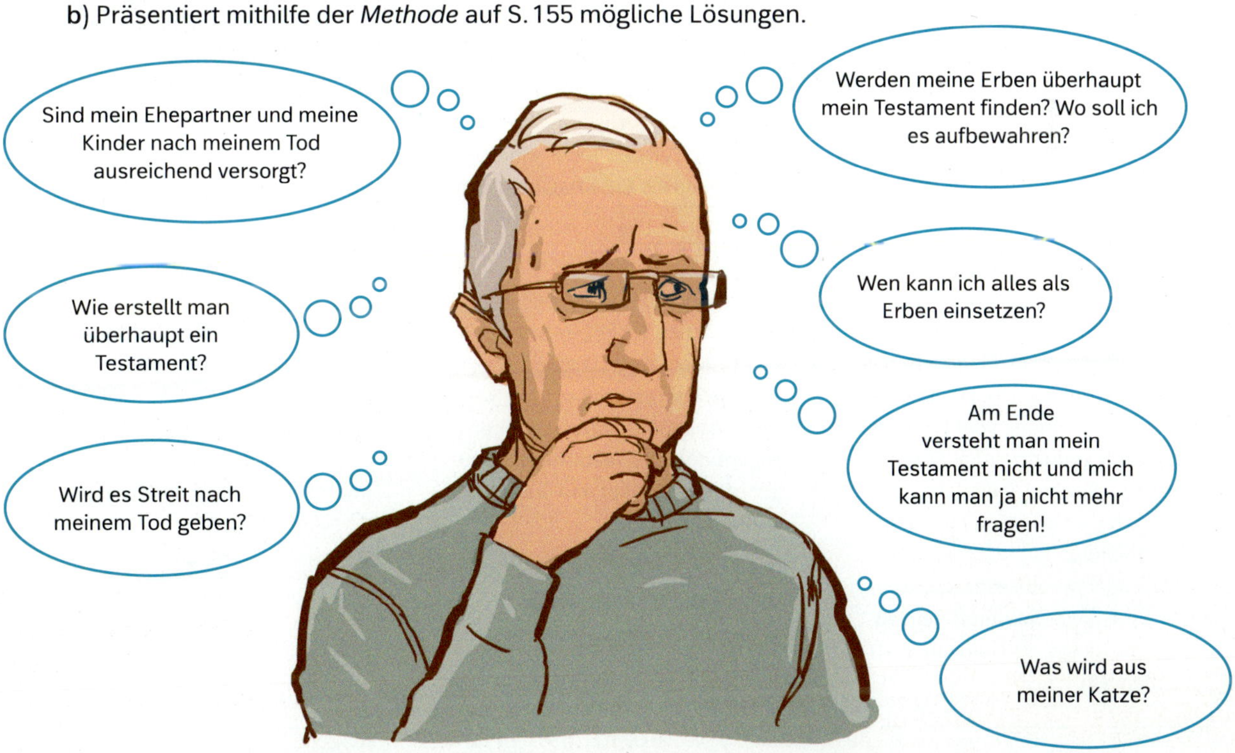

Partnerschaft ist eine Beziehung zwischen Paaren unterschiedlichen oder gleichen Geschlechts.

Ehe
Ehe und Familie stehen unter besonderem Schutz des Staates (Art. 6 GG, Art. 124 BV).

weitere Lebensgemeinschaften
z. B. eingetragene Lebenspartnerschaften, nicht eheliche und eheähnliche Lebensgemeinschaften

Voraussetzungen der Ehe

Ehefähigkeit muss vorhanden sein = Volljährigkeit beider Partner

Eheverbote dürfen nicht vorliegen =
- keine bestehende Ehe/Lebenspartnerschaft
- keine Verwandtschaft in gerader Linie oder Geschwister

Rechtsfolgen der Ehe

eheliche Lebensgemeinschaft | **Familienname** | **Unterhaltspflicht** | **Schlüsselgewalt**

Das **eheliche Güterrecht** regelt, wem das vor und während der Ehe erworbene Vermögen gehört.

Zugewinngemeinschaft
(gesetzlicher Güterstand)
Jeder behält sein Anfangsvermögen. Nach Scheidung oder Tod erfolgt ein Ausgleich des Zugewinns.

Gütertrennung
Jeder behält sein eigenes Vermögen auch während der Ehe.

Gütergemeinschaft
Die Vermögen werden mit der Eheschließung zusammengelegt und im Fall einer Scheidung auf beide Partner aufgeteilt.

Dies beeinflusst auch, wer im Fall des Todes eines Partners wie viel erbt.
Wer welchen Anspruch auf ein Erbe hat, bestimmt das **Erbrecht**.

Gesetzliche Erbfolge
Sie gilt, falls nichts anderes bestimmt wird:
- **Ordnungsprinzip:** Eine vorhergehende Ordnung schließt eine nachfolgende Ordnung vom Erbe aus.
- **Stammesprinzip:** Jeder Stamm erbt zu gleichen Teilen. Verstirbt ein Erbe, treten seine Kinder an seine Stelle.
- **Repräsentationsprinzip:** Der im Stamm höher Stehende schließt die nachfolgende Generation als Erben aus.

Testament
Hiermit kann der Erblasser von der gesetzlichen Erbfolge abweichen.
Man unterscheidet:
- **notarielles Testament:** vom Notar verfasst und nur unterschrieben
- **eigenhändiges Testament:** handschriftlich verfasst und unterschrieben

Erbvertrag
Auch hiermit kann von der gesetzlichen Erbfolge abgewichen werden.
Bei einem Erbvertrag handelt es sich um einen Vertragsschluss vor dem Notar (mehrseitige Willenserklärung).

Grenzen der Testierfreiheit:
- volle Testierfähigkeit erst ab 18 Jahren
- Pflichtteilsanspruch von nahen Angehörigen
- Erbfähigkeit lediglich von natürlichen und juristischen Personen

V Strafrecht

In diesem Kapitel lernst du, ...

- zu begründen, warum alleine der Staat das Recht hat, die Menschen für ihre begangenen Taten zu bestrafen.
- kritisch zu beurteilen, welchen Zweck eine verhängte Strafe haben soll.
- anhand von Kriterien zu überprüfen, wodurch eine Tat strafbar wird.
- mithilfe von Gesetzen, z. B. dem Strafgesetzbuch (StGB), einzelne Rechtsfälle zu lösen.
- die Schritte eines Strafverfahrens von Anfang bis Ende zu beschreiben.
- Straftaten und Ordnungswidrigkeiten voneinander abzugrenzen.
- straf- und zivilrechtliche Folgen strafbarer Handlungen zu unterscheiden.
- den Sinn einer Haftpflichtversicherung herauszustellen.
- die Besonderheiten des Jugendstrafrechts zu bewerten.
- Maßnahmen der Jugendhilfe und der Gewaltprävention zu diskutieren.

INFO

Monopol
alleiniger Anspruch

1 Das staatliche Strafmonopol

1.1 Die Ordnungs- und Schutzfunktion des Staates

Fallbeispiel 1:
Franz Weininger steigt nach einer Betriebsfeier trotz reichlichen Alkoholgenusses in sein Auto und macht sich auf den Heimweg. In der Dunkelheit übersieht er an einem Fußgängerübergang den 18-jährigen Moritz Weber. Sein Fahrzeug drückt den Jungen mit voller Wucht gegen einen Zaun. Herbeieilende Passanten setzen sofort einen Notruf ab und kümmern sich um den Schwerverletzten.

Weil der Unfall kurz vor dem Elternhaus von Moritz passiert ist, eilt sein Vater Arthur Weber zur Unfallstelle. Nach dem Abtransport seines Sohnes rennt er auf den Autofahrer zu, der gerade auf dem Weg zum Polizeiwagen ist, wo er einen Blutalkoholtest machen soll. Der völlig verzweifelte Vater schlägt so lange wütend auf den stark nach Alkohol riechenden Fahrer ein, bis ihn ein Polizist zurückhält.

In diesem Fallbeispiel hat sich Franz Weininger durch die lebensgefährliche Verletzung des jungen Mannes unter Alkoholeinfluss strafbar gemacht.

Allerdings darf in unserem heute bestehenden Rechtssystem nicht jeder selbst den Täter fassen und ihn dann womöglich auch selbst bestrafen. Diese **Selbstjustiz** würde in ihrer Willkürlichkeit meist zu noch größerem Unrecht führen und **widerspricht unserer gängigen Rechtsordnung**.

Die **Strafe** ist eine Maßnahme, die der **Staat** gegen einen Menschen ergreift, der eine strafbare Handlung begangen hat. Die Strafe ist ein **Mittel**, den durch Straftaten gestörten **Rechtsfrieden** wiederherzustellen.

Der **Staat** hat im Rahmen seiner **Ordnungs- und Schutzfunktion** alleine das Recht, Angriffe auf seine Rechtsordnung abzuwehren und im Zuge dessen Menschen zu bestrafen. Man spricht in diesem Zusammenhang auch von einem **Strafmonopol** des Staates.

Grundlage für diese staatliche Macht sind die vom Parlament im Rahmen der Gesetzgebung geschaffenen **Strafgesetze**. Mit diesen Strafgesetzen legt das Parlament fest, welche Handlungen strafbar sind, d.h., welche Taten die Gemeinschaft und das Zusammenleben der Menschen beeinträchtigen.

Im Rahmen seines Strafmonopols hat der Staat folgende Aufgaben:

- **Ermittlung von Straftaten:**
  Nur Polizeibehörden und die Staatsanwaltschaft sind berechtigt und verpflichtet, Täter zu ermitteln und zu ergreifen.
- **Verurteilung von Straftätern:**
  Unabhängige Gerichte fällen ihr Urteil und legen entsprechende Strafen fest.
- **Vollzug der verhängten Strafe:**
  Allein staatliche Behörden, wie z.B. Justizvollzugsanstalten, sind für den Strafvollzug zuständig.

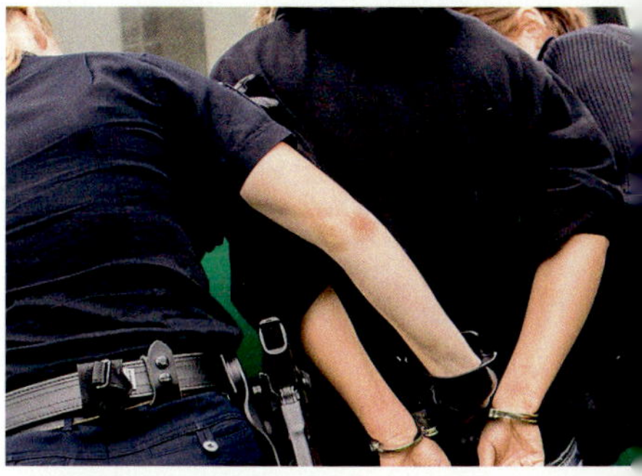

Ermittlung von Straftaten

Verurteilung von Straftätern

Vollzug der verhängten Strafe

Fallbeispiel 2:
Vroni kauft ein Buch. Zu Hause stellt sie allerdings fest, dass zehn Seiten fehlen. Daher nimmt sie das Buch am nächsten Tag mit in die Schule, weil sie es am Nachmittag in die Buchhandlung zurückbringen möchte. Völlig unbeobachtet stiehlt Reni das Buch jedoch in der Pause aus Vronis Rucksack.

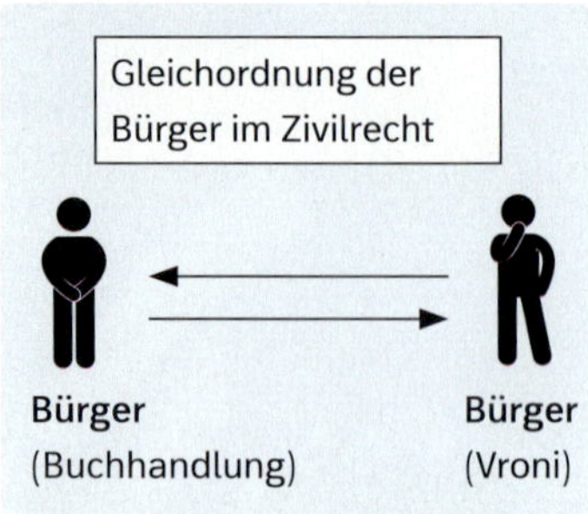

In der Jahrgangsstufe 8 hast du gelernt, dass der Kauf des Buches eine zivilrechtliche Angelegenheit ist und dass das BGB die Rechtsbeziehungen der Bürger untereinander regelt, wie hier die Beziehung der Buchhandlung zu Vroni. Das Zivilrecht basiert auf dem Grundsatz der Gleichordnung der Bürger.

Erst durch den Diebstahl ist die Rechtsordnung gestört worden und der Staat wird in seiner Funktion als Ordnungshüter aufgerufen. Er bestraft Angriffe auf die Rechtsordnung, die mit Rücksicht auf das Interesse der Gemeinschaft und ihr Zusammenleben nicht erlaubt werden können.

Das wichtigste Buch aus dem Bereich des Strafrechts ist das Strafgesetzbuch (StGB). Es ist im Gegensatz zum bürgerlichen Recht (BGB) hoheitliches Recht, d. h., es wird durch den Staat und seine Organe ausgeübt und basiert auf dem Grundsatz der Unterordnung der Bürger unter den Staat.

M1 Ist das erlaubt?

AUFGABEN

1. a) Nenne Beispiele für Rechtsbeziehungen im bürgerlichen Recht.
   b) Begründe, wodurch sich diese Rechtsbeziehungen nach deinen bisherigen Kenntnissen vom Strafrecht unterscheiden.
2. Reflektiere die Bestrafung durch Arthur Weber im Fallbeispiel 1.
3. a) Erinnere dich an die Regelungen aus dem Kaufrecht im BGB und nenne Vronis Ansprüche gegen die Buchhandlung im Fallbeispiel 2.
   b) Vroni ist nach der Entdeckung des Diebstahls sehr wütend und leert alle Rucksäcke ihrer Mitschüler, die sie zu fassen bekommt, auf dem Boden aus (M1). Einige möchten dies jedoch nicht und verweigern Vroni dieses Vorgehen. Beurteile die Argumentation von Vroni: „Ich darf das im Interesse unserer Klassengemeinschaft tun."
   c) Beschreibe ein in deinen Augen angemessenes Verhalten von Vroni und stelle dabei einen Zusammenhang mit der staatlichen Ordnungs- und Schutzfunktion des Staates her.
4. *Stühletausch:* „Das Strafrecht ist das schärfste Schwert des Staates." Belegt diese Aussage.

1.2 Der Zweck des staatlichen Strafens

Fallbeispiel 3:
Ein Schiedsrichter reagiert auf das schwere Foul eines Fußballspielers mit der roten Karte.

Der Spieler hat gegen die Spielregeln verstoßen und wird demzufolge bestraft. Der Schiedsrichter muss dafür sorgen, dass das Spiel fair und regelgerecht fortgesetzt wird.

Genauso wie im Sport müssen auch für uns alle Regeln gelten, die unser Zusammenleben friedlich und ordnungsgemäß ermöglichen. Diese Aufgabe der Ordnungs- und Schutzfunktion erfüllt der Staat, indem er einzelne Täter bestraft. Die **Strafe** soll bei den **Tätern** bestimmte Wirkungen erzielen.

Es geht jedoch beim Strafen nicht nur um den einzelnen Täter. Denn die gegen den Einzelnen ausgesprochene Strafe bleibt kein Geheimnis. Gerichtsverhandlungen sind in der Regel öffentlich. Auch in den Zeitungen wird darüber berichtet. Wir bilden uns eine Meinung über das Vorgefallene, über die Persönlichkeit des Täters (z. B. wie er vor Gericht reagiert, ob er Einsicht und Reue zeigt oder nicht) und über die verhängte Strafe.

Auf diese Weise wirken die strafbare Handlung und ihre Folgen auf die **gesamte Gesellschaft** zurück. Wir müssen uns daher fragen:

Welche Ziele hat die vom Staat für ein bestimmtes Delikt angedrohte oder von einem Richter verhängte Strafe?

Wir können **zwei Hauptziele der Strafe** unterscheiden: **Vergeltung und Vorbeugung** (Prävention).

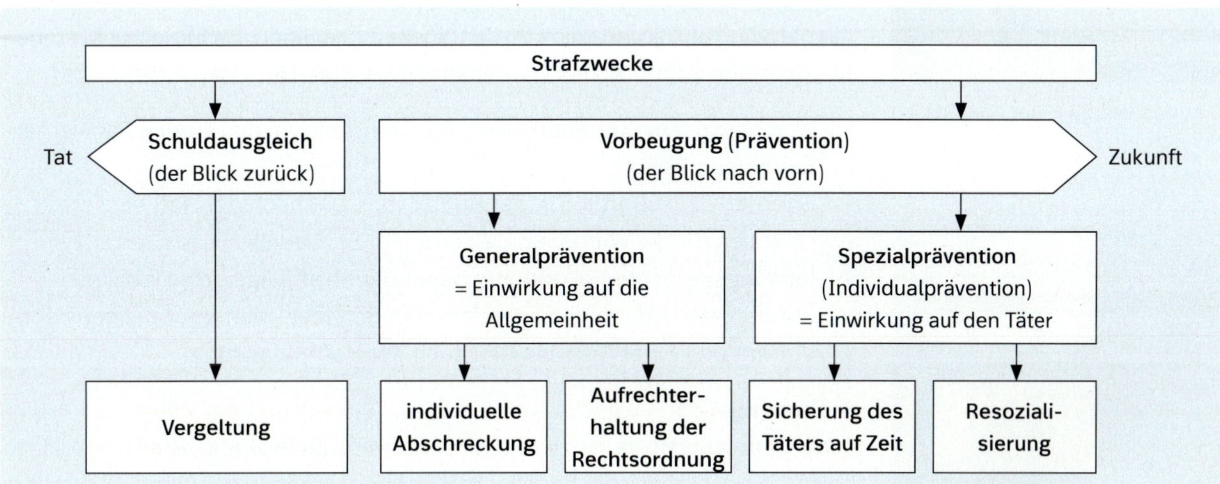

In unserem Strafrecht kommen alle dargestellten Strafzwecke zum Tragen. Die Resozialisierung und die Aufrechterhaltung der Rechtsordnung stehen in neuerer Zeit bei der Fortentwicklung des Strafrechts im Vordergrund.

Keiner der Strafzwecke wird heute isoliert angewandt. Vielmehr steht der Einzelfall in seiner Vielschichtigkeit im Vordergrund. So sind z.B. bei einem jugendlichen Täter die Resozialisierungsmaßnahmen vorrangig, während ein gefährlicher Wiederholungstäter zum Schutze der Allgemeinheit inhaftiert und eventuell dauerhaft zur Sicherung verwahrt wird.

Elektrischer Stuhl in den USA. In Deutschland ist die Todesstrafe seit 1949 laut Grundgesetz verboten.

Vergeltung

Der Strafzweck der Vergeltung sieht nur die begangene Tat als solche und verfährt nach dem Grundsatz: „Wie du mir, so ich dir." In dieser Straftheorie finden z.B. auch die grausamen Hinrichtungsarten des Mittelalters ihre Begründung. Eine begangene Tat soll durch eine vergleichbare Handlung ausgeglichen werden: Wer auf brutale Weise einen Menschen umbringt, hat selbst sein Leben verwirkt. Die Situation des Täters und die besonderen Umstände zum Zeitpunkt der Tat werden nicht beachtet.

Abschreckung

Ein wesentlicher Zweck von Strafen ist die Verhinderung weiterer Straftaten (Prävention). So sollen durch die Androhung einer hohen Strafe im Allgemeinen oder durch Verhängung einer besonders schweren Strafe im Einzelfall mögliche andere Straftäter abgehalten werden.

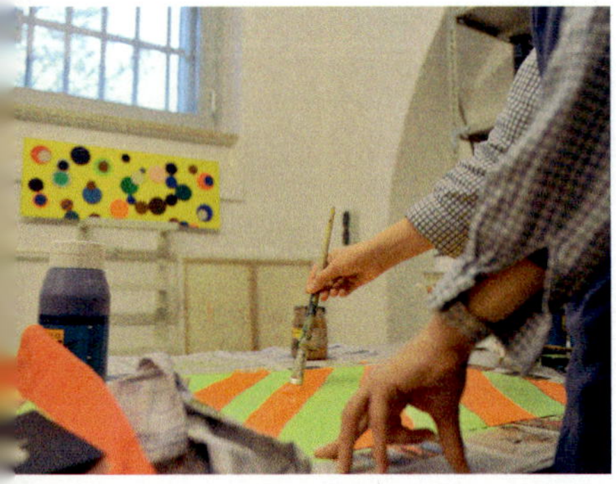

Kunsttherapie in der JVA Aichach

Aufrechterhaltung der Rechtsordnung

Dieser Strafzweck sieht nicht nur den einzelnen Täter, sondern das geordnete Zusammenleben der Menschen als Wert an sich. Konsequente Verbrechensbekämpfung und Strafverfolgung dienen dazu, das Vertrauen der Bürger in die Rechtsordnung zu erhalten. Sie sollen die Sicherheit haben, dass der Staat ihre Rechte schützt und Rechtsbrecher konsequent verfolgt.

Resozialisierung

Der Täter soll dazu gebracht werden, sich wieder in die Gesellschaft einzugliedern und in Zukunft keine Straftat mehr zu begehen. Im Mittelpunkt stehen Maßnahmen während des Freiheitsentzugs. Dazu gehören z.B.:

- psychologische Betreuung während der Haft, um das eigene Fehlverhalten aufzuarbeiten,
- Erlernen eines Berufes in der Haftanstalt, um nach der Haft bessere Chancen für die Wiedereingliederung in die Gesellschaft zu erreichen,
- leistungsgerechte Entlohnung, damit der Straffällige seine Familie unterstützen oder einen angerichteten Schaden wiedergutmachen kann,
- Vermittlung einer Arbeitsstelle nach der Haftentlassung.

Einrichtung für Sicherungsverwahrung

Sicherung

Jede Gefängnisstrafe ist zwar eine sehr harte Bestrafung, aber letztendlich dient sie auch dazu, die Gesellschaft vor dem Täter zu schützen. Besonders notwendig erscheint dieser Aspekt bei gefährlichen Gewalt- und Sexualstraftätern, für die sogar die Sicherungsverwahrung angeordnet werden kann. Diese wird im Anschluss an die Freiheitsstrafe durchgeführt (siehe dazu auch S. 185).

M1 Verschiedene Strafzwecke

Strafe des Untertauchens

Häftlinge in der Gefängniswäscherei

M2 Das Problem der Rückfälligkeit

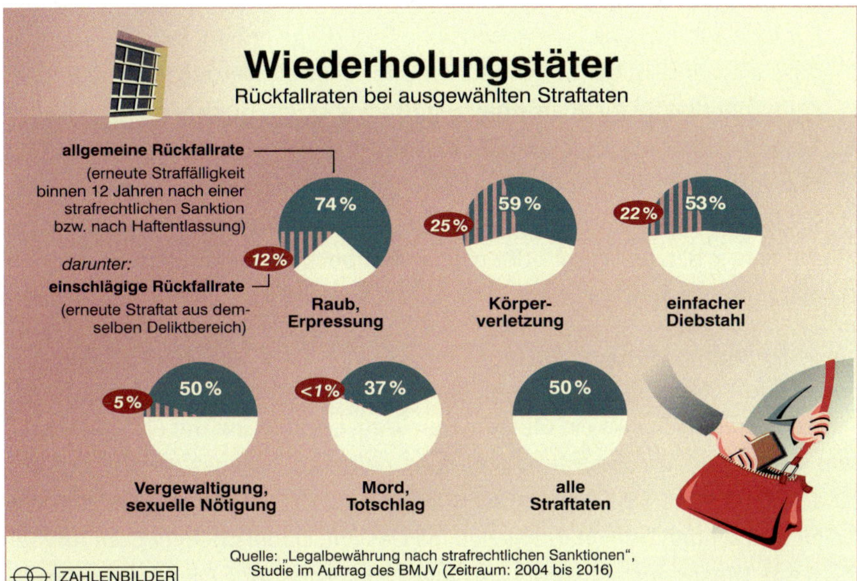

131 214

AUFGABEN

1. *Placemat:* Konkretisiert, mit welchen Maßnahmen der Staat den Bürgern das Bewusstsein vermitteln kann, dass Rechtssicherheit besteht.
2. Vergleiche die Bilder in M1 im Hinblick auf den dargestellten Strafzweck.
3. a) Ermittle aus M2, bei welchen Straftaten die Wiederholungsrate besonders hoch bzw. niedrig ist, und nenne mögliche Gründe hierfür.
   b) Schätze ein, aus welchen Gründen
   - Jugendliche eine höhere Rückfallquote verzeichnen als Erwachsene.
   - Männer eher rückfällig werden als Frauen.

   c) Entwickelt im Klassengespräch mögliche Lösungsansätze, um Wiederholungstaten zu verhindern.
4. „Die Strafe hat keine abschreckende Wirkung, weil jeder Täter glaubt, nicht erwischt zu werden." Diskutiert diese Aussage.

WEBCODE

WES-116646-521
Hier findest du das Strafgesetzbuch im Internet.

2 Grundsätze der Rechtsstaatlichkeit im Strafrecht

Eine Strafe – wie im extremsten Fall die Freiheitsstrafe – stellt einen starken Eingriff des Staates in das Leben seiner Bürger dar. Um die Menschen vor Willkür zu schützen, ist eine Bestrafung an bestimmte Grundsätze gebunden. Grundlegend ist hierbei das sogenannte **Gesetzlichkeitsprinzip**:

> **§ 1 StGB Keine Strafe ohne Gesetz (wiederholt Art. 103 Abs. 2 GG)**
>
> Eine Tat kann nur bestraft werden, wenn die Strafbarkeit gesetzlich bestimmt war, bevor die Tat begangen wurde.

Dieser Paragraf besagt u. a.:

- Für jede Tat muss es eine gesetzliche Grundlage geben. Dies heißt auch, dass niemand im Nachhinein für eine Tat bestraft werden kann, die zum Zeitpunkt der Tat nicht strafbar war (**Rückwirkungsverbot**).
- **Tatbestandsmerkmale** und **Rechtsfolgen** einer Tat müssen **im Gesetz klar formuliert** sein, sodass der Täter genau weiß, welche Folgen seine Tat für ihn haben kann. Das Gesetz gibt hierfür einen gewissen Strafrahmen an, z. B. wird laut § 249 StGB ein Räuber „mit einer Freiheitsstrafe nicht unter einem Jahr bestraft."

Fallbeispiel 1:
Ferdinand Krafft (24 Jahre) joggt am frühen Abend im Englischen Garten. Plötzlich stellt sich ihm ein Mann in den Weg, bedroht ihn mit einem Messer und fordert ihn auf, das Handy und den Geldbeutel herauszugeben. Da Ferdinand Krafft einen Selbstverteidigungskurs absolviert hat, kann er sich befreien und schlägt dem Mann gezielt ins Gesicht. Dabei bricht er dem Räuber die Nase. Dieser ergreift sofort die Flucht und rennt ohne Diebesgut weg.

Wichtig: Wir untersuchen hier nicht den Straftatbestand des Raubs, sondern klären hier ausschließlich die Frage:

Muss sich Ferdinand Krafft wegen Körperverletzung verantworten?

Um entscheiden zu können, ob sich Ferdinand Krafft der Körperverletzung schuldig gemacht hat und für diese bestraft werden kann, müssen wir die drei Voraussetzungen für die Strafbarkeit einer Tat genauer untersuchen.

Die drei Grundvoraussetzungen für die Strafbarkeit einer Tat sind:

Tatbestandsmäßigkeit + Rechtswidrigkeit + Schuld

Eine Tat ist nur dann strafbar, wenn **alle drei Voraussetzungen** erfüllt sind. Entfällt nur einer der drei Teile, liegt keine Straftat vor.

2.1 Tatbestandsmäßigkeit

Zu prüfen ist immer, ob **alle im Gesetz genannten Elemente eines strafbaren Tatbestandes genau erfüllt** sind, das heißt im Fallbeispiel 1: Liegt eine tatbestandsmäßige Handlung laut § 223 StGB Körperverletzung vor?

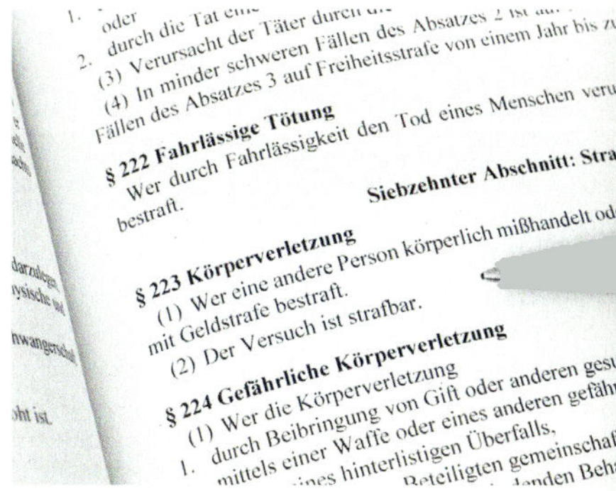

§ 223 StGB Körperverletzung

(1) Wer eine Person körperlich misshandelt oder an der Gesundheit schädigt, wird mit Freiheitsstrafe bis zu fünf Jahren oder mit Geldstrafe bestraft.

Es gibt objektive und subjektive Tatbestandsmerkmale.

a) Objektiver Straftatbestand (äußere Merkmale der Tat):
Was ist konkret geschehen?
In unserem Fallbeispiel ist der **objektive Tatbestand** der Körperverletzung durchaus erfüllt, da Ferdinand Krafft

- eine Person (den Dieb)
- körperlich misshandelt (Schlag ins Gesicht) und
- gesundheitlich geschädigt (Nase gebrochen) hat.

Ohne den Schlag ins Gesicht wäre der Räuber nicht verletzt worden.

b) Subjektiver Straftatbestand (innere Einstellung zur Tat):
Handelt der Täter vorsätzlich oder fahrlässig?
Eine Tat muss vorsätzlich ausgeführt werden, d. h., der Täter muss sich bewusst sein, eine Straftat zu begehen. Für Richter ist es oftmals schwer, vorsätzliches von fahrlässigem Handeln zu unterscheiden. Fahrlässiges Handeln ist nur in bestimmten Fällen strafbar (siehe Fallbeispiel 2 unten).

In unserem Fallbeispiel 1 ist eindeutig der **subjektive Straftatbestand** erfüllt, denn Ferdinand Krafft hat den Dieb mit voller Absicht geschlagen.
Ergebnis: Der Straftatbestand der Körperverletzung liegt vor.

Fallbeispiel 2:
Frau Blume gießt die Blumen auf ihrem Balkon. Dabei stößt sie an einen Blumentopf, der einen Fußgänger unten auf der Straße am Arm und an der Hand trifft. Der Mann erleidet zwei komplizierte Brüche und muss ins Krankenhaus.

§ 229 StGB Fahrlässige Körperverletzung

Wer durch Fahrlässigkeit die Körperverletzung einer anderen Person verursacht, wird mit Freiheitsstrafe bis zu drei Jahren oder mit Geldstrafe bestraft.

Frau Blume hat beim Gießen nicht die notwendige Sorgfalt walten lassen. Da sie jedoch ohne Absicht (Vorsatz) gehandelt hat, ist ihre Schuld an der Tat geringer. Dies wird sich durchaus strafmildernd auf das Urteil auswirken.

INFO

Vorsätzliche Straftat
heißt eine „mit Wissen und Willen“ begangene Straftat (z. B. Absicht).

Fahrlässiges Handeln
ist ein Fehlverhalten, das bei größerer Sorgfalt zu vermeiden gewesen wäre.

Zeichnung: Dorothee Mahnkopf

2.2 Rechtswidrigkeit

Zudem ist stets zu klären, ob der Täter **gegen das geltende Recht verstoßen** hat, also hier: Hat sich Ferdinand Krafft (Fallbeispiel 1) rechtswidrig verhalten?

Im Normalfall kann man davon ausgehen, dass eine Tat auch rechtswidrig ist, wenn sie wie hier den Tatbestand der Körperverletzung erfüllt. Allerdings müssen wir noch eine Ausnahme berücksichtigen: Kann sich der Täter für sein Verhalten rechtfertigen?

Die **Rechtfertigungsgründe Notwehr** oder **Notstand** stellen Ausschlussmöglichkeiten einer Bestrafung dar.

Rechtfertigungsgründe

a) Notwehr

§ 32 StGB Notwehr

(1) Wer eine Tat begeht, die durch Notwehr geboten ist, handelt nicht rechtswidrig.
(2) Notwehr ist die Verteidigung, die erforderlich ist, um einen gegenwärtigen rechtswidrigen Angriff von sich oder anderen abzuwenden.

Die Notwehr stellt eine Ausnahme zum Strafmonopol des Staates (S. 170–172) dar. Dafür hat der Gesetzgeber strenge Voraussetzungen festgelegt:

- Eine Notwehrlage muss an einen gegenwärtigen Angriff gegen ein Rechtsgut (z. B. Gesundheit oder Eigentum) geknüpft sein. Der Angriff darf auf keinen Fall schon beendet sein, sodass jemand sich nur noch nachträglich am Angreifer rächen will.
  Im Fallbeispiel 1 liegt ein **gegenwärtiger rechtswidriger Angriff** auf Ferdinand Krafft vor. Dieser kann die bestehende Gefahr für sich und für sein Eigentum nur mithilfe einer Notwehraktion abwenden.
- Es ist jederzeit das **mildeste Verteidigungsmittel** zu wählen. Das Mittel muss aber auch dazu geeignet sein, den Angriff zu beenden.
  Ferdinand Krafft wehrt sich gegen den Messerangriff mit einem Schlag auf die Nase des Täters.

Ergebnis: Die Körperverletzung durch Ferdinand Krafft kann nicht bestraft werden, weil sie wegen Notwehr zu rechtfertigen ist.

b) Notstand

Fallbeispiel 3:
Ein Passant entdeckt an einem sehr heißen Sommertag ein in ein Auto eingeschlossenes brüllendes Baby mit hochrotem Kopf. Er bricht das Auto auf, um das Leben des Babys zu retten.

Stellt der Autoeinbruch eine strafbare Sachbeschädigung dar?

§ 303 StGB Sachbeschädigung

(1) Wer rechtswidrig eine fremde Sache beschädigt oder zerstört, wird mit Freiheitsstrafe bis zu zwei Jahren oder mit Geldstrafe bestraft.

Nach: § 34 StGB Notstand (zusammengefasst)

Ein Notstand liegt vor, wenn ein geringwertiges Rechtsgut geopfert wird, um ein höherwertiges Rechtsgut zu schützen.

Im Gegensatz zur Notwehr besteht hier eine Gefahr für ein höherwertiges Rechtsgut (Leben des Babys), die durch die Beschädigung eines geringwertigen Rechtsguts (Auto) bekämpft wird. Anders als bei der Notwehr entsteht der Notstand nicht durch einen rechtswidrigen Angriff eines Menschen.

Ergebnis: Hier wird keine Bestrafung wegen Sachbeschädigung erfolgen, weil sich für den Passanten der Notstand als Rechtfertigungsgrund ergibt.

2.3 Schuld

Die Schuldfähigkeit des Täters

Eine weitere Voraussetzung für die Strafbarkeit einer Tat stellt die Schuld des Täters dar. Es gilt der Grundsatz: **„Keine Strafe ohne Schuld!"**

Bei jeder Tat muss neben der inneren Einstellung des Täters zur Tat (siehe S. 177: subjektiver Straftatbestand) also auch seine **Schuldfähigkeit** überprüft werden.

Die Strafbarkeit einer Tat setzt voraus, dass sich der Täter auch anders hätte verhalten können, wenn er gewollt hätte. Nur wer das Unrecht seiner Tat einsehen kann, ist dafür strafrechtlich verantwortlich.

INFO

Im **Zivilrecht** (BGB) kennst du einen **anderen Schuldbegriff**. Schuld bedeutet dort: Verpflichtung zur Leistung. Wer z. B. einen Vertrag abschließt, muss die versprochene Leistung erfüllen.

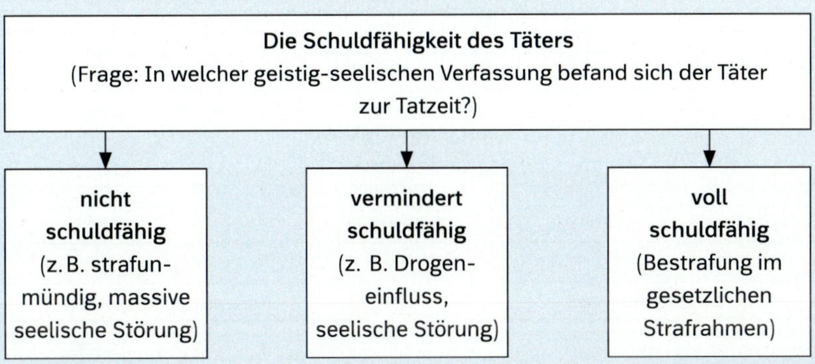

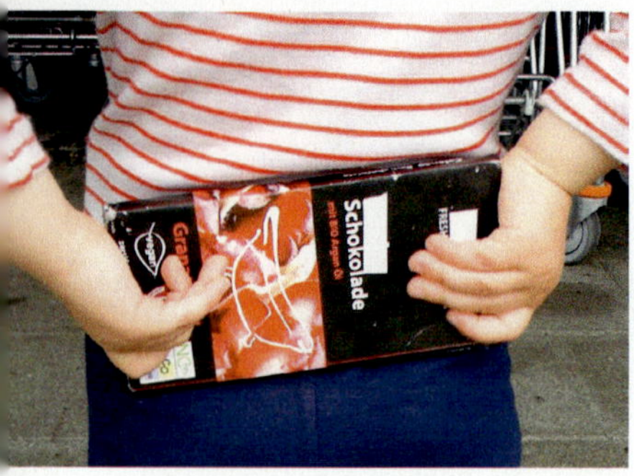

Wie du bereits aus der Jahrgangsstufe 8 weißt, sind Kinder unter 14 Jahren strafunmündig.

Mit Fahren unter Drogen- oder Alkoholeinfluss gefährdet man sich und andere.

Schuldausschließungsgründe

Bei der Prüfung der Schuldfähigkeit eines Täters gelten folgende **Schuldausschließungsgründe**:

Strafunmündigkeit (unter 14 Jahren)
Einem Kind mangelt es an der notwendigen Einsichtsfähigkeit und es wird deshalb keinem gerichtlichen Strafverfahren ausgesetzt.

> **§ 19 StGB Schuldunfähigkeit eines Kindes**
>
> Schuldunfähig ist, wer bei Begehung der Straftat noch nicht vierzehn Jahre alt ist.

Drogen- und Alkoholeinfluss, psychische und geistige Einschränkungen können die Einsichtsfähigkeit und damit die Schuld des Täters im Einzelfall
- ganz verhindern, z. B. bei Fahren mit einem Blutalkoholgehalt von 3 Promille (Schuldunfähigkeit). Dann greift ggf. § 323a StGB, der für eine im vorsätzlich oder fahrlässig herbeigeführten Vollrausch begangene Tat eine Freiheitsstrafe bis zu fünf Jahren oder eine Geldstrafe vorsieht.
- herabsetzen, z. B. bei geringerem Blutalkoholgehalt (Schuldverminderung).

> **§ 20 StGB Schuldunfähigkeit wegen seelischer Störungen**
>
> Ohne Schuld handelt, wer bei Begehung der Tat wegen einer krankhaften seelischen Störung, wegen einer tiefgreifenden Bewusstseinsstörung oder wegen Schwachsinns oder einer schweren anderen seelischen Abartigkeit unfähig ist, das Unrecht einer Tat einzusehen oder nach dieser Einsicht zu handeln.
>
> **§ 21 StGB Verminderte Schuldfähigkeit**
>
> Ist die Fähigkeit des Täters, das Unrecht der Tat einzusehen oder nach dieser Einsicht zu handeln, aus einem der in § 20 bezeichneten Gründe bei Begehung der Tat erheblich vermindert, so kann die Strafe [...] gemildert werden.

Überblick: Voraussetzungen für die Strafbarkeit einer Tat

Handlung (Tun oder Unterlassen)

Tatbestandsmäßigkeit

\+

Rechtswidrigkeit
(keiner der Rechtfertigungsgründe Notwehr oder Notstand vorhanden)

\+

Schuld

↓ **Schuldfähigkeit**

↓ **Formen der Schuld**
- ↓ Vorsatz
- ↓ Fahrlässigkeit

M1 Abwehr mit Schirm

Eine Seniorin macht mit ihrer Freundin einen Ausflug. Beim Einsteigen in die S-Bahn bemerkt sie, wie ihr jemand die Handtasche öffnen möchte. Geistesgegenwärtig und beherzt entreißt sie ihrer Freundin deren Schirm und schlägt auf den Dieb ein. Dieser schreit vor Schmerz auf und rennt weg. Die Freundin ist nicht begeistert, denn der teure, ganz neue Schirm ist nicht mehr zu gebrauchen.

M2 Fahrlässiges Handeln?

a) Ein Soldat hat seine Pistole entladen. Bei der anschließenden Reinigung löst sich ein Schuss und tötet seinen Kollegen neben ihm.
b) Ein Jäger schießt im Nebel auf ein Wildschwein und verletzt dabei einen Pilzsammler.
c) Ein Golfspieler schlägt seinen Ball ab und trifft seinen Partner am Kopf, der dadurch eine schwere Gehirnerschütterung erleidet.
d) Ein Bankräuber schießt auf den Bankangestellten, um ihn daran zu hindern, den Alarm auszulösen.

M3 Gefährlicher „Bubenstreich"

Vier Jungen zwischen acht und elf Jahren legen eine Betonplatte auf die Bahngleise. Der nächste Zug muss eine Notbremsung durchführen und wird dabei stark beschädigt. Zum Glück wird niemand verletzt. Im Präventionsgespräch mit der Polizei zeigt sich, dass sich die Kinder der Gefahr nicht bewusst waren. Sie versprechen, so etwas in Zukunft zu lassen, und sind froh, dass nicht mehr passiert ist.

AUFGABEN

1. Belege mithilfe der §§ 249 und 242 StGB, dass es sich im Fallbeispiel 1 (S. 176) um den Tatbestand Raub und nicht um Diebstahl handelt.
2. a) Begründe mithilfe von § 32 StGB, ob die Seniorin in M1 in Notwehr gehandelt hat.
   b) Überprüfe mithilfe von § 303 StGB anhand aller notwendigen Kriterien, ob sich die Seniorin wegen Sachbeschädigung strafbar gemacht hat.
3. Begründe jeweils, ob bei den Fällen in M2 fahrlässig gehandelt wurde.
4. Überprüfe die Strafbarkeit der Tat in M3 anhand aller notwendigen Kriterien.

INFO

Die Handlungen in M1 und M3 werden sicherlich noch **zivilrechtliche Folgen** haben. Siehe dazu S. 198/199.

3 Strafrechtliche Folgen strafbarer Handlungen

Hat jemand eine rechtswidrige Straftat begangen, muss er mit strafrechtlichen Folgen, wie z. B. Strafen, rechnen. Strafen setzen ein schuldhaftes Verhalten des Täters voraus (Kapitel V.2, S. 176–181). Falls man aber dem Täter keine Schuld vorwerfen kann, wie z. B. bei einer psychischen Erkrankung, sind oft Maßnahmen wie therapeutische Behandlungen eine Alternative zu Strafen.

3.1 Strafen

Die Schwere des begangenen Unrechts und damit die gefundene Strafzumessung hängen nicht nur von der **Tat an sich** ab, sondern entscheidend auch von den **Tatumständen** und der **Persönlichkeit des Täters** wie

- Schwere der Schuld (Schuldminderung, z. B. durch Alkoholeinfluss),
- Gesinnung (z. B. Heimtücke),
- Art der Tat und ihre Auswirkung auf andere,
- Werdegang des Täters (Elternhaus usw.),
- Wiederholung einer Straftat,
- mögliche Wirkung der Strafe auf den Täter und das zukünftige Verhalten.

Das Strafgesetzbuch unterscheidet zwischen **Hauptstrafen** (Freiheits- und Geldstrafe) und **Nebenstrafen**. Dazu können weitere **Nebenfolgen** kommen.

Hauptstrafen

a) Geldstrafe

Der Großteil der von den Gerichten nach Erwachsenenrecht ausgesprochenen Strafen sind Geldstrafen. Sie werden in Tagessätzen verhängt.

§ 40 StGB Verhängung von Tagessätzen

(1) Die Geldstrafe wird in Tagessätzen verhängt. Sie beträgt mindestens fünf und, wenn das Gesetz nichts anderes bestimmt, höchstens dreihundertsechzig volle Tagessätze.
(2) Die Höhe der Tagessätze bestimmt das Gericht unter Berücksichtigung der persönlichen und wirtschaftlichen Verhältnisse des Täters. Dabei geht es in der Regel von dem Nettoeinkommen aus, das der Täter durchschnittlich an einem Tag hat oder haben könnte. Ein Tagessatz wird auf mindestens einen oder höchstens 30.000 Euro festgesetzt.

Die **Anzahl der Tagessätze** hängen von der **Schwere der Tat** ab, **die Höhe des Tagessatzes** vom **Einkommen.**

Beispiel: Ein Richter verurteilt einen Ingenieur zu 30 Tagessätzen à 150 Euro. Die Geldstrafe beträgt deshalb 4.500 Euro. Ein Krankenpfleger müsste beim gleichen Vergehen wesentlich weniger zahlen, z. B. 30 Tagessätze à 70 Euro.

b) Freiheitsstrafe

Eine Freiheitsstrafe kann zeitlich begrenzt (zeitig) oder lebenslänglich sein.

§ 38 StGB Dauer der Freiheitsstrafe

(1) Die Freiheitsstrafe ist zeitig, wenn das Gesetz nicht lebenslange Freiheitsstrafe androht.
(2) Das Höchstmaß der zeitigen Freiheitsstrafe ist fünfzehn Jahre, ihr Mindestmaß ein Monat.

In Deutschland stellt die lebenslange Freiheitsstrafe die höchste Strafe dar, die ein Gericht verhängen kann. Sie ist deshalb nur für wenige Delikte, wie z. B. Mord, vorgesehen. Der Verurteilte muss dann für unbestimmte Zeit, mindestens aber für 15 Jahre, ins Gefängnis.

Da die Freiheitsstrafe entscheidend in das Leben eines Menschen eingreift (Trennung von Familie, Arbeitsplatzverlust), kann sie in bestimmten Fällen zur Bewährung ausgesetzt, d. h. auf die Vollstreckung verzichtet werden.

Freiheitsstrafe				
zeitig				lebenslänglich
1 bis 5 Monate	6 bis 12 Monate	bis 2 Jahre	bis 5 Jahre	ab 15 Jahre
in der Regel nur Geldstrafe	in der Regel Bewährung	in Ausnahmefällen Bewährung	keine Bewährung	anschließend evtl. Bewährung

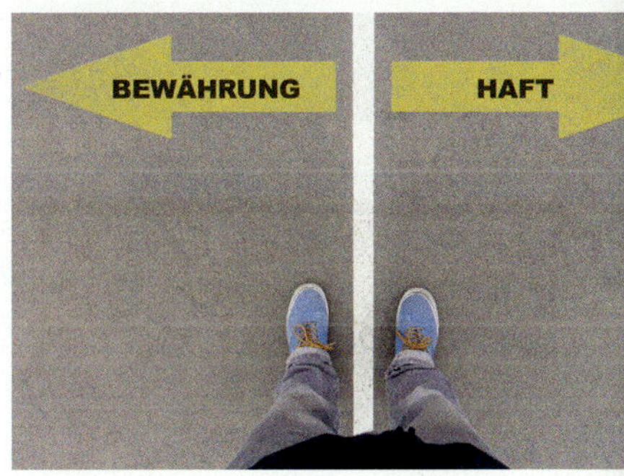

Eine **Bewährungsstrafe** nach § 56 StGB Strafaussetzung wird oft bei Freiheitsstrafen bis zu einem Jahr verhängt. Das Verhängen einer Bewährungsstrafe hängt allerdings nicht nur von der **Dauer der Freiheitsstrafe** ab, sondern vor allem auch von der **Persönlichkeit des Täters**, die erwarten lässt, dass er während der **Bewährungszeit** keine weitere Straftat begehen wird.

Beispiel eines Gerichtsurteils: „Der Angeklagte ist schuldig eines Vergehens des schweren Diebstahls. Er wird laut § 243 StGB zu einer Freiheitsstrafe von acht Monaten verurteilt. Die Strafe wird laut § 56 Abs. 1 für zwei Jahre zur Bewährung ausgesetzt."

Nebenstrafen

Neben einer Freiheits- oder Geldstrafe wird manchmal noch eine Nebenstrafe, wie das **Fahrverbot (§ 44 StGB)**, ausgesprochen. Sie dient meist zur Warnung und stellt **nie eine eigenständige Bestrafung** dar.

§ 44 StGB Fahrverbot

(1) Wird jemand wegen einer Straftat zu einer Freiheitsstrafe oder einer Geldstrafe verurteilt, so kann ihm das Gericht für die Dauer von einem Monat bis zu sechs Monaten verbieten, im Straßenverkehr Kraftfahrzeuge [...] zu führen. [...]

INFO

Nebenstrafen und Nebenfolgen
Ausdrücklich nennt das StGB nur das Fahrverbot als Nebenstrafe. Die Grenze zwischen Nebenstrafen und Nebenfolgen ist jedoch fließend. Zu den Nebenfolgen zählen z. B. der Verlust der Wählbarkeit, der Amtsfähigkeit und des Stimmrechts (§ 45 StGB).

Beispiel: Beim Ausparken auf einem Parkplatz beschädigt ein Autofahrer das nebenstehende Fahrzeug. Trotzdem fährt er einfach davon. Das Amtsgericht verhängt gegen ihn wegen unerlaubten Entfernens vom Unfallort eine Geldstrafe. Außerdem spricht das Gericht ein einmonatiges Fahrverbot aus, damit er sich wieder auf seine Pflichten als Verkehrsteilnehmer besinne.

Der Führerschein wird bei der zuständigen Polizeistelle verwahrt und kann nach Ablauf der Sperrfrist wieder abgeholt werden.

INFO

Achtung:
In der **Probezeit bzw. für unter 21-Jährige** gilt die 0,0-Promille-Regelung.
Auch beim **Fahrradfahren** führt Alkoholkonsum zu Fahruntüchtigkeit (ab 1,6 Promille absolute Fahruntüchtigkeit).

Rechtsfolgen bei Trunkenheit am Steuer

Alkohol- und Drogenkonsum führen zu Fahruntüchtigkeit. Das Führen eines Fahrzeugs in diesem Zustand wird bestraft (§§ 315c und 316 StGB). Die Rechtsprechung unterscheidet je nach Blutalkoholkonzentration zwischen relativer Fahruntüchtigkeit und absoluter Fahruntüchtigkeit. Die Grafik zeigt die jeweiligen rechtlichen Folgen einer Teilnahme am Straßenverkehr.

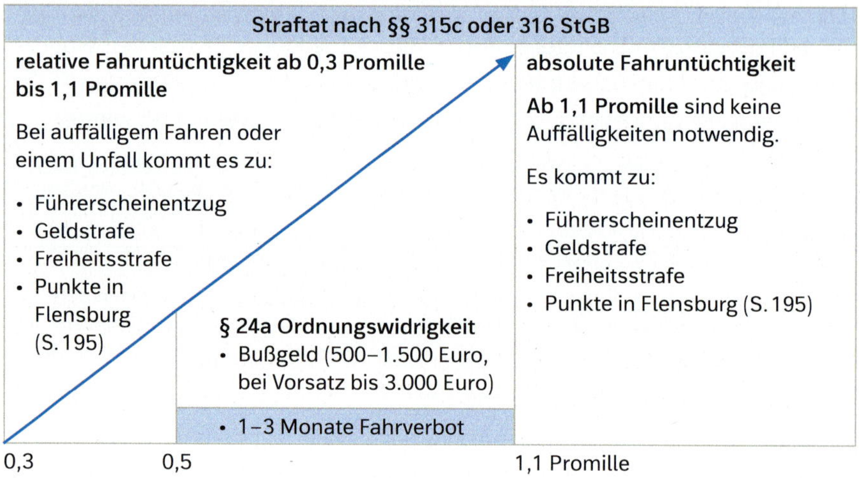

AUFGABEN

1. *Galeriegang:* Recherchiert in Arbeitsgruppen in eurer Schulordnung nach Schulstrafen und grenzt sie von juristischen Strafen ab.
   a) Jede Gruppe konstruiert für eine bestimmte Strafe ein Vergehen.
   b) Die anderen Gruppen beurteilen das jeweilige Strafmaß.
2. Vor 1969 wurde im Strafrecht die Geldstrafe (S. 182, Abschnitt a) in festen Beträgen verhängt.
   a) Stelle heraus, welcher Gedanke damals im Vordergrund stand.
   b) Diskutiert, ob die Tagessatzregelung dem Grundsatz „Gleiches Recht für alle" entspricht.
3. Die zeitige Freiheitsstrafe (S. 183, Abschnitt b) ist auf maximal 15 Jahre begrenzt. Begründe diese Regelung.
4. Nicht jeder bekommt bei einer Freiheitsstrafe von bis zu einem Jahr automatisch eine Bewährungsstrafe (S. 183). Nenne mithilfe des § 56 StGB Personen, die hier gemeint sein könnten.
5. Begründe, dass die absolute Fahruntüchtigkeit beim Pkw-Fahrer bereits bei 1,1 Promille liegt und beim Fahrradfahrer erst bei 1,6 Promille.

3.2 Maßregeln der Besserung und Sicherung

Obwohl Maßregeln Folgen einer Straftat sind, stellen sie **keine Strafe im juristischen Sinne** dar. Sie dienen zum einen dem **Schutz der Gesellschaft** vor einem gefährlichen Täter, sind also Vorbeugemaßnahmen. Zum anderen können sie der **Besserung des Täters** dienen. Maßregeln können auch unabhängig von der Schuld bzw. einer Hauptstrafe verhängt werden.

Beispiele für Maßregeln ohne Freiheitsentzug

- **Berufsverbot (§ 70 StGB)**
  Ein Berufsverbot kann verhängt werden, wenn ein Täter seinen Beruf missbraucht, schwerwiegende Straftaten zu begehen, und die Gefahr besteht, dass er dies wieder tut. Es gilt für ein bis fünf Jahre oder für immer.

Beispiel: Ein Mediziner hat über mehrere Jahre seine Leistungen bei den Krankenkassen betrügerisch abgerechnet. Zusätzlich zu einer Geldstrafe wird ihm die Approbation (Berufserlaubnis) entzogen.

- **Entziehung der Fahrerlaubnis (§ 69 StGB)**
  Der Fahrerlaubnisentzug wird ausgesprochen, wenn sich ergibt, dass jemand zur Führung eines Kraftfahrzeugs ungeeignet ist. Im Gegensatz zum Fahrverbot wird der Führerschein eingezogen und erst nach Ablauf einer Sperrfrist kann ein neuer Führerschein erworben werden.

Beispiel: Ein Autofahrer verursacht einen schweren Unfall und flüchtet, ohne den Schwerverletzten Hilfe zu leisten.

Beispiele für Maßregeln mit Freiheitsentzug

- **Unterbringung in einem psychiatrischen Krankenhaus (§ 63 StGB)**
  Straftäter, die psychisch oder geistig eingeschränkt sind und daher nicht für ihre Tat zur Verantwortung gezogen werden können (siehe S. 180), können vom Gericht in eine psychiatrische Klinik eingewiesen werden. Die zeitliche Dauer ist abhängig vom Erfolg der Therapie.

Beispiel: Ein an Schizophrenie Erkrankter begeht einen Mord. Er hatte seine Medikamente verringert und so einen Krankheitsschub ausgelöst.

- **Sicherungsverwahrung (§ 66 StGB)**
  Hat das Gericht eine Sicherungsverwahrung angeordnet, kommt der Täter nach Verbüßen seiner Strafe nicht frei, sondern wird in eine geschlossene Einrichtung zur Verwahrung überführt. Dadurch soll die Allgemeinheit vor besonders gefährlichen Tätern geschützt werden. Die Sicherungsverwahrung dient also der Prävention. Zusätzlich soll eine Resozialisierung durch individuelle Therapiemaßnahmen ermöglicht werden. Jährlich wird geprüft, ob der Täter noch gefährlich ist.

Beispiel: Ein Täter wird wiederholt wegen sexuellen Missbrauchs verurteilt.

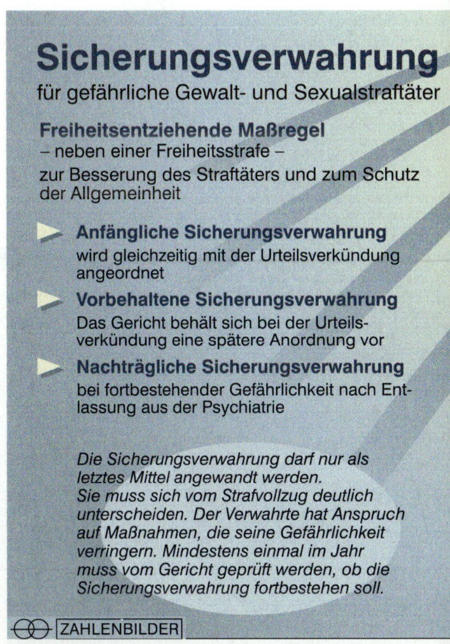

Zahlenbilder 131220
© Bergmoser + Höller Verlag AG

Überblick: Folgen strafbarer Handlungen

Folgen strafbarer Handlungen

- **Strafen**
  Voraussetzung: Schuld des Täters bei Begehen der Tat
  - **Hauptstrafen**
    - **Freiheitsstrafe**
      - zeitig (1 Mon.–15 J.)
      - lebenslang
    - **Geldstrafe**
      - Anzahl der Tagessätze (abh. von der Tat)
      - Höhe der Tagessätze (abh. vom Einkommen)
  - **Nebenstrafen**
    Fahrverbot
  - **Nebenfolgen**
    z. B. Verlust der Wählbarkeit, der Amtsfähigkeit und des Stimmrechts
- **Maßregeln**
  Voraussetzung: Gemeingefährlichkeit des Täters in der Zukunft
  - **mit Freiheitsentzug**
    z. B. Psychiatrie, Sicherungsverwahrung
  - **ohne Freiheitsentzug**
    z. B. Berufsverbot, Entzug der Fahrerlaubnis

M1 Die häufigsten Strafen und Straftaten

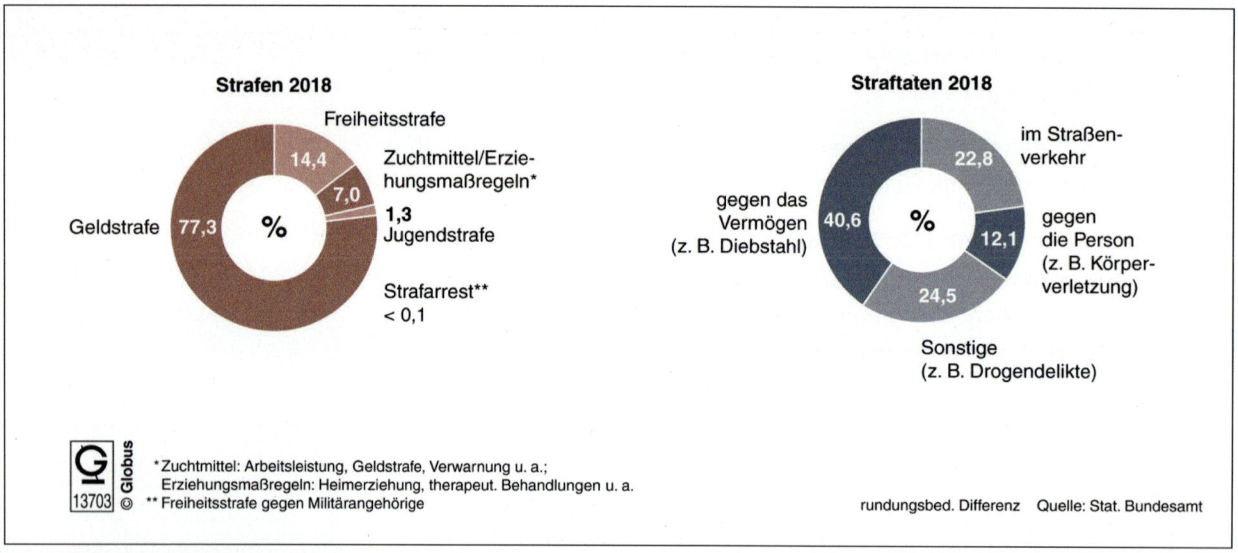

M2 Beim Diebstahl erwischt

Valentin Albert (25) hat in einem Supermarkt eine Getränkeflasche in seine Hosentasche gesteckt und ist an der Kasse entdeckt worden. Er wurde schon mehrmals wegen Ladendiebstahls kleinerer Gegenstände mit geringem Wert erwischt. Der Richter entscheidet nun für einen Monat Haft und setzt die Strafe zur Bewährung aus.

M3 Gefälschte Zeugnisse

Der 50-jährige Systemelektroniker Magnus Kaul wird festgenommen, weil er im Verdacht steht, Schulzeugnisse gegen Bezahlung zu fälschen. Bei der Durchsuchung seiner Wohnung kann die Polizei elektronische Vorlagen sicherstellen. In der Hauptverhandlung gesteht Herr Kaul die Tat. Er war schon einmal wegen Fälschung eines Realschulzeugnisses verurteilt worden.

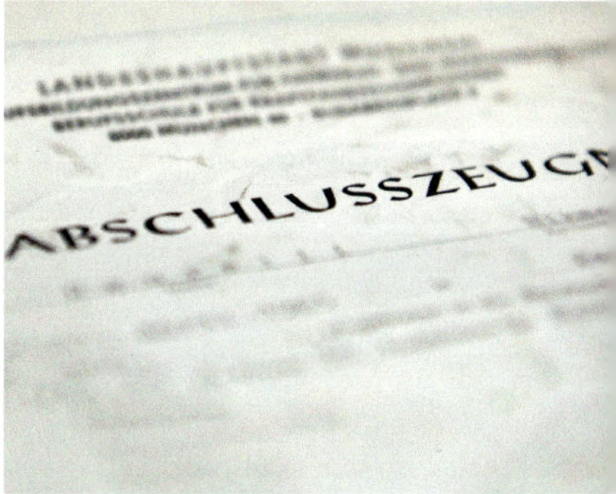

M4 Betrunkene Fahrt mit Folgen

Herbert Fröhlich ist eines Abends mit seinem Auto in Schlangenlinien unterwegs. Er wird zufällig von einem Polizisten beobachtet. Das Stoppen des Pkw-Fahrers fällt der herbeigerufenen Streife nicht leicht, denn Herbert Fröhlich denkt gar nicht daran, anzuhalten. Vielmehr beschleunigt er und touchiert mehrere andere Fahrzeuge. Endlich hält er an. Bei einem Alkoholtest werden 2,5 Promille festgestellt. Sein Führerschein wird sofort sichergestellt. Obwohl der Fahrer niemanden verletzt hat, riskiert er Geld und Führerschein.

AUFGABEN

1. M1 zeigt, dass die Geldstrafe die häufigste Bestrafungsform ist. Begründe dies, indem du einen Zusammenhang der beiden Grafiken herstellst.
2. § 47 StGB schreibt vor, dass der Richter möglichst Freiheitsstrafen unter einem halben Jahr vermeiden soll. Begründe diese Regelung.
3. Erläutere die Überlegungen, die den Richter in M2 zu seiner Entscheidung veranlasst haben könnten.
4. a) Bestimme, welche Straftat Herrn Kaul in M3 vorgeworfen wird. Nutze dafür § 267 StGB.
   b) Beschreibe den Strafrahmen, den das Gesetz für diese Tat vorsieht.
   c) Nenne ein angemessenes Strafmaß für Herrn Kaul und begründe es.
5. a) Unterscheide das Fahrverbot (S. 183/184) von der Entziehung der Fahrerlaubnis (S. 185).
   b) Begründe, welches von beidem Herbert Fröhlich in M4 treffen wird.
6. *Think-Pair-Share:* Nach § 44 StGB kann ein Fahrverbot auch verhängt werden, wenn die Tat nichts mit dem Führen eines Fahrzeugs zu tun hat. Begründet diese Regelung.
7. Unterscheide die Sicherungsverwahrung (S. 185) von der Freiheitsstrafe.
8. „Das härteste Urteil ist die Sicherungsverwahrung, weil nur durch sie jemand ein ganzes Leben lang eingesperrt werden kann.“ Beurteile diese Aussage.

4 Der Ablauf eines Strafverfahrens

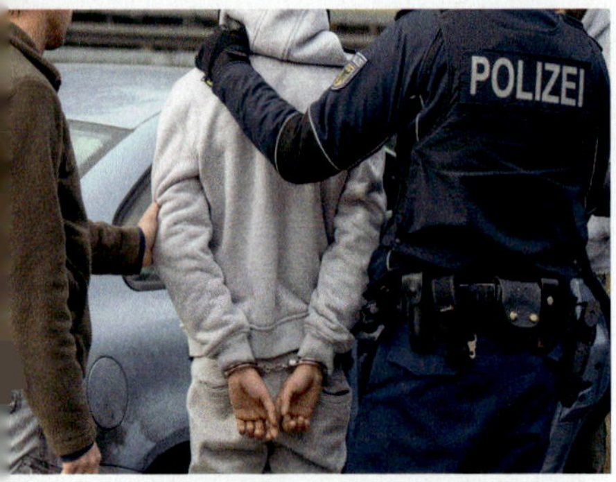

INFO

In einer **Pressemitteilung über eine Straftat** darf auf keinen Fall der Name eines Verdächtigen veröffentlicht werden.

Betäubungsmittelgesetz (BtMG)
ist das Strafgesetz, das den Umgang mit Betäubungsmitteln und Drogen regelt.

M1 Zwei Zeitungsmeldungen

„Schwabinger Drogendealer gefasst"
(3. Jan.) Am letzten Freitag wurde der Schwabinger Bäcker Marco K. (45) verhaftet. Die Polizei konnte ihn zufällig ertappen, als sie einen Drogenkonsumenten verfolgte. Der Angeklagte kam gerade mit einer größeren Menge Heroin in der Tasche aus seiner Wohnung. Dort konnten weitere Mengen Heroin, Waagen, Streckmittel, Spritzen usw. sichergestellt werden. Die Polizei überstellte ihn der Staatsanwaltschaft. Diese ordnete Untersuchungshaft bis zum Prozess an.

„Schwabinger Drogendealer muss ins Gefängnis"
(25. Nov.) Gestern sprach der Richter am Landgericht München II Marco K. des unerlaubten Handeltreibens mit Betäubungsmitteln laut § 29 **BtMG** schuldig. Er wurde zu einer Freiheitsstrafe von fünf Jahren verurteilt. Auf Rat eines Gutachters wurde die Unterbringung in einer Entziehungsanstalt angeordnet, da Marco K. schon wiederholt rückfällig wurde.

Es ist die alleinige Aufgabe des Staates, Straftaten zu verfolgen und zu ahnden (S. 170–172). Dies ist auch im Fall M1 ersichtlich. Im Gegensatz zum Zivilprozess, der nur durchgeführt wird, wenn mindestens eine der beiden Parteien klagt, besteht im **Strafprozess** für die Staatsanwaltschaft bei berechtigtem Verdacht ein **Verfolgungszwang**, der zur öffentlichen Klageerhebung führt.

Die Strafprozessordnung (StPO) regelt den Ablauf eines Strafverfahrens.

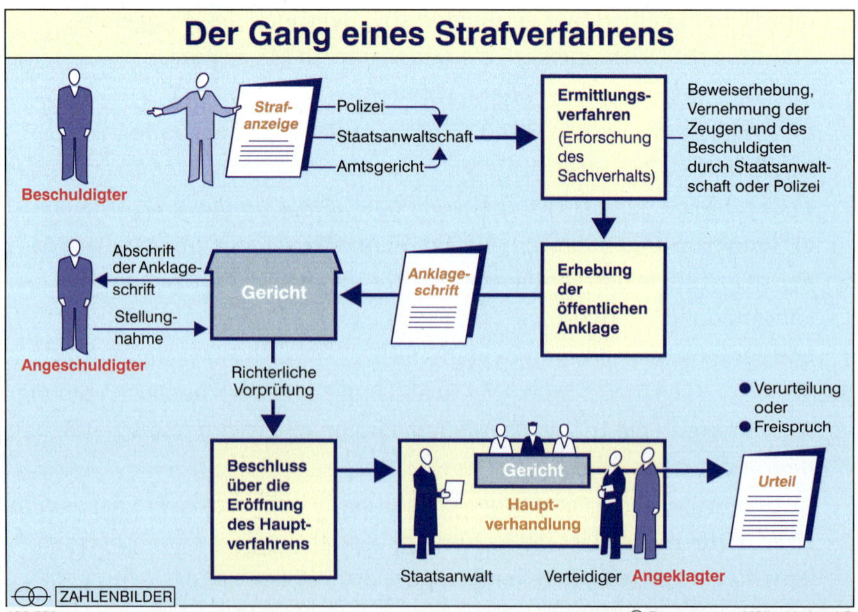

129 520

4.1 Strafanzeige und Strafantrag

Gewöhnlich wird ein Strafverfahren durch eine **Strafanzeige**, eine Mitteilung über eine Straftat, eingeleitet. Sie kann entweder bei der Polizei, direkt bei der Staatsanwaltschaft oder beim Amtsgericht erstattet werden. Durch eine Strafanzeige verschafft man den Behörden Kenntnis von einer Straftat und löst damit polizeiliche Ermittlungen aus.

Die meisten Straftaten sind **Offizialdelikte**, die von Amts wegen verfolgt werden müssen. In diesen Fällen reicht eine Strafanzeige aus, um ein Verfahren einzuleiten.

Bei einigen Delikten mit geringerem Unrechtsgehalt, sogenannten Bagatelldelikten, wie z. B. einer Beleidigung oder einem Hausfriedensbruch, muss vom Anzeigeerstatter ein **Strafantrag** gestellt werden.

Da der Staat diese Delikte nicht von sich aus verfolgt, nennt man sie **Antragsdelikte**. Anders als eine Strafanzeige kann ein Strafantrag nicht von jedem gestellt werden, sondern nur vom Opfer selbst oder von seinen gesetzlichen Vertretern.

Muster einer Strafanzeige wegen Diebstahls

Staatsanwaltschaft Musterstadt
(oder: Polizeistation Musterstadt)
Hauptstraße 1
98765 Musterstadt

Strafanzeige wegen Diebstahls
Sehr geehrte Damen und Herren,
hiermit erstatte ich Strafanzeige gegen Unbekannt wegen Diebstahls.
In der Nacht auf den 15.5.20xx wurde mein Motorrad im Wert von 5.000 Euro gestohlen.
Es befand sich in der abgeschlossenen Garage neben dem Wohnhaus. Am Morgen des 15.5.20xx war das Garagentor aufgebrochen und das Motorrad entwendet worden.

...

Mit freundlichen Grüßen

Mirko Mustermann

4.2 Das Ermittlungsverfahren

Jede Anzeige und jeder Strafantrag wird von der **Polizei** an die **Staatsanwaltschaft** weitergeleitet. Die Bezeichnung Staatsanwalt drückt bereits die Aufgabe aus, nämlich Vertreter (= Anwalt) des Staates zu sein, wenn gegen eine Person ein Strafverfahren in Gang gesetzt werden soll.

Die Staatsanwaltschaft ist der Träger des **Ermittlungsverfahrens**. Bei allen Ermittlungen bedient sie sich der Hilfe der Polizei und erforscht die Sachverhalte der Tat, sichert Spuren, vernimmt die Beschuldigten und befragt Zeugen.

Die Einleitung eines Ermittlungsverfahrens macht eine betroffene Person allerdings noch lange nicht zu einem Kriminellen. Sie besagt lediglich, dass Anhaltspunkte für einen Verdacht vorliegen. Man hüte sich vor einer **Vorverurteilung**.

Falls sich bei den durchgeführten Ermittlungen gegen den Beschuldigten ein hinreichender Tatverdacht ergibt, erhebt die Staatsanwaltschaft **öffentliche Klage** durch Einreichung der Klageschrift beim zuständigen Gericht. Für Strafsachen ist meist das Amtsgericht zuständig. Bei erwarteter Sicherungsverwahrung oder Freiheitsstrafen über vier Jahren z. B. ist jedoch das Landgericht zuständig.

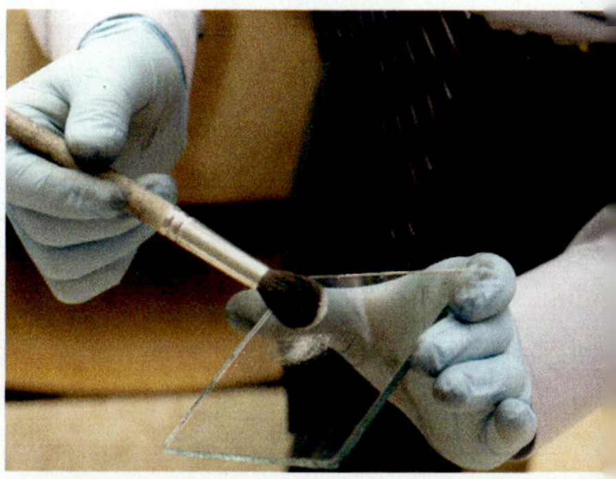

Nur wenn dem Beschuldigten im bevorstehenden Prozess die Tat wahrscheinlich nachgewiesen werden und mit einer Verurteilung gerechnet werden kann, beschließt das Gericht die **Eröffnung des Hauptverfahrens**.

4.3 Das Hauptverfahren

Träger des Hauptverfahrens ist das **Gericht**. Seine Hauptaufgaben sind die Teilnahme an Untersuchungshandlungen, wie der Erlass der Strafbefehle, und die Vorbereitung der Hauptverhandlung, wie Ladungen, Terminbestimmungen usw.

Die Hauptverhandlung ist das Kernstück des Strafprozesses.

Die beteiligten Personen

M2 **Typischer Beginn einer Urteilsverlesung**

„Im Namen des Volkes ergeht folgendes Urteil"

Richter

Er untersucht in einer mündlichen und meist öffentlichen Verhandlung, ob die gegen den Angeklagten erhobenen Vorwürfe zutreffen und die Tat nachgewiesen werden kann. Er entscheidet, ob er den Angeklagten für schuldig hält oder freispricht. Im Falle einer Urteilsverkündung wird er das Strafmaß, das gegen den Angeklagten verhängt wird, bekanntgeben und die wesentlichen Urteilsgründe nennen.

Bei seiner Urteilsfindung ist der Richter völlig **unabhängig** und an **keine Weisungen** von einer vorgesetzten Behörde gebunden. Für die richterliche Entscheidung sind nur die vorliegenden Beweismittel und die geltenden Gesetze maßgebend.

Ein wichtiger Grundsatz beim Fällen des Urteils lautet: **„Im Zweifel für den Angeklagten"**. Ein Gericht darf einen Angeklagten nur dann wegen einer Straftat verurteilen, wenn es von seiner Schuld überzeugt ist.

Neben den **Berufsrichtern** üben bei schwereren Straftaten während der Hauptverhandlung **Laienrichter** (**Schöffen**) das Richteramt in vollem Umfang und mit gleichem Stimmrecht aus.

Staatsanwalt

Der Staatsanwalt ist nicht nur bei der Vorbereitung der Verhandlung im Rahmen des Ermittlungsverfahrens tätig, sondern vertritt während der ganzen Verhandlung die Anklage und überwacht auch die Vollstreckung des Urteils.

Verteidiger
Der Angeklagte kann sich bei der Verhandlung durch einen Rechtsanwalt vertreten lassen, der auch das Recht zur Akteneinsicht hat. Er vertritt die Interessen des Angeklagten und steht ihm während der Verhandlung zur Seite. Jeder Angeklagte hat die freie Wahl eines Verteidigers. Falls er bei schwerwiegenden Straftaten keinen Verteidiger bestimmt, muss das Gericht einen Pflichtverteidiger bestimmen.

Berufung und Revision
Sowohl der Angeklagte als auch die Staatsanwaltschaft können innerhalb einer bestimmten Frist gegen das Urteil Rechtsmittel einlegen, d. h. in Berufung bzw. Revision gehen. Diese Verfahren werden in der nächsthöheren Instanz durchgeführt.

4.4 Das Vollstreckungsverfahren

Wird auf Rechtsmittel verzichtet, erlangt das Urteil **Rechtskraft** und kann vollstreckt werden. Zuständig für das Vollstreckungsverfahren ist wieder die **Staatsanwaltschaft**. Zu den **wichtigsten Aufgaben der Strafvollstreckung** gehören:
- Einziehung der Geldstrafe,
- Durchführung des Strafvollzugs bei Freiheitsstrafen in Justizvollzugsanstalten (JVA),
- Durchführung der Maßregeln zur Sicherung und Besserung.

Der Weg durch die Instanzen der ordentlichen Gerichtsbarkeit in Strafsachen

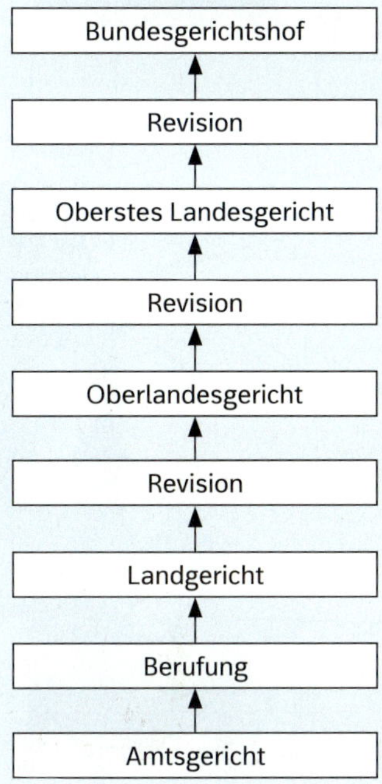

Überblick: Gewaltenteilung im deutschen Strafrecht

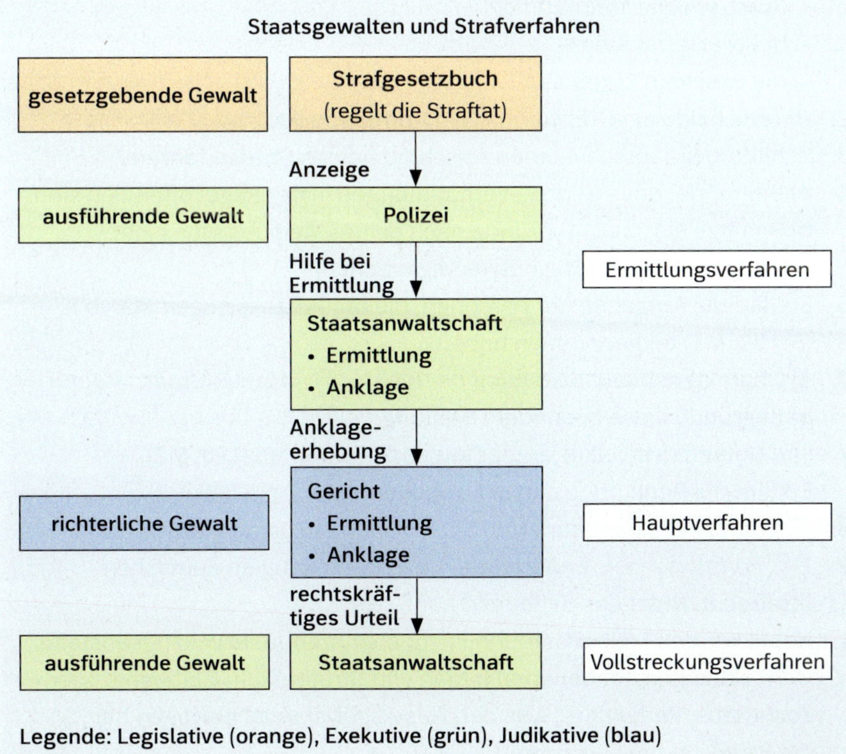

INFO

Berufung und Revision
sind Rechtsmittel für die Überprüfung von Urteilen bei einer höheren Instanz (siehe Grafik oben). Zur Unterscheidung: Bei einer **Berufung** (nur bei Urteilen des Amtsgerichts) kann der gesamte Fall noch einmal neu verhandelt werden. Bei einer **Revision** (nur bei Urteilen der weiteren Instanzen) wird das Urteil ausschließlich auf Rechtsfehler überprüft.

M3 Der Strafprozess

Nach der Anzeige einer ______①______ beginnt das ______②______.

Die ______③______ vernimmt die Zeugen und den ______④______.

Die ______⑤______ entscheidet, ob eine ______⑥______ gegen den Beschuldigten beim zuständigen ______⑦______ erhoben werden kann.

In der ______⑧______ verliest der Staatsanwalt den Anklagesatz.

Im Rahmen der ______⑨______ werden die Zeugen zur Erforschung der Wahrheit vernommen.

Dann tragen der ______⑩______ als Ankläger und der ______⑪______ ihre Plädoyers vor.

Der ______⑫______ hat das letzte Wort.

Der Richter verkündet das ______⑬______.

Der ______⑭______ und der ______⑮______ können gegen das Urteil Rechtsmittel einlegen. Ansonsten erlangt es ______⑯______.

AUFGABEN

1. Beschreibe, wie ein Strafverfahren eingeleitet wird (siehe auch Grafik S. 188):
   - durch welche Maßnahme,
   - bei welcher Behörde,
   - mit welchem Ergebnis.
2. Unterscheide ein Offizial- und ein Antragsdelikt.
3. Schildere die verschiedenen Abschnitte eines Strafverfahrens.
4. a) Begründe, dass Gerichtsverhandlungen in der Regel öffentlich sind.
   b) Schätze ein, welche Gründe nach deiner Meinung eine nicht öffentliche Verhandlung notwendig machen.
5. Erkläre die Aufgaben der Personen, die am Prozess gegen Marco K. (S. 188, M1) teilgenommen haben.
6. a) Charakterisiere die Stellung der Richter in unserem Staat.
   b) Begründe diese besondere Stellung.
7. „Im Namen des Volkes ergeht folgendes Urteil“ (S. 190, M2). Erkläre die Bedeutung dieser Formulierung.
8. Ergänze die nummerierten Lücken in M3 in deinem Heft.
9. *Partnerabfrage:* Erläutert die Gewaltenteilung im deutschen Strafrecht. Nutzt das Schaubild auf S. 191.
10. Heute werden Freiheitsstrafen in sogenannten Justizvollzugsanstalten (JVA) vollzogen. Früher sprach man von Strafanstalt, Gefängnis oder Zuchthaus. Reflektiere, was den Gesetzgeber wohl bewogen hat, die Bezeichnung zu ändern.

INFO

Plädoyer
heißt der Schlussvortrag des Staatsanwalts und des Verteidigers bei einem Strafverfahren.

Besuch einer Gerichtsverhandlung/ Experteninterview

Verhandlungen gegen erwachsene Straftäter, z. B. beim Amtsgericht vor einem Einzelrichter oder vor einem Schöffengericht, sind in der Regel öffentlich. Daher dürft ihr sie nach Voranmeldung als Schulklasse besuchen. Bei Gericht könnt ihr den **Ablauf eines Strafprozesses verfolgen**. Wenn ihr euer eigenes StGB mit in den Gerichtssaal nehmt, könnt ihr vielleicht einige im Prozess genannte Paragrafen nachlesen.

Nach der Verhandlung habt ihr in der Regel Gelegenheit, mit dem Richter zu sprechen. Beobachtet deshalb den Prozess sehr genau. Die untenstehende Tabelle hilft euch, den Prozess genau zu verfolgen und schriftlich Fragen an den Richter für ein anschließendes **Experteninterview** vorzubereiten.

Beispiel für den Aufbau eines Beobachtungsbogens:

Ablauf der Hauptverhandlung	Meine Beobachtungen
Aufruf zur Sache durch den Richter	Worum geht es?
Vernehmung des Angeklagten zur Person	Wie ist der persönliche Hintergrund des Angeklagten (z. B. Familie, Beruf ...)?
Verlesung des Anklagesatzes durch den Staatsanwalt	Was wird dem Angeklagten vorgeworfen?
Vernehmung des Angeklagten zur Sache	Was sagt der Angeklagte zum Vorwurf?
Beweisaufnahme	Was sagen Zeugen, Polizeibeamte oder Sachverständige zur Sache aus?
Schlussplädoyer (Schlussvortrag) des Staatsanwaltes	Wie argumentiert er?
Schlussplädoyer des Verteidigers	Wie argumentiert er? Was spricht für den Angeklagten?
Letztes Wort des Angeklagten	Welches Schlusswort spricht der Angeklagte?
Urteilsverkündung durch den Richter	Wie lautet das Urteil? Wie wird es begründet?

Im Anschluss könnt ihr z. B. folgende Aspekte beurteilen und diskutieren:

- die Verhandlungsführung durch den Richter,
- die Argumentation des Verteidigers und des Staatsanwalts,
- das Strafmaß – ist es eurer Meinung nach gerecht?

Vielleicht habt ihr aber auch noch **Fragen zum Berufsbild des Richters** und interessiert euch für seine Erfahrungen und Probleme im Beruf.

AUFGABEN

1. Bereitet mithilfe der *Methode* den Besuch einer Gerichtsverhandlung vor.
2. Führt im Anschluss an euren Besuch ein Experteninterview mit dem Richter durch.

5 Straftaten und Ordnungswidrigkeiten

Verstößt jemand gegen ein Gesetz, liegt eine **rechtswidrige Handlung** vor. Man unterscheidet zwei verschiedene Arten rechtswidriger Handlungen:

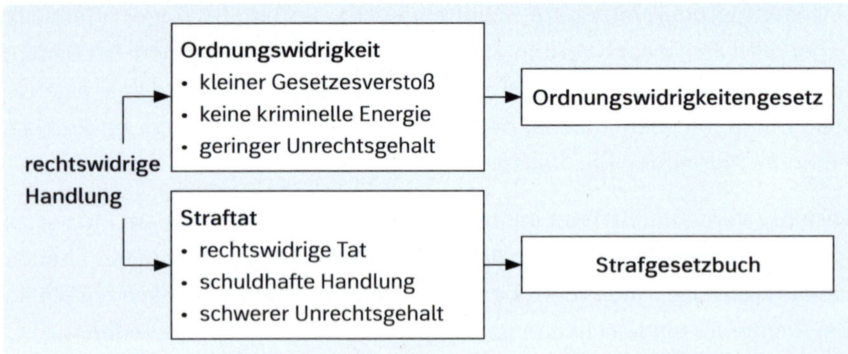

Die Definitionen und Folgen rechtswidriger Handlungen sind im **Strafgesetzbuch (StGB)** und **Ordnungswidrigkeitengesetz (OWiG)** beschrieben.

5.1 Ordnungswidrigkeiten

Fallbeispiel 1:
Frau Nebel bringt ihre Tochter Janine jeden Morgen zur Schule. Heute ist sie zu spät dran und missachtet deshalb die Geschwindigkeitsbegrenzung in der Tempo-30-Zone. Die Polizeikontrolle ergibt eine Überschreitung der Geschwindigkeit von über 20 km/h.

Frau Nebel begeht eine Ordnungswidrigkeit. Ihre Tat hat einen **minder schweren Unrechtsgehalt**, es ist ein „leichter" Verstoß gegen das Gesetz. Außerdem handelte sie im Moment der Tat wohl leichtsinnig und unüberlegt, aber **nicht mit krimineller Energie**.

Trotzdem wird die Handlung von der zuständigen Verwaltungsbehörde verfolgt. Meist sind es Bußgeldstellen, die von der Stadt, der Gemeinde oder dem Landkreis beauftragt sind. Die Ermittlung übernimmt allerdings die Polizei.

Beispiele für Verfehlungen, die nach dem OWiG geahndet werden:

- Verstöße gegen die Straßenverkehrsordnung, wie z. B. Falschparken, Rotlichtmissachtung, Handy am Steuer, Verstoß gegen Anschnallpflicht,
- Lärmbelästigung in der Nachbarschaft, z. B. Nichteinhaltung von Ruhezeiten,
- Rauchen in öffentlichen Gebäuden oder Verkehrsmitteln.

Ordnungswidrigkeiten werden entweder mit einer **Verwarnung** geahndet oder es droht ein **Bußgeldverfahren** und es muss dementsprechend eine Geldbuße gezahlt werden. Die Geldbuße darf nicht mit der Geldstrafe als mögliche Folge einer Straftat verwechselt werden.

Gesetzesverstöße im Straßenverkehr
Die häufigsten Gesetzesverstöße, die zu den Ordnungswidrigkeiten zählen, geschehen im **Straßenverkehr**.

Beispiele aus dem Bußgeldkatalog:

Überschreitung der Höchstgeschwindigkeit innerorts (Pkw)		Einbahnstraße	
Verstoß	**Bußgeld**	**Verstoß**	**Bußgeld**
bis 10 km/h	15 €	mit dem Fahrrad in falscher Richtung befahren	20 €
16 bis 20 km/h	35 €	... mit Gefährdung	30 €
26 bis 30 km/h	100 €	... mit Sachbeschädigung	35 €

Daten: https://www.bussgeldkatalog.org/ (Zugriff: 27.1.2020)

Bei der Ordnungswidrigkeit, die Frau Nebel im Fallbeispiel 1 begangen hat, gibt es in der Regel einen bestimmten **Ablauf beim Bußgeldverfahren**.

- Zuerst erhält sie einen **Anhörungsbogen**. Hiermit wird ihr die Möglichkeit gegeben, sich zur Sache zu äußern. Das muss sie allerdings nicht, es besteht lediglich eine Pflicht, Angaben zur eigenen Person abzugeben.
- Etwa zwei bis vier Wochen später trifft dann der **Bußgeldbescheid** ein. Frau Nebel hat nun die Möglichkeit, **Einspruch** gegen die Ordnungswidrigkeit und den Bußgeldbescheid einzulegen. Dafür hat sie **14 Tage** Zeit.
- Verstreicht die Frist, dann gilt der Bescheid als **rechtskräftig** durchsetzbar und die Geldbuße für die Ordnungswidrigkeit muss gezahlt werden.

Bei **schweren Verstößen gegen die Straßenverkehrsordnung** droht zudem eine Eintragung in die vom Kraftfahrt-Bundesamt geführte **Verkehrssünderkartei in Flensburg**. In manchen Fällen kann sogar der Führerschein eingezogen oder ein Fahrverbot ausgesprochen werden (siehe S. 183–184).

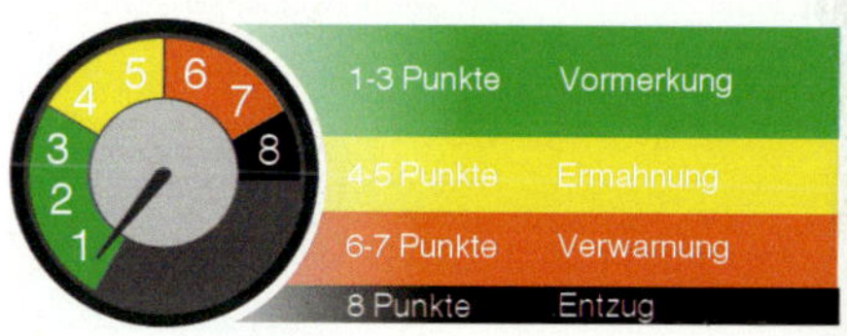

Lärmbelästigung und Missachtung des Rauchverbots
Das Problem von **Ruhestörungen** regelt § 117 OWiG:

> **§ 117 OWiG Unzulässiger Lärm**
>
> (1) Ordnungswidrig handelt, wer ohne berechtigten Anlass oder in einem unzulässigen oder nach den Umständen vermeidbaren Ausmaß Lärm erregt, der geeignet ist, die Allgemeinheit oder die Nachbarschaft erheblich zu belästigen oder die Gesundheit eines anderen zu schädigen.

Das Bußgeld beträgt in der Regel maximal 1.000 Euro, kann aber in Ausnahmefällen deutlich höher ausfallen.

Die **Missachtung des Rauchverbots** in öffentlichen Einrichtungen wird meistens mit einem Verwarnungsgeld geahndet.

5.2 Straftaten

Fallbeispiel 2:
Zwei Jugendliche geraten in der S-Bahn mit einem älteren Herrn in Streit. Ein 25-jähriger Student mischt sich ein und will den Streit schlichten. Als bei der Endhaltestelle alle aussteigen, kommt es zu einer Schlägerei, in der der Student erheblich verletzt wird.

Dem Verhalten der Jugendlichen liegt ein **schwerer Unrechtsgehalt** zugrunde. Es ist damit nicht mehr als Ordnungswidrigkeit, sondern als Straftat einzuordnen.

In den vorangegangenen Kapiteln hast du dich bereits mit dem Bereich des Strafrechts und dem Strafgesetzbuch auseinandergesetzt. Im StGB sind eine große Anzahl von Straftaten und deren Folgen aufgeführt. Jede Straftat verletzt ein Rechtsgut, das als schützenswert gilt.

Der Unrechtsgehalt der Straftaten ist jedoch verschieden groß.
Beispiele: Betrug, Körperverletzung, Sachbeschädigung, Raub, Diebstahl usw.

Je nach Schwere der Tat unterscheidet der § 12 StGB **Verbrechen und Vergehen**:

Straftat

Verbrechen
Beispiele: Raub, gefährliche Körperverletzung, Mord

Strafandrohung: mindestens ein Jahr Freiheitsstrafe oder mehr

Vergehen
Beispiele: Diebstahl, Bedrohung, Unterschlagung

Strafandrohung: weniger als ein Jahr Freiheitsstrafe oder Geldstrafe

Bevor es im Fall einer Straftat zu einem **Strafbefehl gegen den (vermutlichen) Täter und damit zu einem gerichtlichen Strafverfahren** kommt, leitet die Polizei die Untersuchungen zu dem Fall. Sie versucht, Beweismaterial und Zeugen zu finden.

Sollte es sich bei dem Fall offenkundig um eine schwere Straftat, also um ein Verbrechen, handeln, kann ein Amtsgericht bereits vor dem gerichtlichen Verfahren einen **Haftbefehl** erlassen. Voraussetzung dafür ist, dass der Beschuldigte dringend tatverdächtig ist. Er wird dann in **Untersuchungshaft** genommen. Dies gilt auch, wenn Fluchtgefahr besteht bzw. der Beschuldigte bereits geflohen ist oder wenn er Beweismaterial verschwinden lassen könnte (Verdunklungsgefahr).

INFO

Laut **Polizeikriminalstatistik** des Bundeskriminalamts hat die Polizei im Jahr **2018** fast sechs Millionen Straftaten in Deutschland registriert. Die Aufklärungsquote lag bei über 57 Prozent, d. h., die Polizei hat bei über der Hälfte der Fälle einen Tatverdächtigen gefunden. Insgesamt wurden über zwei Millionen Tatverdächtige ermittelt. Diebstähle haben mit fast 40 Prozent den größten Anteil an den Straftaten.

M1 Lange Finger beim Kosmetikkauf

Die Studentin Maja deckt sich im Drogeriemarkt mit Kosmetika ein. Dabei lässt sie eine kleine Dose mit künstlichen Wimpern in ihrer Handtasche verschwinden. Beim Zahlen wird sie von einer Verkäuferin aufgehalten und aufgefordert, die Handtasche zu öffnen.

M2 Ausgelassene Geburtstagsfeier

Sofia und Serge feiern Geburtstag, die Musik dröhnt bis spät in der Nacht. Ein Nachbar fordert sie mehrmals auf, leiser zu sein. Letztlich ruft er bei der örtlichen Polizeidienststelle an.

M3 Falsche Scheine

Gregor spendiert auf dem Volksfest großzügig Getränke und Essen. Der Bedienung fallen die gefälschten 50-Euro-Scheine auf.

M4 Einbruch im Supermarkt

Jonas und seine Freunde brechen die hintere Tür eines Supermarkts auf. Sie fliehen mit dem Diebesgut.

1. Grenze Straftaten und Ordnungswidrigkeiten voneinander ab. Erstelle dazu eine Tabelle.
2. a) Ordne zu, ob es sich bei M1 bis M4 um Ordnungswidrigkeiten oder um Straftaten handelt.
   b) Unterscheide bei den Straftaten zwischen Verbrechen und Vergehen.
3. Ergänze in deinem Heft:
   a) Straftaten werden von der ① verfolgt und mit ② oder ③ geahndet.
   b) Ordnungswidrigkeiten werden von der ④ verfolgt und oft mit ⑤ geahndet.
4. *Fishbowl:* Begründet, warum neben dem Strafrecht ein eigenständiges Ordnungswidrigkeitenrecht besteht.
5. „Die Ordnungswidrigkeit ist die kleine Schwester der Straftat." Beurteile diese Aussage.
6. *Galeriegang:* Gestaltet ein Plakat mit Ordnungswidrigkeiten, die Schüler betreffen könnten und mit Bußgeld bis zu 35 € bedroht sind.

WEBCODE

WES-116646-551
Hier findest du das Ordnungswidrigkeitengesetz im Internet.

6 Zivilrechtliche Folgen strafbarer Handlungen

Neben der **strafrechtlichen Verfolgung** durch den Staat (Kapitel V.3 und V.4, S. 182–193) kann eine strafbare Handlung auch **zivilrechtliche Folgen** haben.

Fallbeispiel 1:
Der langjährige Bankangestellte René Winter hat über Jahre hinweg die Bankdaten mehrerer Kunden manipuliert. Bei einer **Revision** wurde festgestellt, dass er über 60.000 Euro auf sein Privatkonto abgezweigt hat.

Der Fall hat zwei Konsequenzen:

Folgen der strafbaren Handlung

zivilrechtlich	**strafrechtlich**
Schadensersatz gemäß BGB	Veruntreuung, Unterschlagung gemäß StGB

6.1 Zivilrechtliche Folgen einer strafbaren Handlung

Wie du weißt, regelt das **Zivilrecht** das **Verhältnis zwischen den Bürgern** untereinander. Bei einem Strafprozess wird zwar der Täter bestraft, doch der Geschädigte möchte auch eine finanzielle Wiedergutmachung in der Form, dass sein Schaden ersetzt wird.

Zivilrechtlich leitet sich der Schadensersatz aus dem **Bürgerlichen Gesetzbuch (BGB)** ab. Dieser Rechtsanspruch wird vor einem **Zivilgericht** geführt. Zum Beispiel fällt eine Körperverletzung unter das Strafrecht. Im zivilrechtlichen Verfahren kann außerdem Schmerzensgeld verlangt werden.

Fallbeispiel 2:
Bernhard Ollmann fährt mit seinem Kleintransporter die Karlstraße entlang. Er biegt, ohne den Blinker zu setzen, schnell in Höhe der Marsstraße rechts ab und übersieht dabei die Radfahrerin Moni Gundel. Sie stürzt, fällt auf den Randstein und bricht sich den rechten Unterarm. Einen Monat später erhält Herr Ollmann einen Brief mit einem Fragebogen, weil gegen ihn wegen fahrlässiger Körperverletzung ermittelt wird.

Die polizeilichen Ermittlungen stützen sich auf zwei Straftatbestände:

§ 315c StGB Gefährdung des Straßenverkehrs

(1) Wer im Straßenverkehr [...] grob verkehrswidrig und rücksichtslos [...] an Straßenkreuzungen [...] zu schnell fährt, und dadurch Leib oder Leben eines anderen [...] gefährdet, wird mit Freiheitsstrafe bis zu fünf Jahren oder mit Geldstrafe bestraft.

§ 229 StGB Fahrlässige Körperverletzung

Wer durch Fahrlässigkeit die Körperverletzung einer anderen Person verursacht, wird mit Freiheitsstrafe bis zu drei Jahren oder mit Geldstrafe bestraft.

Nach einem halben Jahr wird Bernhard Ollmann zu einer **Geldstrafe** verurteilt. Frau Gundel fordert mithilfe eines Rechtsanwalts **Schadensersatz** für das irreparable Fahrrad und den kaputten Fahrradhelm.

INFO

Die **Geldstrafe** aus dem Strafprozess **ersetzt nicht den Schadensersatz oder das Schmerzensgeld**. Die Geldstrafe wird meist einer gemeinnützigen Organisation zugeführt. Der Geschädigte erhält durch den Strafprozess keine Zahlung.

§ 823 BGB Schadensersatzpflicht

(1) Wer vorsätzlich oder fahrlässig das Leben, den Körper, die Gesundheit, die Freiheit, das Eigentum oder ein sonstiges Recht eines anderen widerrechtlich verletzt, ist dem anderen zum Ersatz des daraus entstehenden Schadens verpflichtet.

Außerdem erhebt Moni Gundel Anspruch auf **Schmerzensgeld**, weil sie starke Nackenschmerzen hatte. Um nachzuweisen, dass die Verletzungen Folge des Schadensereignisses sind, ist eine **ausführliche Dokumentation** notwendig. Ein Arzt wird eine Diagnose vornehmen und auch in einem Gutachten feststellen, ob mögliche Folgeschäden zu befürchten sind.

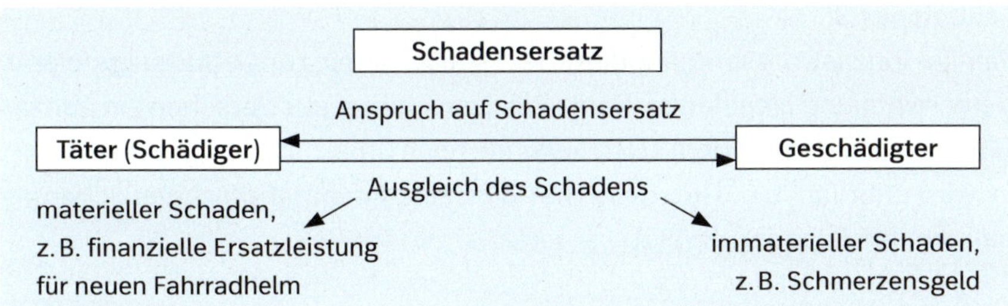

Im Allgemeinen ist die **Höhe der Schadensersatzleistung schwer feststellbar** und muss häufig in einem Gerichtsverfahren durchgesetzt werden. Bei den **materiellen Schäden** sind die Fragen der Reparaturkosten, der Wertminderung und des Zeitwertes des beschädigten Gegenstandes (z. B. des Fahrzeugs) zu betrachten. Hinzu kommt, dass der Geschädigte oft nicht nur den Vermögensschaden ersetzt bekommen will, sondern auch einen Ersatz für den Verdienstausfall als Einkommensschaden fordert.

Wer durch einen Unfall oder eine körperliche Auseinandersetzung **gesundheitliche Schäden** beklagt, hat Anspruch auf **Schmerzensgeld**. Die Entschädigung für tatsächlich ertragene Schmerzen ist **individuell zu klären**. Es kommt auch darauf an, wie lange der Heilungsprozess dauert und ob eventuelle Folgeschäden zu berücksichtigen sind. Ganz schwierig wird es, die Höhe des Schmerzensgeldes festzusetzen, wenn außer den **physischen** auch **psychische Folgen** in Betracht kommen.

INFO

physisch
den Körper betreffend,
z. B. Armbruch

psychisch
die Seele betreffend,
z. B. Depression

6.2 Haftpflichtversicherung

Eine Haftpflichtversicherung ist ein **Vertrag mit einem Versicherungsunternehmen**. Er hat zum Ziel, Schadensersatzansprüche gegen den Versicherten auszugleichen.

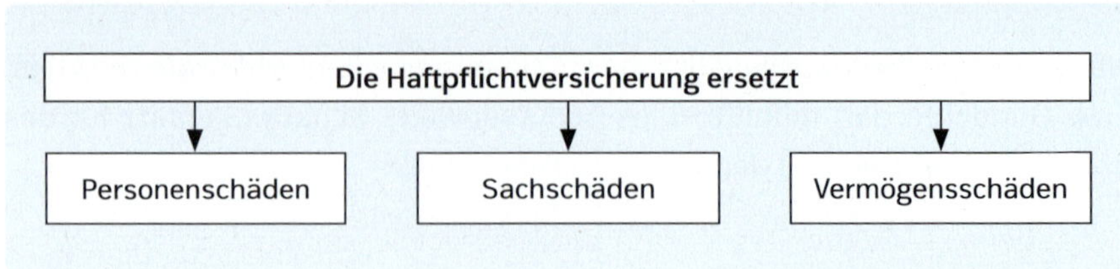

INFO

Ausgenommen für die Kraftfahrzeughalter besteht **für Privatpersonen keine gesetzliche Verpflichtung einer Haftpflichtversicherung!**

Jeder Kraftfahrzeughalter muss eine Haftpflichtversicherung abschließen. Sie übernimmt das Risiko, das für den Halter des Fahrzeugs entstehen kann, falls er mit seinem Fahrzeug aus Fahrlässigkeit einen anderen schädigt. Bei Körperverletzungen kann auf den Verursacher je nach Schwere der Verletzung eine hohe Schmerzensgeldforderung zukommen. Sie wird im Allgemeinen durch die **Kraftfahrzeug-Haftpflichtversicherung** ausgeglichen.

Eine freiwillig abzuschließende **Privathaftpflichtversicherung** schützt Privatpersonen vor Schadensansprüchen von eventuell Geschädigten. Sie ist eine der wichtigsten Versicherungen, um sich gegen Risiken abzusichern.

INFO

Eltern sollten in der **Familien-Haftpflichtversicherung** darauf achten, dass auch Kinder mitversichert sind. Das gilt auch für Kinder unter sieben Jahren. Diese sind zwar nicht deliktsfähig, die Eltern haften aber für einen Schaden, wenn sie ihre Aufsichtspflicht verletzt haben.

Fallbeispiel 3:
Familie Binz ist mit ihren Kindern bei Familie Demir zur Geburtstagsfeier in deren Wohnung eingeladen. Sonja Binz verschüttet aus Versehen ein ganzes Glas Cola auf das auf dem Tisch liegende neue Smartphone von Esma Demir. Es wird unbrauchbar. Gut, dass Herr Binz eine Privathaftpflichtversicherung hat, die den Schaden ersetzt.

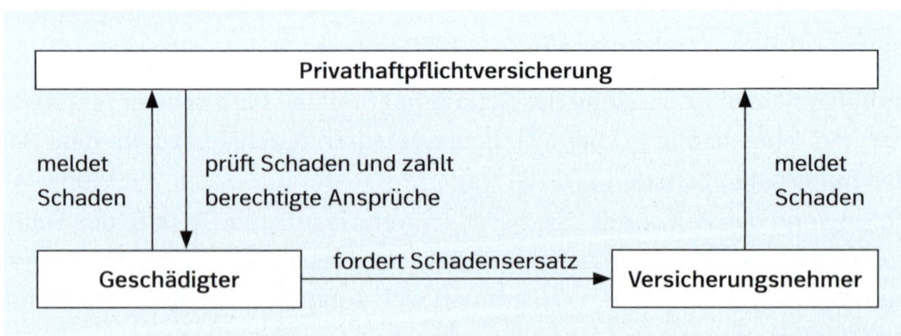

Die Versicherungen übernehmen jedoch **keinen Schadensersatz bei vorsätzlicher Handlung**.

Fallbeispiel 4:
Der Schüler Laurenz hat die Nordwand seiner Schule mit Graffiti unerlaubterweise „bemalt". Er hat sich strafrechtlich wegen Sachbeschädigung zu verantworten und muss den Schaden aus eigener Tasche bezahlen.

Die Versicherungsunternehmen bieten eine **Vielzahl von Haftpflichtversicherungen** an, weil Schadensersatzforderungen aus vielen verschiedenen Gründen entstehen können, wie folgende Beispiele zeigen:

Eine **Berufshaftpflichtversicherung** entschädigt den Geschädigten, wenn durch einen Fehler seiner Tätigkeit ein Schaden entsteht.

Beispiel: Ein Architekt gibt eine falsche Auskunft zum Baurecht in einem Grundstück.

Für Hebammen gilt sogar eine **verpflichtende Berufshaftpflichtversicherung**. Da es bei einer Geburt immer wieder zu Komplikationen kommen kann, gehen die Schadensersatzansprüche in die Millionen.

Hunde- und Pferdebesitzer sollten eine **Tierhalterhaftpflichtversicherung** abschließen. In einigen Bundesländern ist sie sogar Pflicht. Tierhalter können nicht nur für Verletzungen, die das Tier anderen zufügt, haftbar gemacht werden, sondern sie haften z. B. auch für Unfallschäden, die ihr Hund verursacht, indem er auf die Straße läuft. Schäden durch Kleintiere, wie Katzen und Hamster, sind durch die private Haftpflichtversicherung abgedeckt.

AUFGABEN

1. Ordne die Deliktsfähigkeit und die Strafmündigkeit den Folgen strafrechtlicher und zivilrechtlicher Art zu (Grafik auf S. 198).
2. Erkläre, warum die Verpflichtung zum Schadensersatz im bürgerlichen Recht und nicht im Strafrecht geregelt ist.
3. Prüfe, ob und wen die Haftpflichtversicherung schützt:
   a) Ein Rollerfahrer fährt aus der Hauseinfahrt heraus und übersieht einen Radfahrer. Dieser stürzt und bricht sich das Bein.
   b) Ben und Jochen spielen Fußball. Ein satter Schuss lässt eine Fensterscheibe bersten, sie zersplittert.
4. Max zerkratzt mit einem Nagel Autos im Vorbeigehen. Stelle die straf- und zivilrechtlichen Folgen heraus.
5. *Galeriegang:* Gestaltet in Gruppenarbeit ein Plakat zur Kfz-Haftpflichtversicherung. Folgende Fragen sollten geklärt werden:
   a) Warum haben Kfz-Halter die Pflicht, die Versicherung abzuschließen?
   b) Wie hoch sind die Versicherungssummen?
   c) Unterschied zwischen Teilkasko und Vollkasko? Selbstbeteiligung?
   d) Wodurch belohnen Versicherungsunternehmen unfallfreies Fahren?
   e) Wie wirken sich Unfall-Ersatzleistungen auf die Beiträge aus?
6. „Des einen Freud, des anderen Leid." Schneereiche Winter machen Naturliebhabern und Sportbegeisterten Spaß. Hausbesitzer stöhnen über die Pflicht, Schnee zu räumen.
   Schildere die Folgen des Sturzes eines Fußgängers auf dem weder geräumten noch gestreuten Gehweg und stelle dabei die Bedeutung der Haftpflichtversicherung heraus. Recherchiere dafür zur Räum- und Streupflicht sowie zu den Haftungsfragen.

7 Das Jugendstrafrecht

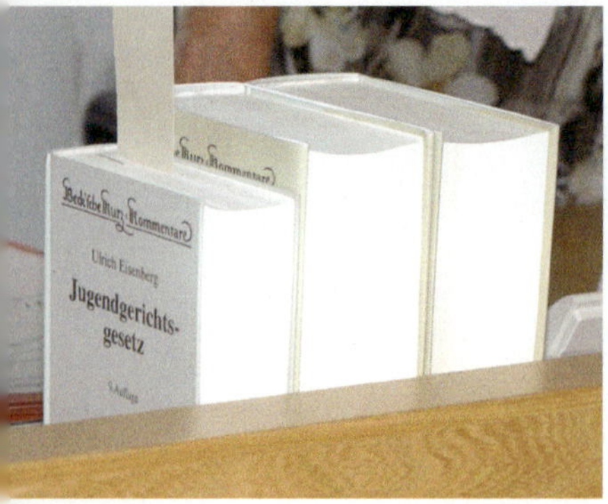

7.1 Anwendungsbereich

Für **alle strafbaren Handlungen** gelten die **Vorschriften des allgemeinen Strafrechts**. Für Jugendliche und zum Teil für Heranwachsende gibt es jedoch **besondere Bestimmungen**, die im **Jugendgerichtsgesetz** (JGG) geregelt sind. Das JGG definiert dabei keine eigenen Straftatbestände. Unterschiede zum Erwachsenenstrafrecht bestehen aber bei den **Rechtsfolgen** einer Straftat (Sanktionen) und beim **Strafverfahren**.

In § 1 legt das JGG fest, für welchen **Personenkreis** das Jugendstrafrecht anzuwenden ist.

§ 1 JGG Persönlicher und sachlicher Anwendungsbereich

(1) Dieses Gesetz gilt, wenn ein Jugendlicher oder ein Heranwachsender eine Verfehlung begeht, die nach den allgemeinen Vorschriften mit Strafe bedroht ist.

(2) Jugendlicher ist, wer zur Zeit der Tat vierzehn, aber noch nicht achtzehn, Heranwachsender, wer zur Zeit der Tat achtzehn, aber noch nicht einundzwanzig Jahre alt ist.

INFO

Bei den genannten **Altersstufen** fallen die Grenzen der Zuordnung nicht genau mit dem Datum des Geburtstags zusammen.

Von einer **Jugendverfehlung** spricht man, wenn die Tat typisch für Jugendliche ist, weil sie zum Beispiel aus Leichtsinn oder Unüberlegtheit geschieht.

Ob das allgemeine Strafrecht oder das Jugendstrafrecht anzuwenden ist, hängt vorwiegend vom **Alter** und von der **Reife des Straftäters** ab. Das JGG unterscheidet vier **Altersstufen**:

unter 14 Jahre	14 bis unter 18 Jahre	18 bis unter 21 Jahre	ab 21 Jahre
Kinder	Jugendliche	Heranwachsende	Erwachsene
strafunmündig	Jugendstrafrecht zwingend	Jugend- oder Erwachsenen-strafrecht möglich	Erwachsenenstraf-recht zwingend
Das Handeln der Kinder hat keine strafrechtlichen Folgen.	Die Strafe richtet sich nach der sittlichen und geistigen Reife des Jugendlichen.	Bei fehlender Reife oder einer sog. Jugendverfehlung wird Jugendstraf-recht angewendet.	

Fallbeispiel 1:

Nina (15) und ihre Freundin Saschi (16) probieren in einem Modegeschäft mehrere Shirts. Saschi steckt ein Shirt in ihre Tasche. Beim Verlassen des Geschäftes werden sie von einer Angestellten aufgehalten. Der Geschäftsführer erwirkt eine Anzeige. Die polizeilichen Ermittlungen ergeben, dass gegen die beiden schon öfter wegen Eigentumsdelikten ermittelt wurde.

Mit Zustimmung der Jugendrichterin stellt die Staatsanwaltschaft das Verfahren ein. Es kommt zu keiner Gerichtsverhandlung. Nina und Saschi werden allerdings verpflichtet, Sozialstunden im Altersheim abzuleisten.

7.2 Ziele des Jugendstrafrechts

Nach dem Jugendgerichtsgesetz sollen Vergehen und andere Straftaten von Jugendlichen anders bewertet werden als die von Erwachsenen. Bei der richterlichen Bewertung einer Straftat steht der **erzieherische Gedanke** im Vordergrund. Ziel soll es sein, den Jugendlichen nicht als Straftäter abzustempeln, sondern durch frühe Hilfestellungen und pädagogische Maßnahmen eine **Wiederholung der Straftat zu vermeiden**. Hintergrund ist auch, dass der Jugendliche das **Unrecht seines Verhaltens einsieht**.

7.3 Maßnahmen im Jugendstrafrecht

Bei der Verhängung von Maßnahmen gemäß dem Jugendgerichtsgesetz ist immer zu prüfen, ob der Jugendliche zum Zeitpunkt der Tat nach seiner **sittlichen und geistigen Entwicklung** reif genug war, das Unrecht seiner Tat einzusehen und nach dieser Einsicht zu handeln.

INFO

Sittliche Reife
bedeutet, dass der Jugendliche gesellschaftlich anerkannte moralische Werte und Regeln verinnerlicht hat und dadurch zwischen Recht und Unrecht unterscheiden kann.

Da im Jugendstrafrecht der Erziehungsgedanke vorherrscht, bietet das JGG den Jugendrichtern eine **Vielzahl von Möglichkeiten**, auf Gesetzesübertretungen zu reagieren. Die Strafrahmen des Strafgesetzbuches gelten nicht. Es gibt keine Mindeststrafen und keine zwingende Notwendigkeit, auf Straftaten in bestimmter Weise zu reagieren. Nach Prüfung jedes einzelnen Falles können der Tat angemessene Maßnahmen getroffen werden.

§ 5 JGG Die Folgen der Jugendstraftat

(1) Aus Anlass der Straftat eines Jugendlichen können Erziehungsmaßregeln angeordnet werden.

(2) Die Straftat eines Jugendlichen wird mit Zuchtmitteln oder mit Jugendstrafe geahndet, wenn Erziehungsmaßregeln nicht ausreichen.

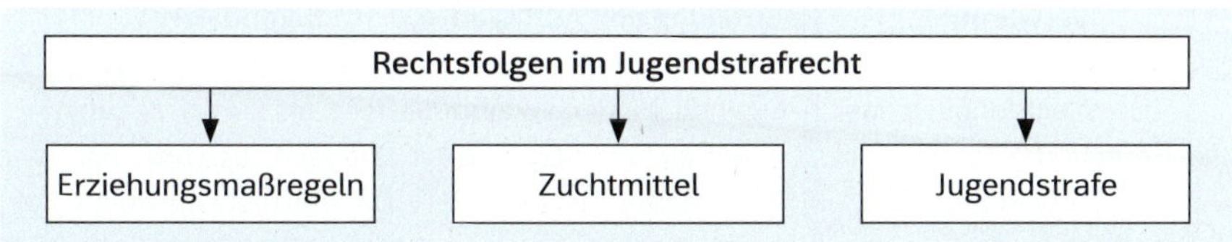

INFO

Die sogenannte **Beförderungserschleichung**, umgangssprachlich „Schwarzfahren", ist eine Straftat (§ 265a StGB).

Erziehungsmaßregeln

Fallbeispiel 2:
Pia (15) wird in der U-Bahn ohne gültigen Fahrausweis erwischt. Ihre Personalien werden festgestellt. Sie gibt einen falschen Namen an und kann sich auch durch einen Schülerausweis nicht identifizieren.

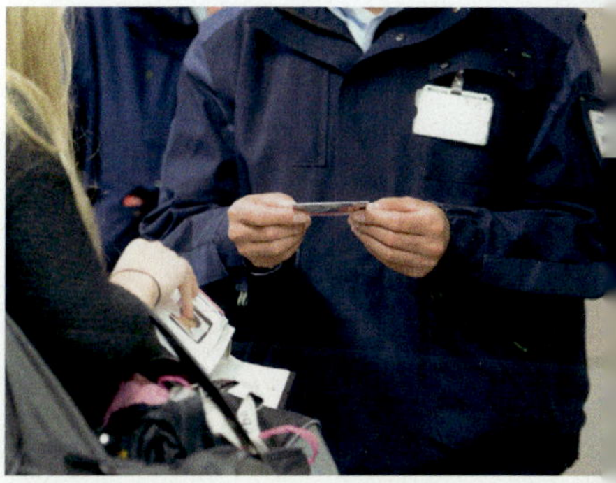

Pias Verhalten stellt zwar eine Straftat dar, hat aber strafrechtlich wahrscheinlich keine Konsequenzen. In diesem Fall wird sich eventuell das Jugendamt einschalten und eine Erziehungsmaßregel verhängen.

Erziehungsmaßregeln stellen die mildeste Reaktion auf die Straftat eines Jugendlichen dar. Hierzu gehören die:

INFO

Für weitere **Beispiele für Weisungen** siehe § 10 JGG.

a) Erteilung von **Weisungen**, d. h. von Geboten und Verboten, die sich auf die Lebensführung des Jugendlichen beziehen, zum Beispiel Weisungen,

- die sich auf den Aufenthaltsort beziehen (z. B. bestimmte Gaststätten oder Wohnungen zu meiden),
- eine Arbeitsleistung zu erbringen (z. B. in einem Altenheim),
- an einem Wochenendkurs teilzunehmen, um sich mit Sozialverhalten zu beschäftigen (z. B. Achtung vor dem Eigentum),
- einen sogenannten Täter-Opfer-Ausgleich vorzunehmen (z. B. Vermittlung von Gesprächen zwischen Täter und Opfer).

b) **Anordnung**, Hilfen zur Erziehung in Anspruch zu nehmen, z. B. Erziehungsbeistand oder betreute Wohnform.

Zuchtmittel

Fallbeispiel 3:
Tom (15) legt in der Nacht vor der Tür eines Lokals Feuer, weil er sich ärgert, von dem Wirt kein Bier bekommen zu haben. Tom war wegen Diebstahlsdelikten schon mehrmals mit der Polizei in Kontakt gekommen.

Da bisher die Erziehungsmaßregeln anscheinend nicht ausgereicht haben, Toms kriminelle Energie einzubremsen, greift der Jugendrichter zu der Maßnahme des **Zuchtmittels**. Mit Zuchtmittel ist nicht Körperstrafe (Züchtigung oder Prügelstrafe) gemeint. **Zuchtmittel** sollen dem Jugendlichen bewusst machen und als ernste Warnung dienen, dass er für das begangene Unrecht einzustehen hat. Zuchtmittel haben nicht die Rechtswirkungen einer Strafe.

Zuchtmittel

Verwarnung	**Erteilung von Auflagen**	**Jugendarrest**
Damit soll dem Jugendlichen eindringlich das Unrecht der Tat bewusst werden.	Zum Beispiel soll der Jugendliche den von ihm verursachten Schaden wiedergutmachen.	Dieser kann als Freizeitarrest, als Kurzarrest über 2 oder 4 Tage oder als Dauerarrest von 1 bis 4 Wochen verhängt werden.

Jugendstrafe

Fallbeispiel 4:
Boris (17) und sein Freund Ralf (19) werfen Steine sowie andere Gegenstände von einer Brücke auf einen Regionalzug und danach von einer Autobahnbrücke Pflastersteine und größere Holzteile.

Nach ihrer Festnahme gibt die Staatsanwaltschaft bekannt, dass die beiden sogar wegen versuchten Mordes angeklagt werden.

Hier liegt eine **besonders schwere Tat** vor und Täter, denen erhebliche Anlagen zur Kriminalität vorgeworfen werden, da ihnen die **Folgen der Tat bewusst** sein müssten.

Daher könnte im Urteil eine Jugendstrafe mit einem Freiheitsentzug in einer Jugendstrafanstalt folgen. Die Dauer der Jugendstrafe reicht von sechs Monaten bis zu einem Höchstmaß von zehn Jahren. Die Verhängung einer Strafe bis zu zwei Jahren kann allerdings zur Bewährung ausgesetzt werden.

M1 Überfall von zwei jugendlichen Straftätern

Zwei 14-Jährige bedrängen einen anderen Jugendlichen, Geld und Handy herauszugeben. Der überfallene Jugendliche wehrt sich. Daraufhin schlägt einer der Täter ihm mit der Faust ins Gesicht. Als das Opfer bereits am Boden liegt, versetzen ihm beide Täter Tritte gegen den Kopf.

M2 Die Folgen des Überfalls

Einer der Täter ist bereits vorbestraft. Gegen ihn verhängt das Gericht eine Jugendstrafe von einem Jahr und sechs Monaten auf Bewährung sowie einen dreiwöchigen Arrest.
Der andere, bisher nicht strafrechtlich in Erscheinung getretene Täter, wird zu vier Wochen Dauerarrest und zur Teilnahme an einem sozialen Trainingskurs verurteilt.

Erarbeitung sozialer Kompetenzen im Trainingskurs

AUFGABEN

1. Stelle in den Fallbeispielen 1 bis 4 (S. 202–204) heraus, inwieweit Alter und Reife für die Schuldfähigkeit eine Rolle spielen.
2. a) Erläutere den Grundgedanken des Jugendstrafrechts.
   b) Begründe, warum dieser Gedanke gerechtfertigt ist.
3. Eine Jugendgerichtsverhandlung wird nicht öffentlich geführt. Begründe, warum dies der Fall sein könnte.
4. *Think-Pair-Share:* Bewertet folgenden Sachverhalt: Personen gelten ab dem 18. Lebensjahr als Erwachsene und damit als voll geschäftsfähig. Das Erwachsenenstrafrecht ist jedoch erst ab 21 Jahren zwingend anzuwenden.
5. a) Prüfe die Straftatbestände im Fall M1 nach dem StGB.
   b) Beurteile, inwieweit das Jugendgerichtsgesetz zuständig ist.
   c) Ordne die von dem Jugendgericht verhängten Strafen (M2) im Maßnahmenkatalog des Jugendstrafrechts ein.

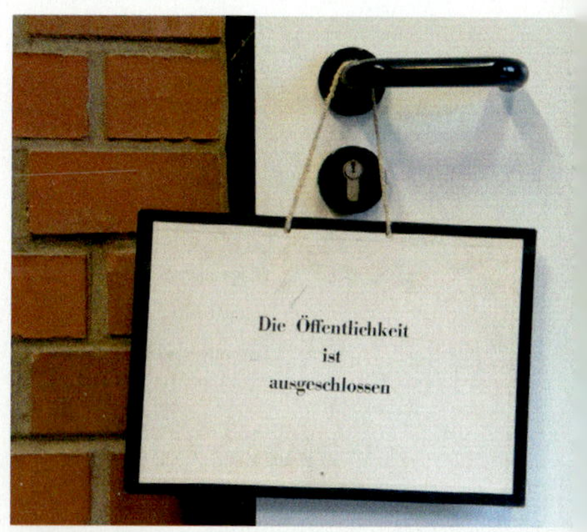

8 Einrichtungen und Maßnahmen der Jugendhilfe

8.1 Ziele der Kinder- und Jugendhilfe

Fallbeispiel 1:
Tim, Yasin und Nico (alle drei 16 Jahre) kennen sich schon seit längerer Zeit, sie wohnen im Umfeld eines Neubauviertels und treffen sich gerne in der Freizeit. Nicos älterer Bruder André überredet sie, nach Häusern zu suchen, in denen in der abendlichen Dämmerung kein Licht brennt. André hebelt Terrassentüren auf und entwendet elektronische Geräte. Die anderen stehen Schmiere und helfen ihm beim Transport zum Auto. Eines Tages werden sie von einer herbeigerufenen Polizeistreife festgenommen.

Zusammen mit dem Gericht beraten Mitarbeiter der Jugendhilfeorganisationen Maßnahmen, um günstige Entwicklungsbedingungen für die straffällig gewordenen Jugendlichen zu schaffen.

Das **Leitmotiv der Kinder- und Jugendhilfe** ist im **§ 1 des Sozialgesetzbuchs (SGB) VIII** festgelegt:

§ 1 SGB VIII Recht auf Erziehung, [...] Jugendhilfe

(1) Jeder junge Mensch hat ein Recht auf Förderung seiner Entwicklung und auf Erziehung zu einer eigenverantwortlichen und gemeinschaftsfähigen Persönlichkeit.
[...]
(3) Jugendhilfe soll zur Verwirklichung des Rechts nach Absatz 1 insbesondere
1. junge Menschen in ihrer individuellen und sozialen Entwicklung fördern und dazu beitragen, Benachteiligungen zu vermeiden oder abzubauen,
2. Eltern und andere Erziehungsberechtigte bei der Erziehung beraten und unterstützen,
3. Kinder und Jugendliche vor Gefahren für ihr Wohl schützen,
4. dazu beitragen, positive Lebensbedingungen für junge Menschen und ihre Familien sowie eine kinder- und familienfreundliche Umwelt zu erhalten oder zu schaffen.

Leider ist **„Jugendkriminalität"** häufig ein Thema in den Medien. Fast täglich lesen wir von Delikten wie Diebstahl, Körperverletzung und Drogenkonsum von Jugendlichen. Gerade die Altersgruppe, die die Jahrgangsstufen 5 bis 9 verschiedener Schularten besucht, ist davon betroffen. Für sie gilt das Jugendstrafrecht.

Bei jugendgerichtlichen Verfahren wirken **Einrichtungen der Kinder- und Jugendhilfe** mit. Dabei geht es einerseits um Maßnahmen, straffällig gewordenen Jugendlichen **Wege zur Besserung** aufzuzeigen, und andererseits darum, **vorbeugend durch Aufklärung** zu wirken.

8.2 Einrichtungen der Kinder- und Jugendhilfe

Die Leistungen der Kinder- und Jugendhilfe werden durch **anerkannte Träger** erbracht. Sie gliedern sich in zwei Bereiche:

- In Gemeinden und Städten nehmen die Jugendämter die Aufgaben der **örtlichen Träger der öffentlichen Jugendhilfe** wahr.
- **Träger der freien Jugendhilfe** sind die Kirchen und Religionsgemeinschaften, Verbände der freien Wohlfahrtspflege, wie z. B. Caritas, Diakonie, Rotes Kreuz, Arbeiterwohlfahrt (AWO) und andere.

Personensorgeberechtigte, in der Regel die Eltern, können sich an Menschen wenden, die hauptsächlich im Jugendamt oder in anderen Einrichtungen in öffentlicher oder freier Trägerschaft arbeiten, wenn sie Erziehungshilfen benötigen. Das **sozialpädagogische Handeln** steht dabei im Mittelpunkt.

Fallbeispiel 2:
In der Familie Reinhardt gibt es häufig Streit. Vater und Mutter trennen sich. Die 13-jährige Mila lebt bei ihrer Mutter, die einen neuen Partner mit in die Wohnung bringt. Mila kommt mit der Situation nicht zurecht, sie haut mehrmals von zu Hause ab und schließt sich einer Gruppe an, die mit Drogen in Verbindung gebracht wird. Sie wird aufgrund von Diebstahlsdelikten und Drogenbesitzes von der Polizei aufgegriffen.

In diesen Fällen sind die Jugendämter in den Gemeinden und sonstige Einrichtungen sofortige Ansprechpartner und bieten Hilfen an. Die Fachkräfte sind geschult, sich der Probleme von Kindern und Jugendlichen in Familie und Schule anzunehmen. Sie leisten Hilfen in Notsituationen, bei Familien mit Erziehungsschwierigkeiten, bei sexuellem Missbrauch, Drogenkonsum, Gewalt unter Jugendlichen und vielem mehr. Auch Kinder und Jugendliche selbst können sich an diese Stellen wenden, um Hilfe zu bekommen.

INFO

Die **„Nummer gegen Kummer“** der Kinder- und Jugendtelefone des Deutschen Kinderschutzbundes ist bundesweit montags bis samstags von 14 bis 20 Uhr unter 116 111 anonym und kostenfrei zu erreichen.

8.3 Maßnahmen der Kinder- und Jugendhilfe

Gewalt ist für viele Jugendliche Teil ihres Alltags, sie erleben Gewalt auf dem Schulhof, im Freizeitbereich oder in der Familie. Gewalt wird ausgeübt gegenüber Personen oder Sachen. Aggressives Verhalten, verbale Attacken und mutwillige Zerstörung von Sachen sind häufige Verhaltensformen. Die Jugendhilfe wirkt dem Ruf nach härteren Strafen durch **pädagogische Maßnahmen** entgegen.

Die Jugendhilfe unterstützt die Eltern in ihrem Erziehungsauftrag und steht bereit, wenn Konflikte zwischen Eltern und Jugendlichen nicht von ihnen selbst zu lösen sind. In sehr schwierigen Fällen, wenn Eltern zum Beispiel auf längere Zeit ihren Aufgaben nicht nachkommen können, geben die Jugendämter den Kindern und Jugendlichen Entwicklungsperspektiven in Pflegefamilien oder Heimen.

WEBCODE

WES-116646-581
Viele Informationen zu den Aufgabenbereichen der Kinder- und Jugendhilfe findest du auf der Internetseite des Bundesministeriums für Familie, Senioren, Frauen und Jugend.

8.4 Gewaltprävention

Typische Erscheinungsformen von Gewalt im Bereich der Schule sind Sachbeschädigungen, Diebstähle, Mobbing und körperliche Gewalt. **Konflikte** sind im menschlichen Zusammenleben nicht vermeidbar, sie sind oft Ausdruck verschiedener Meinungen und Positionen, also grundsätzlich positiv zu werten. Aber es geht darum, Konflikte **gewaltfrei** auszutragen. Ein wesentlicher Bestandteil der Gewaltprävention liegt in der **Stärkung der Selbst- und Sozialkompetenzen** der Schülerinnen und Schüler.

INFO

Prävention
von lat.: praevenire
= zuvorkommen
vorbeugende Maßnahme

Seit Jahren werden schulartübergreifend **in Bayern Programme zur Gewaltprävention** durchgeführt. Das Hauptaugenmerk liegt darin, Konflikte zu erkennen, Lösungsstrategien zu entwickeln und das soziale Klima in den Klassen bzw. in der gesamten Schulgemeinschaft zu verbessern. Das Aufzeigen und Erleben von sozial verträglichem Verhalten tragen zum Aufbau und zur Stärkung von Selbstbewusstsein, Selbstwertgefühl und Eigenverantwortlichkeit bei.

WEBCODE

WES-116646-582
Weitere Beispiele für Programme zur Gewaltprävention findest du auf der Homepage des Bayerischen Kultusministeriums.

Beispiel 1: PIT (Prävention im Team)
Eine der Zielsetzungen von PIT ist, mit den Jugendlichen konstruktive und gewaltfreie Problem- und Konfliktlösungsmöglichkeiten zu erarbeiten. Damit soll durch die Werteerziehung die Verantwortung für gefährdete Mitschülerinnen und Mitschüler geweckt und die Bereitschaft zur Zivilcourage gestärkt werden. Diese Zusammenarbeit zur Gewaltprävention wird im Team von Schule, Polizei und außerschulischen Partnern gestaltet, denn Teamgeist und Teamarbeit sind die wesentlichen Stützen der Präventionsarbeit.

Beispiel 2: Schülerstreitschlichtung
Mediation oder Streitschlichtung in der Schule ist ein Verfahren, in dem Schülerinnen und Schüler als Unparteiliche in Streitfällen zwischen ihren Mitschülern vermitteln. Die Streitschlichtung findet nur dann statt, wenn beide Konfliktparteien dem Verfahren zustimmen. Ziel der Streitschlichtung ist es nicht, einen Schiedsspruch zu fällen oder die Schuldfrage zu klären. Vielmehr erhalten die Konfliktparteien Hilfe zur Selbsthilfe, damit sie ihren Konflikt selbstständig und konstruktiv lösen können.

Die Phasen der Streitschlichtung sind:

1. **Einleitung:** Die Streitschlichter bzw. Mediatoren stellen sich vor und geben die Gesprächsregeln bekannt.
2. **Sichtweisen klären:** Jede Konfliktpartei stellt ihre Position dar.
3. **Vertiefung:** Die Hintergründe des Konflikts sollen geklärt werden, z. B. durch Nachfragen, Klärung von Gefühlen, Motiven und Wünschen.
4. **Suche nach Lösungen:** Jeweils ein Streitschlichter betreut eine Konfliktpartei. Erwartungen und Angebote an die Adresse des Konfliktgegners werden gesammelt.
5. **Vereinbarung:** Die Konfliktparteien einigen sich auf eine gemeinsame Lösung. Die Übereinkunft wird in einer „Abmachung" dokumentiert, von allen Beteiligten unterschrieben und damit anerkannt.

Phasen der Streitschlichtung

M1 Beispiele für Gewalt von Jugendlichen

a) Sven (14) springt aus Wut auf das Waschbecken in der Toilette, es zerbricht am Boden.

b) Die Türen zur Umkleidekabine in der Sporthalle sind nicht verschlossen, Hanna (16) stiehlt Geldbeutel und Uhren in einer Freistunde.

c) Dirk (15) kommt neu in die Klasse, seine Mitschüler halten ihn für einen Besserwisser und mobben ihn über die sozialen Medien.

d) Die Gruppe um Olli (17) lauert Narek (16) am Abend auf, weil er mit Ollis Freundin gesehen wurde. Sie verwickeln ihn in eine Prügelei.

M2 Mobbing aus Eifersucht

Karo aus der Klasse 9a geht zu ihrer Klassenlehrerin Frau Wagner und beklagt sich über die in der Bank hinter ihr sitzende Ava, weil diese ihr immer Zettel auf den Rücken klebt, auf denen z. B. „Ich bin ein Flittchen" steht. Frau Wagner geht der Sache nach und befragt Ava. Dabei stellt sich heraus, dass Karo sich öfter mit Dennis trifft, den Ava auch so „süß" findet und deshalb auf Karo eifersüchtig ist.

AUFGABEN

1. Erläutere die Ziele der Kinder- und Jugendhilfe in den Fallbeispielen 1 und 2 (S. 206/207) und Maßnahmen, die ergriffen werden könnten.
2. *Graffiti:* Bearbeitet in Arbeitsgruppen die Beispiele in M1:
   a) Stellt zuerst die Verfehlungen gemäß dem Strafrecht heraus.
   b) Ordnet die Fälle im Jugendstrafrecht ein.
   c) Entwickelt Vorschläge, welche Maßnahmen der Gewaltprävention ergriffen werden könnten.
3. Schildere, wie im Fall M2 die Konfliktlösung in einem Schülerstreitschlichtungsverfahren erfolgen könnte.
4. a) Sicherlich hast du in deiner Klasse schon Auswirkungen von Gewaltausübung beobachtet. Hinterfrage, woher die Aggressivität kommt.
   b) Konkretisiere, wie Aggressivität und Gewalt präventiv entgegengewirkt werden kann.
5. Der frühere Bundestagspräsident Wolfgang Thierse sagte: „In einer Gesellschaft, die Gewalt zum wichtigsten Bestandteil ihrer Fernsehunterhaltung macht, stimmt etwas nicht." Überprüfe diese Aussage durch einen Überblick über das Fernsehprogramm einer Woche. Unterscheide dabei zwischen Action-, Kriminal- und Thrillerfilmen.

Zitat aus: Rede von Bundestagspräsident Wolfgang Thierse zum 50-jährigen Jubiläum der ARD, in: http://www.thierse.de/reden-und-texte/reden/rede-50-jahre-ard/, Berlin, 9.9.2000 (Zugriff: 21.2.2020)

Eine Ausstellung zum Thema Gewalt erarbeiten

Mithilfe einer Ausstellung lassen sich Themen anschaulich darstellen. Zugleich erlangt ihr bei der Erarbeitung einer Ausstellung vertiefte Kenntnisse über das jeweilige Thema, die ihr in eine anschließende Diskussion einbringen könnt.

Sich in Form einer Ausstellung z. B. mit den Ursachen der Gewalt auseinanderzusetzen hilft, der Gewalt präventiv zu begegnen, denn Gewalt ist aus unserem Leben zwar nicht gänzlich zu entfernen, wohl aber einzudämmen oder durch andere Verhaltensmuster zu ersetzen.

1. Vorbereitung

Sammelt Beiträge zum Thema Gewalt und mutwillige Zerstörung (auf DIN A4/A3 mit Quellenangaben und Datum), z. B.:

- Bilder und Berichte aus Zeitungen und Zeitschriften,
- Fotos (selbst gemachte) von demolierten öffentlichen Einrichtungen (Buswartehäuschen, Umkleidekabinen, mit Graffiti besprühte Wände),
- Berichte über Zerstörungen an Fahrrädern,
- Beschreibung von Orten (Plätzen, Straßen, Bahnhöfen usw.), die ihr nicht gern oder nur mit Angst besucht, eigene erlebte Bedrohungen auf dem Schulweg,
- eine Weltkarte, auf der ihr die Gebiete, in denen z. B. Bürgerkriege, Aufstände, Kriege herrschen, kennzeichnet.

2. Darstellung

Nach ca. zwei bis drei Wochen beginnt ihr mit dem Sortieren, Aufbereiten und Darstellen der Sammlung:

- Gliedert nach Themen, z. B. „Gewalt zwischen Staaten“, „Gewalt zwischen Erwachsenen“, „Gewalt zwischen Kindern/Jugendlichen“.
- Stellt euer gesammeltes Material auf einzelnen Pinnwänden oder auf Tapetenbahnen aus, die waagerecht auf eine Klassenwand gespannt werden.

3. Diskussion

Diskutiert im Anschluss an eure Ausstellung über das Gewissen, z. B.: „Dein Gewissen – eine Entscheidungszentrale für Gut und Böse, dein eingebauter Aufpasser".

Mögliche Aspekte der Diskussion:

- Was ist das Gewissen?
  – Dein Gewissen bewertet, was du tust, was du tun willst, was du getan hast. Es meldet: „Das darfst du nicht." „Das ist gut und richtig." „Das ist unfair."

- Woher kommt das Gewissen? Wieso weiß es über Gut und Böse Bescheid?
  – Das Gewissen verwaltet einen „Speicher" im Gehirn, in dem Eindrücke und Erfahrungen gesammelt werden. Es vergleicht die Handlungen mit dem Erlernten und Gesammelten und meldet Abweichungen.
  – Für Menschen in verschiedenen Regionen der Welt gelten allerdings unterschiedliche richtige Verhaltensweisen (Normen). Auch Eltern, Schule, Freunde, Bekannte vertreten unterschiedliche Normen.

- Warum „versagt" das Gewissen manchmal?
  – Unser Gewissen ist ständigen Angriffen und Belastungen ausgesetzt, z. B.: Wir haben gelernt, an der roten Fußgängerampel zu warten, sehen aber Leute, die trotzdem über die Straße laufen. Oder: „Schwarzfahrer" in der Straßenbahn werden erwischt. Oder: Kriminelle Handlungen im Fernsehen bewirken Nachahmungseffekte.
  – Hass, Ärger, Wut, Enttäuschung, Hoffnungslosigkeit und Verzweiflung verdrängen Signale des Gewissens. Oft fehlt uns der Mut, uns einzumischen und Stellung zu beziehen.
  – Finden wir Beispiele, in denen die Selbststeuerung (das Handeln nach eigenen Überlegungen, nach eigenem Willen, das Hören auf das Gewissen) zugunsten der Außensteuerung abnimmt?
  Waren wir bereit, auf Forderungen und Zwänge einer Gruppe (Mitschüler, Freunde) einzugehen, um anerkannt zu werden?
  Gab es Situationen, bei denen das eigene Unrechtsbewusstsein weniger Raum einnahm, der Gruppenzwang aber zu Gewalt verführte?

Ein Strafverfahren am Amtsgericht

Am Amtsgericht wird ein Strafprozess verhandelt. Ihr seid dabei – als Angeklagter, Staatsanwalt, Richter, Verteidiger und Zeugen. Spielt die Gerichtsverhandlung mit verteilten Rollen nach. Folgende Anklageschrift liegt euch vor:

Anklagesatz (stark verkürzt)

Dem Angeklagten Paul Pfeiffer (22 Jahre, Schreiner) wird vorgeworfen, die gesamte Front des Gasthofs „Zur Post“ in Oberndorf um 3.00 Uhr nachts mit Graffiti bemalt zu haben. Die Nachbarin Lucy Tüchtig beobachtete den Tathergang und informierte die Polizei.
Die verwendeten Farben waren wasserunlöslich. Deshalb musste die gesamte Front neu gestrichen und die Haustüre wegen starker Beschädigung ausgetauscht werden. Der Hauseigentümer Ludwig Kern musste hierfür 15.000 Euro bezahlen.
Dem Angeklagten wird Sachbeschädigung laut § 303 StGB vorgeworfen.

Vorbereitung des Rollenspiels

Für das Gelingen des Rollenspiels ist ein Gerichtsbesuch (siehe *Methode* auf S. 193) oder ein Film darüber sehr hilfreich.

- Bestimmt eine Spielleiterin/einen Spielleiter, z. B. die Lehrkraft.
- Der Spielleiter legt die Rollen fest: Jede Rolle wird mit zwei Personen (einem Spieler und einer Vertretung) besetzt. Alle anderen bilden Beobachtergruppen für die jeweiligen Rollenspieler/-innen.
- Bereitet euch auf eure Rollen vor und macht euch kurze schriftliche Stichpunkte. Nutzt dafür die Anklageschrift, den Gesetzestext, die Rollenkarten und euer Fachwissen (siehe nächster Punkt).
- Fachliche Hilfe findet ihr insbesondere in den Kapiteln V.2, S. 176–181, und V.4.3, S. 190–192.
- Die Beobachtergruppen bereiten einen Beobachtungsbogen vor (siehe hierzu das Beispiel auf S. 193).

Durchführung des Rollenspiels

Das Klassenzimmer wird zum Gerichtssaal umgestaltet (Plan auf S. 213).

- Die Rollenspieler/-innen nehmen ihre Plätze ein und führen das Rollenspiel durch.
- Die Beobachtergruppen beobachten den ihnen zugeteilten Rollenspieler anhand ihres Beobachtungsbogens.

Auswertung des Rollenspiels

- Die Ergebnisse des Rollenspiels werden schriftlich festgehalten.
- Die Beobachtungsgruppen fassen ihre Ergebnisse zusammen und machen ggf. Verbesserungsvorschläge zu den Rollenspieler(inne)n.
- Alle Rollenspieler/-innen geben abschließend ein Feedback.

Vorbereitung des Rollenspiels

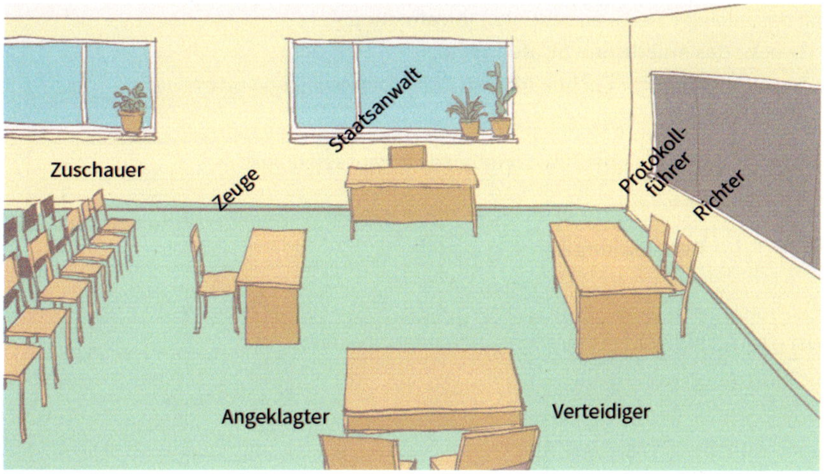

§ 303 StGB
Sachbeschädigung

(1) Wer rechtswidrig eine fremde Sache beschädigt oder zerstört, wird mit Freiheitsstrafe bis zu zwei Jahren oder mit Geldstrafe bestraft.
(2) Ebenso wird bestraft, wer unbefugt das Erscheinungsbild einer fremden Sache nicht nur unerheblich und nicht nur vorübergehend verändert.

Rollenkarten

Angeklagter

Du gibst die Tat zu. Allerdings kannst du nicht verstehen, dass dein „Kunstwerk“ beseitigt werden musste. Deiner Meinung nach hat der Gasthof dringend eine Modernisierung notwendig gehabt. Am Ende der Verhandlung hast du das letzte Wort.

Strafverteidiger

Du bist als Rechtsanwalt mit der Verteidigung des Angeklagten beauftragt und kannst die Zeugin und den Angeklagten befragen. Du vertrittst die Interessen des Angeklagten. Am Ende der Verhandlung hältst du ein Plädoyer und stellst einen möglichst realistischen Antrag.

Gastwirt Ludwig Kern

Du führst den Gasthof in der dritten Generation und beschreibst deine Gäste, ähnlich wie Lucy Tüchtig. An jüngerem Publikum bist du aus vielerlei Gründen nicht interessiert.

Staatsanwalt/Staatsanwältin

Du hast aufgrund der polizeilichen Ermittlungen Anklage gegen Paul Pfeiffer erhoben. Du verliest den Anklagesatz und versuchst in der Verhandlung, die Schuld des Angeklagten zu beweisen. Am Ende der Verhandlung hältst du ein Schlussplädoyer und stellst den Antrag, wie hoch die Strafe nach der Berücksichtigung des gesetzlichen Strafrahmens sein soll.

Zeugin Lucy Tüchtig

Du wohnst schon lange neben dem Gasthof. Dieser ist vor allem bei Einheimischen und Stammgästen wegen seiner gemütlichen Atmosphäre und seiner guten bayerischen traditionellen Küche beliebt. Du hast die Graffiti-Malereien entdeckt und schilderst vor Gericht dein Entsetzen über die Tat.

Richter/-in

Du führst als Vorsitzende/r des Gerichts durch die Verhandlung. Du befragst den Angeklagten und verkündest am Ende das Urteil. Bei der Urteilsfindung bist du an den Strafrahmen des StGB gebunden. Für eine etwaige Geldstrafe ist es wichtig zu wissen, dass der Angeklagte ein monatliches Nettoeinkommen von 1.500 Euro bezieht. Bei einer Freiheitsstrafe musst du prüfen, ob eine Bewährung möglich und angebracht ist. Dein Urteil enthält auch deine Sichtweise zur Tat.

Der Staat hat das alleinige Recht zu bestrafen (**Strafmonopol**).
Zwecke des staatlichen Strafens sind:
Vergeltung, Abschreckung, Aufrechterhaltung der Rechtsordnung, Resozialisierung und Sicherung.

↓

Nach dem **Strafgesetzbuch** gelten für eine **Straftat** folgende Voraussetzungen:

- **Tatbestandsmäßigkeit**
- **Rechtswidrigkeit**
- **Schuld**

↓

Eine **Straftat** ist eine **rechtswidrige Handlung**. Wir unterscheiden:

Ordnungswidrigkeit
geringer Gesetzesverstoß
Androhung: Geldbuße

Straftat
schwerer Gesetzesverstoß
Androhung: Geld- oder Freiheitsstrafe

- **Verbrechen**
- **Vergehen**

↓

Folgen einer strafbaren Handlung

zivilrechtlich
gemäß BGB, z. B. Schadensersatz

strafrechtlich
gemäß StGB, z. B. Geld- bzw. Freiheitsstrafe

↓

Ablauf eines Strafverfahrens:
Anzeige → Ermittlungsverfahren → Gerichtsprozess (Hauptverfahren) → Urteil → Vollstreckungsverfahren

Strafe

- **Geldstrafe**
- **Freiheitsstrafe**
- **Nebenstrafe**

Maßregeln

↓

Eine besondere Form des allgemeinen Strafrechts ist das **Jugendgerichtsgesetz**.
Anwendungsbereich:

- bei 14- bis 17-jährigen **Jugendlichen**
- bei 18- bis 20-jährigen **Heranwachsenden** (je nach Reife und Tat)

↓

Rechtsfolgen einer **Straftat im Jugendgerichtsgesetz**

Erziehungsmaßregeln
Erteilung von Geboten und Verboten

Zuchtmittel
- Verwarnung
- Erteilung von Auflagen
- Jugendarrest

Jugendstrafe
Freiheitsentzug

Hilfestellungen

Kapitel I

SEITE 15, AUFGABE 4
Technische, praktische oder arbeitsplatzspezifische Fertigkeiten sind je nach Beruf z. B.:
- Umgang mit Maschinen,
- handwerkliches Geschick,
- Umgang mit Menschen,
- Fremdsprachen.

SEITE 15, AUFGABE 7
Erinnere dich an das Thema „Berufswahl als Entscheidungsprozess“ aus der Jahrgangsstufe 8. „Soft Skills“ werden auch als Schlüsselqualifikationen bezeichnet. Beispiele findest du auf S. 20.

SEITE 17, AUFGABE 4 a
Beispiele für Anforderungen sind z. B. Schulabschluss und Teamfähigkeit.

SEITE 27, AUFGABE 2
Übersetzung der Begriffe aus dem Englischen:
- Assessment = Bewertung, Einschätzung
- Goal = Ziel
- Evaluation = Bewertung
- Analysis = Analyse/Auswertung
- Audit = Prüfung
- Plan = Plan
- Result = Ergebnis
- Progress = Fortschritt
- Measure = Messung

SEITE 37, AUFGABE 5 a
Siehe dazu im § 13 (3) BBiG nach.

SEITE 39, AUFGABE 3 b
Denke an das Umlageverfahren, das du aus dem Fach BwR in der Jahrgangsstufe 8 kennst.

SEITE 43, AUFGABE 1 b und 8
Achte auf den Pauschbetrag (S. 40).

SEITE 55, AUFGABE 1 a
Beachte § 87 BetrVG.

SEITE 55, AUFGABE 2
Beachte §§ 87 bis 103 BetrVG.

SEITE 55, AUFGABE 6
a) Beachte § 99 BetrVG.
b) Beachte § 102 BetrVG.
c) Beachte § 99 BetrVG.
d) Beachte § 99 Abs. 2 Satz 3 und § 95 BetrVG.
e) Beachte § 87 BetrVG.

SEITE 55, AUFGABE 7 a
Beachte § 111 BetrVG.

SEITE 55, AUFGABE 7 b
Vorteile: Synergien, Konkurrenzfähigkeit ...
Nachteile: Zusammenlegung von Büros, Verwaltung → Kündigungen ...

SEITE 62, AUFGABE 2 b
Auf S. 21 und 23 findest du je ein Beispiel für ein fertiges Bewerbungsanschreiben und einen Lebenslauf.

Kapitel II

SEITE 67, AUFGABE 4
Auch du hast bereits Einnahmen (z. B. Taschengeld), die du in die gesamte Wirtschaft mit einbringst.

SEITE 69, AUFGABE 1 b
Kläre zunächst, welche Rechtsformen die jeweiligen Banken haben. Recherchiere hierzu ggf. im Internet.

SEITE 81, AUFGABE 4
Recherchiere zunächst, was unter dem Dieselskandal zu verstehen ist.
Überlege dir anschließend, was dies für den Wert der Pkw bedeutet und wie die Autokredite der Banken eventuell besichert waren.

SEITE 83, AUFGABE 1 b
Denke dabei zum Beispiel auch an deine Handykosten oder Onlinekäufe.

SEITE 95, AUFGABE 5
Notiere dir dazu zuerst, wie du die Einstellung der Anleger bezüglich der drei Anlageziele einschätzt.

SEITE 95, AUFGABE 6
Denke an Personen in unterschiedlichem Alter, die verschiedene Wünsche haben und auf unterschiedliche Art Geld verdienen bzw. bekommen.

SEITE 95, AUFGABE 7
Analysiere zunächst, wofür die Deutschen ihr Geld ausgeben. Betrachte anschließend, wie sie hierfür sparen. Passt dies zusammen?

SEITE 99, AUFGABE 2 b
Beachte hierzu das Kapitel II.4.1, S. 86–91.

SEITE 104, AUFGABE 5
Zeichne hierzu die beiden Tabellen von S. 102 als Vorlagen in dein Heft.

SEITE 107, AUFGABE 4 a
Beachte, aus welchen Ländern die Aktienindices jeweils stammen.

Kapitel III

SEITE 117, AUFGABE 6
Betrachte hierbei zum einen die einzelnen Bereiche, in denen sich der Preis auf dem Markt bildet, sowie zum anderen die Vorschriften, die vom Staat erlassen werden und die einzelnen Bereiche beeinflussen.

SEITE 117, AUFGABE 7
Denke an Maßnahmen, mit denen der Staat die Bürgerinnen und Bürger unterstützt.

SEITE 119, AUFGABE 2
Im Handwerksbereich wurde vor einigen Jahren die Notwendigkeit des Meisterbriefs als Voraussetzung für eine Unternehmensgründung beseitigt. Überlege dir z. B., welche Vor- und Nachteile damit verbunden sind.

SEITE 121, AUFGABE 2 a
Beachte z. B. die Illustration auf S. 121 oben.

SEITE 122, AUFGABE 2 a
Beachte z. B. die Illustration auf S. 122 oben.

SEITE 124, AUFGABE 4
Erstelle deine Mindmap z. B. für eine Bekleidungsfirma mit ein oder zwei Maßnahmen. Berücksichtige z. B. Rohstoffe, Produktion, Verpackung, Arbeitsbedingungen, Transport ...

SEITE 125, AUFGABE 2
Denke hierbei z. B. an den Standort, den Kundenstamm oder die Parkplatzsituation bzw. Geschäfte im näheren Umkreis.

SEITE 131, AUFGABE 1
Charakterisiere dabei Ziele, Grundsätze und Bereiche der Sozialhilfe.

SEITE 133, AUFGABE 4
Beachte hierfür die Tabelle auf S. 97.

SEITE 133, AUFGABE 5
Gehe ein auf Maßnahmen für die Einzahler und Maßnahmen für die Leistungsempfänger.

Kapitel IV

SEITE 147, AUFGABE 2
Kläre dafür mithilfe der Tabelle auf S. 146, ob eine Verwandtschaft oder Schwägerschaft besteht.

SEITE 155, AUFGABE 3 a
Stelle z. B. eine der folgenden Lebensgemeinschaften dar. Gehe dabei auf rechtliche Vor- und Nachteile ein:
- Ehe,
- nicht eheliche Lebensgemeinschaft,
- eingetragene Lebenspartnerschaft,
- Wohngemeinschaft.

Erläutere, ob und warum die Ehe auch heute noch schutzbedürftig ist.

SEITE 159, AUFGABE 3 c
Überlege, welche Folgen der genaue Todeszeitpunkt der beiden Brüder für die Erbfolge hat.
Besorge dir zur Lösung § 11 Verschollenheitsgesetz, z. B. im Internet über den Webcode: WES-116646-601.

Kapitel V

SEITE 172, AUFGABE 1 a
Erinnere dich an das Thema Vertragsabschlüsse im BGB aus dem Kapitel Vertragsrecht in der Jahrgangsstufe 8.

SEITE 172, AUFGABE 3 a
Berücksichtige hier das gesetzliche Gewährleistungsrecht.

SEITE 175, AUFGABE 1
Finde Beispiele für Maßnahmen der
- Legislative (Gesetzgebung),
- Judikative (Rechtsprechung) und
- Exekutive (z. B. Polizeiarbeit).

SEITE 175, AUFGABE 3 c
Denke an Maßnahmen während des Strafvollzugs und Hilfen im Anschluss.

SEITE 181, AUFGABE 1
Subsumiere hier, d. h., vergleiche den abstrakten Gesetzestext mit dem konkreten Fall.

SEITE 181, AUFGABE 4
Belege, dass dies von der einzelnen Täterpersönlichkeit und der jeweiligen Straftat abhängen wird.

SEITE 184, AUFGABE 1
Stellt euch folgende Fragen:
- Wer hat die Regelungen jeweils ausgearbeitet?
- Wer urteilt über den jeweiligen Verstoß?
- Wer kann bestraft werden?

Schulstrafen: Schlagt Art. 86 im BayEUG (Bayerisches Erziehungs- und Unterrichtsgesetz) nach, z. B. im Internet unter dem Webcode WES-116646-602.

Juristische Strafen: Siehe die Tabelle auf S. 186.

SEITE 187, AUFGABE 4 a
Untersuche die Tatbestandsmäßigkeit anhand des § 267 durch Subsumtion (Anwendung des Gesetzestextes auf den Fall).

SEITE 187, AUFGABE 7
Berücksichtige Unterschiede hinsichtlich
- der Voraussetzung,
- des Sinns,
- des Ablaufs,
- der Maximaldauer.

SEITE 192, AUFGABE 8
Beachte das Schaubild auf S. 188 und die Tabelle auf S. 193.

SEITE 197, AUFGABE 1
Du kannst z. B. diese Tabellenvorlage nutzen:

Kriterium	Ordnungswidrigkeit	Straftat
	Gemeinsamkeiten	
z. B. Legalität	...	
	...	
	Unterschiede	
z. B. Folgen	...	...
	...	...

SEITE 197, AUFGABE 4
Beachtet dazu die Grafik auf S. 194.

SEITE 197, AUFGABE 6
Beachtet dazu die §§ 116 bis 123 OWiG.

Seite 201, Aufgabe 1
Nutze folgende Tabellenvorlage:

Rechtsquelle	Gesetzbuch	Alter
Zivilrecht	...	deliktsfähig ab ...
Strafrecht	• ... • ... • ...	• strafunmündig bis ... • bedingt strafmündig von ... bis ... • voll strafmündig ab ...

Seite 201, Aufgabe 2
Bedenke, wer Schadensersatz beansprucht.

Seite 201, Aufgabe 5
Beschafft euch die Informationen aus einem Kfz-Versicherungsvertrag oder in einer örtlichen Agentur (Versicherungsvertretung).

Seite 201, Aufgabe 6
Sicher hilft dir die Informationsstelle im Rathaus (oder Gemeindeamt).

Seite 205, Aufgabe 4
Denke an die zivilrechtlichen bzw. strafrechtlichen Folgen und bewerte dann den Sachverhalt.

Seite 209, Aufgabe 2 a
Lest im StGB die §§ 185, 223, 242, 303.

Seite 209, Aufgabe 3
Orientiere dich an den Phasen der Streitschlichtung auf S. 208.

akg-images GmbH, Berlin: 101.2, 112.3, 175.1 | **Alamy Stock Photo,** Abingdon/Oxfordshire: Daemmrich, Bob 202.2; Hinrichs, Johann 13.8; Schaefer, Anja 190.2 | **Alamy Stock Photo (RMB),** Abingdon/Oxfordshire: Art Collection 3 57.3; imageBROKER 52.2; Panther Media GmbH 49.1 | **Baaske Cartoons,** Müllheim: Erich Rauschenbach 55.1; Ernst Hürlimann 144.2; Klaus Puth 19.2; Plaßmann, Thomas 24.2 | **Bergmoser + Höller Verlag AG,** Aachen: 113.1, 117.1, 129.2, 133.1, 137.2, 138.1, 175.3, 185.1, 188.2 | **Bitkom,** Berlin: 18.3, 24.3 | **Bleckwedel, Asja,** Kaltenkirchen: 7.1, 7.2 | **Bundesministerium für Arbeit und Soziales,** Berlin: 130.2 | **Bundesvereinigung der Deutschen Arbeitgeberverbände (BDA),** Berlin: 58.1 | **Creditreform e. V.,** Neuss: 83.1 | **DIHK Deutscher Industrie- und Handelskammertag,** Berlin: 33.1 | **einfach-rente.de,** Paunzhausen: 96.3 | **Erndl, Waltraud,** Künzing: 182.1 | **EURO Kartensysteme GmbH,** Frankfurt am Main: 71.9 | **Fischer, Christine,** Ebersberg: 180.1 | **fotolia.com,** New York: Berg, Martina 171.2; Coloures-pic 78.2; contrastwerkstatt 13.2; eyewave 71.6; jonasginter 171.1; M. Schuppich 71.3; marcus_hofmann 84.3; photo4passion.at 147.2; PhotoSG 84.2; Reicher 134.1; Sanders, G. 82.3; Sanders, Gina 160.2; Schlierner 84.4; WavebreakmediaMicro 13.3; Witt, Volker 34.2 | **Getty Images,** München: Whittaker, Max 116.1 | **Händlerbund Management AG,** Leipzig: 122.2 | **Haus der Geschichte der Bundesrepublik Deutschland,** Bonn: Angelika Winkhaus/Visuelle Kommunikation (Entwurf) 114.1; Leger, Peter 61.3 | **Imago,** Berlin: Becker&Bredel 13.9; momentphoto/Michael, Robert 100.2 | **iStockphoto.com,** Calgary: Extreme-Photographer/Vuckovic, Predrag 3.2, 65.1; Horlings, Carolyn 4.2, 143.1; NatalyArtworks 45.2; olaser 3.1, 8.1, 9.1; PeopleImages Titel; rclassenlayouts 5.1, 169.1; shapecharge 4.1, 111.1; Zloyel 126.2 | **Kartographie Michael Hermes,** Hardegsen Hevensen: 37.2, 37.3, 37.4, 39.1, 66.1, 66.2, 66.3, 66.4, 66.5, 129.1, 151.2, 151.3, 151.4, 186.1, 186.2, 208.2. | **Maxda Darlehensvermittlungs GmbH,** Speyer: 80.5 | **PantherMedia GmbH (panthermedia.net),** München: Honstetter, Anna-Katharina 50.3; Sergej Seemann 13.10; Wolf, Klaus-Peter 147.1 | **Picture-Alliance GmbH,** Frankfurt/M.: 171.3; AP/Sullivan, Pat 174.1; Bildagentur-online/Schoening 139.1; blickwinkel/McPHOTO/M. Weber 150.1; chromorange/Ohde, Christian 38.4, 165.1; chromorange/Richter, Harald 44.1; CPA Media 100.3; dieKLEINERT.de/Mahnkopf, Dorothee 177.2; dieKLEINERT.de/Möller, Christian 46.1; dieKLEINERT.de/Osinger, Rainer M. 28.1; dieKLEINERT.de/Prüstel, Andreas 164.1; dieKLEINERT.de/Scharwel 135.1; dpa 202.1; dpa-infografik 13.16, 14.1, 15.1, 15.2, 37.1, 37.5, 42.2, 45.1, 53.1, 53.2, 57.2, 59.1, 59.2, 59.3, 60.2, 61.1, 72.2, 74.1, 75.4, 82.2, 82.4, 83.2, 85.1, 91.2, 96.2, 103.3, 106.3, 107.1, 109.2, 186.3, 186.4, 186.5, 186.6; dpa-infografik GmbH 59.4, 61.2, 69.1, 71.10, 76.4, 80.1, 95.2, 106.2, 154.1; dpa-ZB/Wüstneck, Bernd 60.1; dpa-Zentralbild 174.3; dpa/Karmann, Daniel 156.2; dpa/Pilick, Stephanie 175.2; dpa/Reinhardt, Daniel 203.1; dpa/Rohwedder 115.1; dpa/Warnecke, Andrea 44.2; dpa/Weigel, Armin 188.1; dpa/Weihrauch, Roland 184.2; dpa/Zinken, Paul 205.2; Effner, Jürgen 44.3; SZ Photo/Puchner, Stefan 174.2; Westend61/Runkel, Michael 50.7; Westend61/Szewczyk, Bartek 50.4; ZB/Steinach, Sascha 138.2; ZB/Wiedl, Hans 160.1; ZB/Wolf, Jens 183.1 | **plainpicture,** Hamburg: Schlossnickel, Robert 130.1 | **Pöppl, Michael,** Aidenbach: 19.3, 21.1, 23.1, 38.2, 38.3 | **Rabe-Karikatur,** Bad Liebenstein: 43.1 | **Schwarzstein, Yaroslav,** Hannover: 30.1, 31.1–.3, 51.1, 62.1, 62.3, 63.1, 74.2, 77.2, 104.1, 108.1, 109.1, 116.3, 120.1, 120.2, 121.1, 122.1, 123.1, 124.1, 125.1, 126.1, 127.1, 128.1, 132.1–.6, 140.1, 141.1, 150.2, 151.1, 151.5, 153.1, 153.2, 158.1, 158.2, 166.1, 166.3, 167.1, 167.2, 170.1, 171.4, 172.3, 176.2, 178.1, 181.1–.3, 190.1, 192.1, 193.1, 210.1, 211.1, 212.1, 213.1–.7 | **Shutterstock.com,** New York: Africa Studio 145.1; Violin, Anton 68.1 | **stock.adobe.com,** Dublin: 146.2; #CNF 48.2; 3dddcharacter 88.1; Africa Studio 70.5; Andrey Popov 136.1; apichon_tee 71.5; arborpulchra 204.1; Arcady 95.1; artinspiring 15.3; auremar 13.14; bannafarsai 50.8; bilderstoeckchen 96.1; blambca 201.1; blende11.photo 177.1; Boros, E./Reddogs 50.2; Bowra, Martin John/mjowra 13.5; by-studio busse/yankushev 84.1; Chatzilidis, Simeon/SianStock 50.6; chiyacat 201.2; contrastwerkstatt 10.1, 48.1; Daxenbichler, Patrick 197.2; Design_5D 71.4; detailblick-foto 22.1; Dian Elvina 94.2, 94.4; Dirk Schumann 97.1; dmitrimaruta 207.1; dolgachov, lev/Syda Productions 157.2; dreamer29 76.2; Eisenhans 75.3; Elnur 94.3; Eppele, Klaus 104.2; Fälchle, Jürgen 71.2, 196.1; fotoak80 88.2; fotomek 11.1; Fotosasch 73.1; Francois, Thomas 161.1; franz12 189.1; fufunteg 163.1; Gerhard Seybert 102.3; geschmacksRaum® 78.1; goodluz 70.2, 76.3; gpointstudio 29.5; Gstudio Group 89.7, 89.11; guruXOX 70.6; Hadley 98.7; Halfpoint 13.12; Hayashi, Sergio 144.1; HuHu Lin 89.2, 89.4; industrieblick 35.1; ipopba 75.2; Jackson, Brian 36.2; Jeanette Dietl 70.4; Jemastock 89.1, 89.5, 89.6, 89.8, 89.9, 89.10; jjfarq 99.1; js-photo 206.1; kalou1927 13.6; kamasigns 208.1; Kaspars Grinvalds 76.5; Kittiphan 77.3; Kneschke, Robert 13.13, 34.1, 70.1; Kobold, S. 50.1; Kolesnikov, Dmitry 200.1; Kzenon 198.1, 209.1; leremy 73.3, 73.4, 80.2, 80.3, 98.2, 98.4, 98.5, 172.1, 172.2, 172.4; Ljupco Smokovski 119.1; Losevsky, Pavel 68.2; LStockStudio 26.1; m.u.ozmen 103.4; Menzl, Günter 35.2; MichaelJBerlin 183.2; micropix 106.1; Mihail 186.7; Minerva Studio 105.1; mitifoto 41.1; Mnogosmyslov, Aleksey/tankist276 162.2; Monet 13.1; Monkey Business Images 50.5; Morphart 98.1; motortion 29.3; mykhailobokovan 89.3; Natalia 118.1; Nichizhenova, Elena 156.1; NicoElNino 91.1; nnudoo 70.3; nopparat 68.3; Nowack, Petra 71.8, 73.2; olegan 173.1; PANORAMO 13.4; pathdoc 93.2; Petair 180.2; peterschreiber.media 25.1; pfluegler photo 103.1; Photographee.eu 14.2, 148.2, 205.1; Pixelot 16.2; playstuff 148.1; Pokrovsky, Ekaterina 52.1; Popov, Andrey 90.1, 92.2; pressmaster 54.1, 56.1; Race, Dan 13.11; Racle Fotodesign 17.1, 19.4, 19.5, 38.1, 40.1; Raths, Alexander 32.2, 50.9; Rawf8 197.3; Rawpixel.com 13.7; Ray 152.1; REDPIXEL 54.2, 58.3; relif 27.1; Rother, Jens 197.4; s-motive 18.2; Sabphoto/u(` 36.1; Saltodemata 149.1; Sanders, Gina 13.15, 44.4, 87.2; Schwier, Christian 155.1; SENTELLO 82.1; Seybert, Gerhard 187.2; SimpLine 103.2; Sir_Oliver 131.1; slonme/Teerapat Seedafong 58.2; Song_about_summer 92.1, 93.1; Spencer 81.1; Stefan Yang 87.1; StockPhotoPro 199.1; Sutipond Stock 29.4; Syda Productions 71.1, 209.2; SZ-Designs 194.1; taka 102.1, 102.2; Talaj 162.1; thostr 47.1, 47.2, 47.3, 47.4, 47.5, 47.6, 47.7, 47.8, 47.9; TimeStopper 77.4; v_sot 184.1; vchalup 157.1; vectorfusionart 57.1; Video_StockOrg 29.2; vxnaghiyev 73.5, 73.6, 80.4, 98.3, 98.6; Wellnhofer Designs 197.1; wernerimages 137.1; Wissmann Design 187.1; Witt, Volker 86.1, 94.1; Wolf, Sebastian 146.1; Worring, Christian-P. 204.2; Wylezich, Björn 71.7; Yeti Studio 182.2; zapp2photo 76.6; © Picture-Factory 16.1 | **Süddeutsche Zeitung – Photo,** München: Filser, Wolfgang 42.1, 52.3; Rumpf, Stephan 206.2 | **Tonn, Dieter,** Bovenden-Lenglern: 7.3 | **ullstein bild,** Berlin: 112.1, 112.2, 115.2; CARO / Claudia Hechtenberg 49.2; Konwitschny 116.2 | **Verlag C.H. Beck,** München: 176.1, 188.3 | **VFR Verlag für Rechtsjournalismus GmbH,** Berlin: bussgeldkatalog.org 195.1.

Wir arbeiten sehr sorgfältig daran, für alle verwendeten Abbildungen die Rechteinhaberinnen und Rechteinhaber zu ermitteln. Sollte uns dies im Einzelfall nicht vollständig gelungen sein, werden berechtigte Ansprüche selbstverständlich im Rahmen der üblichen Vereinbarungen abgegolten.

Operatorenübersicht – Hinweise zum Bearbeiten der Aufgaben

Operatoren sind Verben, die in den Aufgabenstellungen verwendet werden. Hinter jedem Operator steckt ein konkreter Arbeitsauftrag, den es zu bearbeiten gilt, das heißt, der Operator sagt dir genau, was du bei einer bestimmten Aufgabe tun sollst.
Im Folgenden wollen wir dir die in diesem Band verwendeten Operatoren für das Fach Wirtschaft und Recht kurz vorstellen.

abgrenzen
Hier sollst du unterschiedliche Sachverhalte begründet voneinander trennen, also die Unterschiede zwischen zwei Inhalten (z. B. Leihen und Mieten) verdeutlichen.

ableiten
Du sollst bestimmte Verhaltensweisen begründen. Beispielsweise kannst du aus einer dir bekannten Situation oder aus einem Modell Rückschlüsse darauf ziehen, was in einer ähnlichen Situation passieren wird.

analysieren
Du untersuchst ein Material (z. B. ein Beispiel, einen Text oder eine Grafik) gezielt auf seine wichtigen Merkmale oder nach in der Aufgabe genannten Kriterien. Deine Ergebnisse stellst du strukturiert und ohne Bewertung dar. Für die Analyse von Grafiken kannst du die Methode auf S. 184 nutzen.
Bei Texten solltest du Belegstellen angeben (siehe Zeile XY) oder Zitate einbinden.

angeben
Du sollst knapp und genau etwas benennen.

aufstellen/erstellen
Informationen sollen von dir zu einem bestimmten Zweck zusammengestellt bzw. in eine bestimmte Form (z. B. Liste, Tabelle) gebracht werden.

auswählen
Unter mehreren Alternativen/Möglichkeiten wählst du etwas aus. Häufig wird von dir auch eine Begründung erwartet.

auswerten
Dies wird oft bei der Bearbeitung von Grafiken/Statistiken verlangt. Du sollst die Daten, Einzelergebnisse oder sonstigen Sachverhalte in einen Zusammenhang bringen und gegebenenfalls zu einer abschließenden Gesamtaussage zusammenführen.
Dabei solltest du zuerst einzeln die Aussagen erarbeiten, sie anschließend miteinander verknüpfen und am Ende ein Fazit ziehen.

begründen
Du sollst eine vorgegebene Aussage oder eine von dir selbst zu findende Lösung durch Argumente untermauern.

belegen
Hier ist etwas nachzuweisen oder zu beweisen. Während bei „begründen" der Schwerpunkt auf der Argumentation liegt, ist bei „belegen" das Anführen von Beweisen für eine Aussage/Lösung zentral.

berechnen/ermitteln
Entweder ist eine Rechenaufgabe zu lösen oder du sollst aus einem Material bestimmte, in der Aufgabe vorgegebene Aspekte herauslesen.

beschreiben
Die wichtigsten Informationen eines Textes oder einer Grafik sollen von dir herausgefiltert werden und ohne Bewertung in eigene Worte gefasst werden. Achte dabei auf eine nachvollziehbare logische Struktur deiner Aussagen, schreibe ganze Sätze und verwende die Fachsprache.

bestimmen
Du sollst etwas ermitteln, klären oder definieren. Es ist eine präzise und eher knappe Antwort gefragt.

beurteilen (kritisch)
Du stellst deine eigene Meinung zu einer Aussage oder einem Problemfall dar und begründest sie schlüssig mithilfe deines Fachwissens und in der Fachsprache. In der Regel sind in der Aufgabe Kriterien vorgegeben, auf die du dich beziehen sollst.
Es geht hier vor allem um eine sachliche Argumentation, die aber kritisch sein soll. Das heißt, du solltest verschiedene Positionen bedenken und dich begründet für eine entscheiden.

bewerten (kritisch)
Du gehst hier ähnlich vor wie bei „beurteilen", begründest also deine Meinung zu einer bestimmten Fragestellung.
Nun beziehst du dich aber auf vorgegebene Wertmaßstäbe (z. B. Gerechtigkeit).

charakterisieren
Wesentliche Merkmale und Besonderheiten einer Sache, Situation oder Person sollen von dir anschaulich und treffend herausgestellt werden.

darstellen
Du beschreibst einen Sachverhalt oder eine Entwicklung zusammenhängend und geordnet. Eventuell wird dir eine Form der Darstellung vorgegeben, z. B. ein Flussdiagramm. Verwende bei Texten ganze Sätze.

differenzieren
Ähnlich wie bei „abgrenzen" sollst du genau zwischen etwas unterscheiden.